13 2DX0
7580

CONCOURS 2021

OBJECTIF CONCOURS ATSEM · ASEM

Externe, interne, 3e voie • Catégorie C

90 fiches + 1000 QCM

W0366632

Christine BLANCHARD
ATSEM 2e classe principale
École Maternelle Léo-Lagrange à la Seyne-sur-Mer

Claudine CHEYROUZE
Ancienne directrice d'école maternelle
à Charenton-le-Pont

Sylvie LEFEBVRE
Professeur certifié d'économie et de droit

hachette
ÉDUCATION

Maquette de couverture : Stéphanie Benoit
Maquette intérieure : OPIXIDO
Composition/mise en pages : Cécile Rabataud
Édition : Elisabeth Sanchez

© Hachette Livre, 2021, 58, rue Jean-Bleuzen, 92178 Vanves Cedex.
www.parascolaire.hachette-education.com
ISBN : 978-2-01-714928-6

Tous droits de traduction, de reproduction et d'adaptation réservés pour tous pays.

Le Code de la propriété intellectuelle n'autorisant, aux termes des articles L.122-4 et L.122-5, d'une part, que les « copies ou reproductions strictement réservées à l'usage privé du copiste et non destinées à une utilisation collective », et, d'autre part, que « les analyses et les courtes citations » dans un but d'exemple et d'illustration, « toute représentation ou reproduction intégrale ou partielle, faite sans le consentement de l'auteur ou de ses ayants droit ou ayants cause, est illicite ».
Cette représentation ou reproduction, par quelque procédé que ce soit, sans autorisation de l'éditeur ou du Centre français d'exploitation du droit de copie (20, rue des Grands-Augustins, 75006 Paris), constituerait donc une contrefaçon sanctionnée par les articles 425 et suivants du Code pénal.

SOMMAIRE

PARTIE I - PRÉSENTATION DU MÉTIER ET DÉROULEMENT DE L'ÉPREUVE

PARTIE II - LES SAVOIRS ET SAVOIR-FAIRE

L'attention des lecteurs est attirée sur le fait que pour certaines questions des QCM proposés, plusieurs réponses sont possibles.

CONNAISSANCES PROFESSIONNELLES DE L'ATSEM

Communication

Place de l'ATSEM

Nutrition

La santé de l'enfant

Les soins aux enfants

La sécurité

Hygiène

Entretien

...et sur www.parascolaire.hachette-education.com :
5 tests comme au concours à faire en ligne !

Partie 1

PRÉSENTATION DU MÉTIER ET DÉROULEMENT DE L'ÉPREUVE

FICHE 1 LE MÉTIER D'ATSEM

I. LE CONTEXTE

Les agents territoriaux spécialisés des écoles maternelles sont rattachés à la **fonction publique territoriale**.

Les ATSEM sont environ 60 000 dont 99 % de femmes ; 29 % à 45 % des ATSEM partiront en retraite d'ici 2014 selon les régions (source : INSEE 2004, l'association nationale des directeurs et directeurs adjoints de centres de gestion, ANDCDG), CIG Grande Couronne et Petite Couronne. L'agent spécialisé des écoles maternelles est un agent territorial. C'est donc une personne qui est employée et recrutée sur concours (catégorie C) par une collectivité territoriale. L'ATSEM travaille pour une commune, une structure intercommunale ou un département. Elle est généralement rattachée à la direction des affaires scolaires, de l'éducation ou de l'enfance. Elle est sous la responsabilité fonctionnelle du directeur d'établissement sur le temps scolaire et sous la responsabilité directe de l'enseignant qu'elle assiste.

Un ATSEM ne peut travailler plus de 35 heures par semaine et 10 heures par jour. Son emploi du temps est fixé par le maire après avis de la direction de l'école maternelle. Ses congés annuels doivent obligatoirement être pris durant la période de vacances scolaires. Un ATSEM a droit à des congés équivalents à cinq fois les obligations hebdomadaires de services.

Sa rémunération varie entre 1 467 euros de salaire brut mensuel en début de carrière à 1 768 euros en fin de carrière.

II. LES MISSIONS DES ATSEM

Les ATSEM assistent le personnel enseignant dans le cadre de la réception, l'animation et l'hygiène des très jeunes enfants, ainsi que dans la préparation et le nettoyage des locaux et du matériel utilisés par ces mêmes enfants. Elles peuvent aussi intervenir au sein des crèches, des haltes-garderies et des centres de vacances.

Elles appartiennent à la communauté éducative et peuvent participer à la mise en œuvre des activités pédagogiques.

Elles peuvent être également chargées de la surveillance des très jeunes enfants dans les cantines et assister les enseignants dans les classes ou établissements accueillant des enfants handicapés. Certaines mairies les emploient quelquefois durant les vacances scolaires dans des établissements de loisirs où elles exercent les mêmes fonctions que dans les écoles maternelles.

Les ATSEM sont :
- en relation quotidienne avec les parents ;
- en relation ponctuelle avec les personnels des équipes spécialisées (PMI…) ;

– en relation régulière ou occasionnelle avec les différents acteurs locaux (culturels, sportifs, etc.) et avec les stagiaires présents dans la classe.

Plus concrètement, la mission de l'ATSEM comporte trois tâches principales :

1 • Aide matérielle et psychologique aux enfants (fonction éducative)

L'ATSEM, lors de l'accueil comme lors des sorties, aide au déshabillage et applique les consignes éducatives de l'enseignant. Ex. : apprendre aux enfants à s'habiller seul, etc.

Elle aide les enfants et les conseille dans leurs soins de propreté lorsqu'elle les accompagne aux toilettes par exemple.

Elle douche ou change un enfant qui s'est sali.

Elle aide au service de la sieste et du goûter.

2 • Aide matérielle au professeur des écoles (fonction d'aide pédagogique)

L'ATSEM se tient à la disposition de l'enseignant pour l'assister durant la période où il est seul avec ses élèves.

Il s'agit entre autres :

- de préparer les matériaux nécessaires aux exercices des différents ateliers ;
- de ranger les matériaux après leur utilisation ;
- de confectionner des cahiers et pochettes ;
- de préparer les peintures et pinceaux, tailler les crayons…

3 • Maintien de la propreté des locaux et du matériel (fonction d'entretien)

Pendant les heures de classe, l'ATSEM assure le maintien de la propreté des locaux, l'entretien du matériel, de la literie et du linge de l'école.

En dehors des heures de classe, son service journalier consiste à balayer les locaux, laver les sols, essuyer le mobilier, nettoyer les WC, nourrir les animaux, etc.

Plus ponctuellement, l'ATSEM nettoie et balaie la cour (lorsqu'il n'y a pas de gardien), remplace et lave les essuie-mains, lave les vitres et entretient le petit matériel (jeux éducatifs par exemple).

Comme nous le signalions précédemment, l'ATSEM peut être amenée à remplir des missions plus spécifiques :

- encadrer des enfants au cours du repas ;
- les prendre en charge avant et après le repas ;
- accompagner des enfants à la sieste…

Elle participe aux exercices d'alerte et connaît les consignes de sécurité de l'établissement.

FICHE 2 LE CONCOURS D'ATSEM

I. LES CONDITIONS D'INSCRIPTION

Ce concours est identique en externe et en interne. Les candidats doivent remplir les conditions générales de recrutement dans la fonction publique territoriale, c'est-à-dire :

- Être de nationalité française ou ressortissant d'un autre État membre de la Communauté européenne ou d'un autre État partie à l'accord sur l'Espace économique européen.
- Jouir de leurs droits civiques dans l'État dont ils sont ressortissants.
- Être âgé de seize ans au moins.
- Le cas échéant, si les mentions portées au bulletin n° 2 du casier judiciaire ne sont pas incompatibles avec l'exercice des fonctions.
- Être en position régulière au regard du code du service national.
- Remplir les conditions d'aptitude physique exigées pour l'exercice de la fonction.

Il existe 3 voies de concours (décret n° 2018-152 du 1er mars 2018 modifiant le décret n° 92-850 du 28 août 1992) :

- **le concours externe,** ouvert, pour 30 % au moins des postes à pourvoir, aux titulaires du CAP Petite enfance ou Accompagnement éducatif petite enfance ou d'un diplôme équivalent ;
- **le concours interne (divisé en 2 voies),** pour les agents publics faisant fonction d'ATSEM depuis 4 ans au moins ou pour les fonctionnaires et agents de l'État, des collectivités territoriales et des établissements publics qui en dépendent, et comptant au moins 4 ans de services publics (pas plus de 50 %) ;
- **le troisième concours,** ouvert aux candidats avec une expérience minimale de 4 ans au moins d'une ou plusieurs activités professionnelles, quelle qu'en soit la nature, ou les anciens élus, ou les responsables d'associations, y compris bénévoles (pas plus de 20 %).

II. MODALITÉS D'INSCRIPTION

Pour s'inscrire, chaque candidat doit s'adresser au centre de gestion de son département. Les candidats doivent fournir à l'autorité organisatrice du concours les pièces énumérées ci-dessous (en plus du bulletin numéro 2 de son casier judiciaire dûment complété).

1 • Pour les candidats de nationalité française, l'un des quatre documents suivants est nécessaire :

- la copie lisible, recto verso, de la carte nationale d'identité, en cours de validité ;
- la copie lisible du livret de famille régulièrement tenu à jour, et revêtu de l'une des mentions prévues à l'article 28 du Code civil ;
- la copie ou l'extrait de l'acte de naissance, revêtu de l'une des mentions prévues à l'article 28 du Code civil ;
- la copie de toute autre pièce justifiant la nationalité française.

Il faut également fournir un état signalétique des services militaires ou un certificat de position militaire.

2 • Pour les candidats ressortissants d'un autre État membre de l'UE ou d'un autre État partie à l'accord sur l'Espace économique européen

Devront être fournis les documents suivants, émanant de l'autorité compétente de cet État et dont la traduction de langue française est authentifiée :

- La certification de la nationalité.
- Toute pièce établissant qu'ils n'ont pas subi de condamnation incompatible avec l'emploi postulé.
- Toute pièce établissant que les candidats se trouvent en position régulière au regard des obligations de service national de l'État dont ils sont ressortissants.
- Toute pièce certifiée permettant de vérifier qu'ils remplissent les conditions d'âge prévues aux articles 1er 6-1 du décret 85-1229 du 20 novembre 1985.

Pour les travailleurs handicapés, il faut produire l'attestation de l'organisme reconnaissant cette qualité et l'aptitude physique à l'emploi postulé.

III. LES ÉPREUVES

1 • Admissibilité

Le concours externe comprend une épreuve écrite d'admissibilité et une épreuve orale d'admission. L'épreuve d'admissibilité a été allégée. Elle consiste en vingt questions (au lieu de quarante dans l'ancienne forme du concours) à choix multiple (QCM) portant sur des situations concrètes habituellement rencontrées par les membres du cadre d'emplois dans l'exercice de leurs fonctions (durée : 45 minutes ; coefficient 1). Le QCM peut contenir, par exemple : des questions avec une seule bonne réponse, des questions avec plusieurs bonnes réponses, des questions fermées (vrai/faux), etc.

Le concours interne ne comprend qu'une épreuve orale d'admission.

Le troisième concours comprend une épreuve écrite d'admissibilité et une épreuve orale d'admission. L'épreuve d'admissibilité consiste en une série de trois à cinq questions à réponse courte posées à partir d'un dossier succinct remis aux candidats portant sur les problèmes susceptibles d'être rencontrés par un agent territorial spécialisé des écoles maternelles dans l'exercice de ses fonctions (durée : 2 heures ; coefficient 1).

2 • Admission

Concours externe : seuls les candidats déclarés admissibles par le jury sont autorisés à se présenter à l'épreuve d'admission. Celle-ci consiste en un entretien permettant d'apprécier l'aptitude du candidat et sa motivation à exercer les missions dévolues aux membres du cadre d'emplois ainsi que ses connaissances de **l'environnement professionnel** dans lequel il sera appelé à exercer ses fonctions (durée : 15 minutes ; coefficient 2).

Concours interne : l'épreuve d'admission consiste en un entretien débutant par une présentation par le candidat de son expérience professionnelle et des compétences qu'il a acquises à cette occasion, sur la base d'un document retraçant son parcours professionnel.

Ce document, établi conformément au modèle fixé par arrêté du ministre chargé des collectivités territoriales, est fourni par le candidat au moment de son inscription et remis au jury préalablement à cette épreuve.

Cet entretien se poursuit par une conversation visant à apprécier, le cas échéant sous forme de mise en situation professionnelle, la capacité du candidat à analyser son environnement professionnel et à résoudre les problèmes les plus fréquemment rencontrés par un agent territorial spécialisé des écoles maternelles (durée : 20 minutes, dont 5 minutes au plus d'exposé).

Troisième concours : l'épreuve d'admission consiste en un entretien débutant par une présentation par le candidat de son expérience professionnelle et des compétences qu'il a acquises à cette occasion, sur la base d'un document retraçant son parcours professionnel.

Ce document, établi conformément au modèle fixé par arrêté du ministre chargé des collectivités territoriales, est fourni par le candidat au moment de son inscription et remis au jury préalablement à cette épreuve.

Cet entretien se poursuit par une conversation visant à apprécier, le cas échéant sous forme de mise en situation professionnelle, la capacité du candidat à analyser son environnement professionnel et à résoudre les problèmes les plus fréquemment rencontrés par un agent territorial spécialisé des écoles maternelles (durée : 20 minutes, dont 5 minutes au plus d'exposé ; coefficient 2).

IV. DIFFICULTÉS DU CONCOURS

Les questions posées lors du concours n'impliquent pas, pour la plupart, des réponses uniques. Il ne suffit donc pas de connaître le programme. Ce concours comporte beaucoup de questions où se mêlent le rapport humain avec l'enfant, mais aussi l'enseignant et les parents.

Toute la structure de l'école comporte des règles, et l'une des difficultés de ce concours est d'arriver à associer les devoirs de l'ATSEM à ses droits au bon sens, ce métier étant avant tout un métier de contact humain.

2

Partie

LES SAVOIRS ET SAVOIR-FAIRE

FICHE 1 SOCIALISER – PETITE SECTION

I. CE QU'IL FAUT SAVOIR

L'enfant qui arrive pour la première fois à l'école rentre dans une grande structure qu'il ne quittera qu'à l'adolescence.

Pour être socialisé en petite section, il devra :

- accepter la vie du groupe en suivant les consignes générales ;
- ne pas être agressif quand les camarades utilisent un jeu convoité ;
- savoir porter son intérêt ailleurs pour supporter une frustration ;
- aider un camarade en difficulté.

II. CE QU'IL FAUT FAIRE

- Parler à l'enfant en lui disant que les autres sont comme lui, qu'ils arrivent à l'école pour la première fois, qu'il n'est pas tout seul et qu'il retournera chez lui ce soir, cela le rassurera.
- Lui dire qu'il faut écouter la maîtresse et l'ATSEM qui veulent qu'il soit heureux et qui ont tout prévu pour cela.
- Lui dire qu'il faut faire attention aux autres (par exemple : ne pas bousculer, ne pas faire tomber, ne pas prendre un objet qui appartient à l'autre, ne pas le frapper, ne pas lui donner de coups de pied), qu'ils auront tous les mêmes activités, qu'ils feront beaucoup de choses ensemble.
- Pour l'aider à ne pas être agressif avec un autre enfant qui utilise un jeu convoité, il faut tout de suite lui montrer l'intérêt d'un autre jeu, lui expliquer tout ce qui sera positif pour lui et l'aider ainsi à supporter une petite frustration. Veiller également à ce que l'autre enfant ne monopolise pas le premier jeu.
- Lui montrer qu'il peut aider un petit camarade en difficulté (par exemple : pour réussir un puzzle, pour construire une maison avec des jeux de construction, pour faire rouler des « voitures » dans un circuit, pour tenir un pinceau, etc.) : plus tard, ils feront « équipe » et ce sera bien mieux.

IMPORTANT : Ne pas marquer de préférence, considérer tous les enfants de la même façon et rester calme.

QCM

1. Qu'est-ce que la socialisation ?

- ◯ **A.** apprendre aux enfants à vivre en collectivité et à en accepter les règles
- ◯ **B.** apprendre aux enfants à être propre
- ◯ **C.** apprendre aux enfants à comprendre les adultes et à leur parler

2. Un enfant qui n'a pas connu la collectivité avant est en général centré sur lui-même. Que doit-il accepter pour être socialisé ?

- ◯ **A.** accepter de partager avec d'autres enfants
- ◯ **B.** accepter les règles de la collectivité
- ◯ **C.** suivre une consigne quand on le lui demande
- ◯ **D.** accepter de manger des aliments qu'il ne mange pas à la maison

3. Un enfant de votre classe est très turbulent et frappe souvent ses camarades :

- ◯ **A.** vous le grondez et le punissez
- ◯ **B.** vous le laissez faire car, après tout, ça ne vous regarde pas
- ◯ **C.** vous expliquez qu'il n'a pas le droit de frapper ses camarades et lui montrez qu'il est plus intéressant de jouer avec eux que de se battre

4. Paul et Louis jouent ensemble dans la bibliothèque. Paul prend le livre de Louis. Que faites-vous ?

- ◯ **A.** vous grondez Paul
- ◯ **B.** vous dites à Louis de prendre un autre livre
- ◯ **C.** vous rendez le livre à Louis
- ◯ **D.** vous expliquez à Paul qu'il y a d'autres livres et lui en proposez un autre

5. Les premiers jours de classe sont parfois difficiles pour les enfants. Que devez-vous faire ?

- ◯ **A.** expliquer aux enfants les différentes règles de l'école
- ◯ **B.** laisser les enfants se débrouiller seuls
- ◯ **C.** expliquer aux enfants le déroulement de la journée

6. En petite section de maternelle, les enfants apprennent à travailler ensemble.

◯ **A.** vrai ◯ **B.** faux

7. Dans quelle situation un enfant de petite section apprend-il à aider un camarade ?

- ◯ **A.** dans le rangement de la classe
- ◯ **B.** en aidant un camarade à enfiler un tablier de peinture
- ◯ **C.** en l'aidant à mettre ses chaussures après la sieste

8. Dans quels cas un enfant accepte-t-il la frustration ?

- ◯ **A.** lorsqu'il accepte de faire quelque chose que vous lui avez demandé, alors qu'il a envie de faire autre chose
- ◯ **B.** lorsqu'il aide à ranger la classe
- ◯ **C.** lorsqu'il accepte de prêter un jeu avec lequel il joue
- ◯ **D.** lorsqu'il met ses chaussures tout seul

9. Que devez-vous faire lorsqu'un des enfants pleure et réclame sa maman ?

- ◯ **A.** lui expliquer que tout va bien se passer et que sa maman ne va pas tarder à venir le chercher
- ◯ **B.** essayer de remplacer sa maman jusqu'à son retour
- ◯ **C.** lui permettre de prendre son doudou pour essayer de se calmer et le réconforter
- ◯ **D.** lui expliquer que vous êtes là pour prendre soin de lui pendant l'absence de sa maman

Réponses :

1. A **2.** A, B, C **3.** C **4.** C, D **5.** A, C **6.** A **7.** A, C **8.** A, C **9.** A, C, D

FICHE 2 SOCIALISER – MOYENS ET GRANDS

Lorsqu'il arrive en moyenne section, l'enfant a déjà vécu une expérience de vie collective en dehors du milieu familial. Il commence à prendre l'habitude de la coopération.

I. CE QU'IL FAUT SAVOIR

1 • En moyenne section

On aidera l'enfant :

- à adapter ses comportements à l'activité exercée ;
- à accepter et respecter le rythme et les règles de la vie collective ;
- à écouter et respecter l'autre.

2 • En grande section

On aidera l'enfant :

- à adapter son comportement pour coopérer (lui montrer les avantages) ;
- à établir des relations de plus en plus nombreuses ;
- à reconnaître l'autre, à l'écouter et à le respecter ;
- à comprendre des jeux à règles.

II. CE QU'IL FAUT FAIRE

1 • En moyenne section

- Répéter les consignes données par l'enseignant (par exemple : mettre son tablier avant la peinture, ne pas renverser les pots, utiliser le matériel proposé pour le collage, ne pas s'agiter et salir les autres, etc.).
- Expliquer (par exemple : que c'est le moment de ranger et de se laver les mains parce qu'il est temps d'aller jouer dehors et qu'il est important que la classe soit libérée pour laisser sécher les dessins et aérer, etc.).
- L'ATSEM montre l'intérêt d'être prêt en même temps que les camarades pour aller jouer ensemble, aller à la salle de motricité, aller déjeuner…

2 • En grande section

On peut :

- demander à l'enfant d'aller chercher un objet ou un livre dans la classe d'à côté, de parler ainsi à un autre enseignant ou à une autre ATSEM ;
- proposer à l'enfant d'aller demander le menu à la cuisine (l'ATSEM veillera alors au déplacement de l'enfant) ;
- jouer avec l'enfant qui peut tout à fait assimiler des règles simples de jeux éducatifs ;
- organiser des jeux de groupe (par exemple : en motricité, dans la cour).

QCM

1. Vous menez une activité pour aider l'enseignant. L'enseignant a donné les consignes pendant le regroupement. Que faites-vous ?

- ◯ **A.** vous redonnez les consignes
- ◯ **B.** vous demandez aux enfants de démarrer immédiatement l'activité, car l'enseignant leur a déjà donné les consignes

2. Avant et après une activité peinture :

- ◯ **A.** vous demandez aux enfants d'aller prendre un tablier de peinture
- ◯ **B.** vous allez chercher pour les enfants des tabliers de peinture
- ◯ **C.** vous dites aux enfants d'aller ranger les tabliers de peinture

3. Vous démarrez une activité. Les enfants parlent. Que faites-vous ?

- ◯ **A.** vous les laissez parler tout en travaillant
- ◯ **B.** vous demandez le silence au départ
- ◯ **C.** vous laissez les enfants parler mais la discussion doit concerner tout le monde

4. Comment se passe un regroupement ?

- ◯ **A.** chaque enfant doit prendre la parole à son tour
- ◯ **B.** chaque enfant doit demander l'autorisation de prendre la parole
- ◯ **C.** les enfants ont le droit de parler comme ils le veulent

5. À la fin de la matinée, il est l'heure pour les enfants de prendre leur repas. Vous les emmenez donc aux toilettes.

- ◯ **A.** vous leur demandez de se laver les mains
- ◯ **B.** vous les regardez se laver les mains
- ◯ **C.** vous vous lavez les mains avec eux, en leur expliquant pourquoi on doit se laver les mains avant de manger

6. En classe de moyenne section, quels sont les objectifs de la socialisation ?

- ◯ **A.** aider un camarade en difficulté
- ◯ **B.** adapter ses comportements à l'activité exercée
- ◯ **C.** adapter son comportement pour coopérer

7. Quels sont les objectifs de la socialisation en grande section ?

- ◯ **A.** accepter et respecter le rythme et les règles de vie de la collectivité
- ◯ **B.** reconnaître l'autre, l'écouter, le respecter
- ◯ **C.** comprendre des jeux à règles
- ◯ **D.** ne pas être agressif quand ses camarades utilisent un jeu convoité

8. Lorsqu'une activité porte sur un jeu de société, est-ce mieux si l'ATSEM participe au jeu ?

- ◯ **A.** oui
- ◯ **B.** non

9. Quel est le but d'un jeu ?

- ◯ **A.** attendre son tour
- ◯ **B.** écouter l'autre
- ◯ **C.** apprendre à gagner

Réponses :

1. A **2.** A, C **3.** B, C **4.** A **5.** A, C **6.** B **7.** B, C **8.** A **9.** A, B

FICHE 3 SCOLARISER : ENTRAÎNER À L'APPRENTISSAGE – PETITE SECTION

L'école doit conduire l'enfant vers des acquisitions très précises qui l'aideront plus tard dans sa vie sociale.

I. CE QU'IL FAUT SAVOIR

L'enfant doit :

▪ se faire comprendre ; ▪ formuler ses besoins ; ▪ avoir le vocabulaire correspondant à l'environnement immédiat et le mémoriser.	**Langage**
▪ comparer des objets, les trier, les classer (par couleur, par taille, par forme).	**Logique**
▪ différencier les couleurs (rouge, bleu, jaune, violet, orange, noir, blanc) ; ▪ connaître son corps, les fonctions des cinq sens ; ▪ se repérer dans l'espace et le temps.	**Activités sensorielles**
▪ comprendre le sens du livre ; ▪ reconnaître son signe et bien l'utiliser ; ▪ bien utiliser le livre comme objet-livre ; ▪ savoir interpréter une image en utilisant des indices ; ▪ comprendre la correspondance entre l'oral et l'écrit.	**Lecture**

II. CE QU'IL FAUT FAIRE

▪ faire préciser à l'enfant ce qu'il veut (« Où as-tu mal ? », « Explique », « Que veux-tu ? », « As-tu froid ? », etc.) ; ▪ l'aider à nommer ce qui l'entoure (« Où as-tu posé ton gilet ? », « Quel puzzle veux-tu ? », etc.).	**Langage**
▪ être très près de lui pour intervenir s'il se trompe et lui faire nommer les objets ainsi que les tailles et les formes (« Celui-là est plus grand, plus haut », etc.).	**Logique**
▪ insister en répétant les mots et en lui posant quelques questions de façon joyeuse (« Que te rappelle cette odeur ? », etc.) ; ▪ lui parler du déroulement de la journée et des lieux utilisés pour les activités (lui demander s'il sait où on va « maintenant »).	**Activités sensorielles**
▪ raconter une histoire et montrer le livre (on tourne les pages puis on arrive à la fin et on ferme le livre : on retrouve les images correspondant à ce que l'ATSEM a raconté). ▪ veiller à ne pas exiger une trop grande concentration devenue fatigante.	**Lecture**

QCM

1. Quelles sont les acquisitions nécessaires à un enfant de PS au niveau du langage ? Il doit :

- ◯ **A.** se faire comprendre
- ◯ **B.** comparer les objets, les trier, les classer
- ◯ **C.** connaître son corps
- ◯ **D.** formuler ses besoins

2. Vous menez une activité dans laquelle l'enfant doit classer des objets dans le sens petit, moyen, grand. L'enfant a du mal à différencier les trois tailles Que faites-vous pour l'aider ?

- ◯ **A.** vous mettez à chaque fois 2 objets côte à côte, pour que l'enfant voie la différence
- ◯ **B.** vous donnez la réponse à l'enfant dès qu'il hésite
- ◯ **C.** en comparant deux objets, vous lui demandez de vous dire quel est l'objet le plus petit ou le plus grand

3. Dans une activité, l'enfant doit nommer des objets : un râteau, une pelle… Ceci fait partie des acquisitions :

- ◯ **A.** de la logique
- ◯ **B.** de la lecture
- ◯ **C.** du langage

4. Quel(s) exercice(s) aide(nt) un enfant de PS à connaître le schéma corporel ?

- ◯ **A.** le dessin du bonhomme
- ◯ **B.** raconter une histoire
- ◯ **C.** se repérer dans l'espace

5. Vous emmenez les enfants aux toilettes pour qu'ils se lavent les mains. Un enfant vous fait comprendre qu'il n'arrive pas à ouvrir le robinet. Que faites-vous ?

- ◯ **A.** vous l'avez compris et lui ouvrez le robinet
- ◯ **B.** vous lui demandez de formuler sa demande comme il faut
- ◯ **C.** une fois qu'il vous l'a demandé, vous lui ouvrez le robinet
- ◯ **D.** vous lui dites qu'il doit se débrouiller et le laissez faire

6. Quelles sont les acquisitions nécessaires à un enfant de PS au niveau de la lecture ?

- ◯ **A.** comprendre le sens du livre
- ◯ **B.** utiliser une bibliothèque
- ◯ **C.** bien utiliser le livre comme objet-livre

7. Vous partez en sortie visiter un marché. Les enfants regardent les fruits et légumes. Que faites-vous ?

- ◯ **A.** vous nommez chaque fruit et légume pour que les enfants apprennent à les reconnaître
- ◯ **B.** vous comptez combien il y en a
- ◯ **C.** vous parlez avec les enfants de leurs couleurs et de leurs formes
- ◯ **D.** vous dites aux enfants de regarder sans rien dire

8. En ce qui concerne le livre, quelles acquisitions les enfants de PS doivent-ils obtenir ?

- ◯ **A.** comprendre le sens du livre
- ◯ **B.** l'utiliser comme un autre jouet
- ◯ **C.** comprendre la correspondance entre l'oral et l'écrit

Réponses :

1. A, D **2.** A, C **3.** B, C **4.** A, C **5.** B, C **6.** A, C **7.** A, C **8.** A, C

FICHE 4 ENTRAÎNER À L'APPRENTISSAGE – MOYENS ET GRANDS

En entraînant l'enfant à apprendre, on introduit la notion de l'effort. Reprenons succinctement les mêmes domaines qu'en petite section.

I. CE QU'IL FAUT SAVOIR

1 • En moyenne section

L'enfant de moyenne section doit :

▪ utiliser les pronoms personnels, les mots de liaison ; ▪ mémoriser des textes courts.	**Langage**
▪ savoir discerner des analogies, des différences ; ▪ évaluer des quantités (utiliser une mesure référence) ; ▪ structurer l'espace.	**Logique**
▪ savoir identifier les informations données par les sens ; ▪ connaître les couleurs.	**Activités sensorielles**
▪ identifier et savoir pourquoi on utilise différents supports d'écrit ; ▪ utiliser une bibliothèque ; ▪ reconnaître certains mots faisant partie de son environnement.	**Lecture**

(D'autres notions concernent plus particulièrement l'enseignant.)

2 • En grande section

L'enfant de grande section doit :

▪ prendre la parole et s'exprimer de façon compréhensible dans des situations diverses (faire varier le temps des verbes).	**Langage**
▪ savoir réutiliser ses connaissances en les adaptant à des situations ; ▪ observer et s'interroger sur les propriétés des matières.	**Activités sensorielles**
▪ identifier et savoir pourquoi on utilise différents supports d'écrit ; ▪ reconnaître certains éléments dans un texte ; ▪ reconnaître quelques mots.	**Lecture**

II. CE QU'IL FAUT FAIRE

- Questionner l'enfant pour lui faire préciser de qui ou de quoi il parle (ce qu'il voit, entend, sent, goûte).
- Ne pas hésiter à lui dire : « Je ne comprends pas. » ; ne pas dire à sa place dans la mesure où on sait qu'il est capable de trouver les mots lui-même, l'aider dans ses recherches.

QCM

1. Quelles acquisitions un enfant de moyenne section doit avoir en ce qui concerne le langage ?

- ◯ **A.** savoir utiliser les pronoms personnels
- ◯ **B.** se faire comprendre avec précision
- ◯ **C.** avoir le vocabulaire correspondant à l'environnement immédiat

2. Les enfants en maternelle doivent commencer à reconnaître certains mots. Lesquels ?

- ◯ **A.** le vocabulaire concernant la classe
- ◯ **B.** leur prénom
- ◯ **C.** le prénom de leur camarade
- ◯ **D.** le nom de l'enseignant

3. Quelles acquisitions un enfant de grande section doit avoir, en ce qui concerne la lecture ?

- ◯ **A.** comprendre le sens du livre
- ◯ **B.** reconnaître certains éléments dans un texte
- ◯ **C.** utiliser une bibliothèque
- ◯ **D.** reconnaître quelques mots

4. Un enfant vient vous voir pour se plaindre d'un de ses camarades. Celui-ci lui a fait mal. Que faites-vous ?

- ◯ **A.** vous réunissez tout de suite les deux enfants pour régler le problème
- ◯ **B.** vous interrogez d'abord l'enfant et lui demandez de vous raconter exactement ce qui s'est passé

5. Un enfant de moyenne section doit être capable de reconnaître les couleurs.

- ◯ **A.** vrai
- ◯ **B.** faux

6. Reconnaître les couleurs est un exercice très facile.

- ◯ **A.** vrai
- ◯ **B.** faux

7. La grande section de maternelle est une classe difficile, car elle prépare l'enfant à l'entrée en cours préparatoire.

- ◯ **A.** vrai
- ◯ **B.** faux

8. Vous animez une activité cuisine. Vous allez faire des crêpes. Quel est le rôle des enfants dans cette activité ?

- ◯ **A.** les enfants vont faire la pâte à crêpes, du début à la fin, en suivant vos directives
- ◯ **B.** les enfants doivent être capables de nommer les ingrédients de la recette que vous leur avez expliquée
- ◯ **C.** les enfants nomment les ingrédients et vous regardent faire la pâte à crêpes. Ils la referont eux-mêmes une prochaine fois

9. L'apprentissage des sens est-il important en maternelle ?

- ◯ **A.** oui
- ◯ **B.** non

10. Comment un enfant apprend-il, au départ, à découvrir le monde qui l'entoure ?

- ◯ **A.** en portant à la bouche les objets
- ◯ **B.** en touchant les objets
- ◯ **C.** en regardant les objets
- ◯ **D.** en posant des questions

Réponses :

1. A, B **2.** B, C **3.** A, B, C, D **4.** B **5.** A **6.** B **7.** A **8.** A, B **9.** A **10.** A

FICHE 5 RENDRE L'ENFANT AUTONOME

Rendre l'enfant autonome est un des objectifs très importants de l'école maternelle : c'est lui donner la possibilité d'agir seul, donc de dominer son angoisse et de grandir.

I. CE QU'IL FAUT SAVOIR

1 • En petite section

L'enfant doit :

- exprimer ses besoins et chercher une solution en demandant de l'aide pour cela ;
- aller aux toilettes seul ;
- essayer d'enlever et de mettre ses chaussures seul (sans les lacets) ;
- manger seul ;
- sortir et ranger le matériel à utiliser.

2 • En moyenne section

L'enfant doit :

- essayer de s'habiller et se déshabiller tout seul ;
- connaître son corps ;
- gagner une autonomie par rapport aux objets et aux personnes.

3 • En grande section

L'enfant doit :

- être capable de répondre à ses besoins sans faire appel à l'adulte pour l'aider ;
- avoir pris conscience de la succession des activités ;
- être capable de s'auto-évaluer (rester prudent pour ne pas décourager l'enfant).

II. CE QU'IL FAUT FAIRE

- Accompagner l'enfant de petite section dans les endroits qui ne lui sont pas encore familiers.
- Lui montrer les objets dont il peut avoir besoin et lui donner des explications (par exemple : aux toilettes, l'utilisation du papier et de la chasse d'eau).
- Encourager l'enfant en lui parlant doucement et en lui disant ce qu'il est capable de faire (par exemple : pour l'habillage).
- En moyenne section, lui montrer comment utiliser avec prudence la fourchette et le couteau et lui demander de le faire devant soi ; le complimenter.
- Lui faire quelques remarques s'il n'a pas écouté les conseils et a gâché son travail.
- Le stimuler pour choisir un jouet de cour (par exemple : une patinette) en lui confirmant qu'il peut s'en servir tout seul et se diriger sans gêner les autres.

IMPORTANT : Tout ce que l'enfant aura réussi à exprimer ou à faire seul sera acquis pour son futur.

QCM

1. Quel est le niveau d'autonomie que l'enfant doit atteindre en petite section de maternelle ?

- ◯ **A.** aller aux toilettes seul
- ◯ **B.** connaître son corps
- ◯ **C.** ranger la classe

2. Rendre l'enfant autonome est un objectif primordial en petite section. Qu'est-ce que cette autonomie va apporter à l'enfant ?

- ◯ **A.** l'aider à grandir
- ◯ **B.** dominer son angoisse
- ◯ **C.** se détacher de ses parents

3. Après la sieste, les enfants de petite section doivent remettre leurs chaussures. Que faites-vous ?

- ◯ **A.** vous leur remettez leurs chaussures systématiquement
- ◯ **B.** vous les laissez se débrouiller
- ◯ **C.** vous leur remettez au début de l'année et leur expliquez comment faire
- ◯ **D.** vous leur apportez de l'aide quand il le faut

4. Quels sont les objectifs de la prise d'autonomie en moyenne section de maternelle ?

- ◯ **A.** connaître son corps
- ◯ **B.** aller aux toilettes seul
- ◯ **C.** essayer de s'habiller et de se déshabiller seul
- ◯ **D.** aller chercher un tablier de peinture sans qu'on le lui dise quand il y a activité peinture

5. Quels sont les objectifs de la prise d'autonomie en grande section :

- ◯ **A.** être capable de s'auto-évaluer
- ◯ **B.** être capable de se rendre compte s'il a réussi un exercice
- ◯ **C.** être capable de ranger ses affaires seul
- ◯ **D.** gagner une autonomie par rapport aux objets et aux personnes

6. Faut-il toujours motiver l'enfant dans la prise de son autonomie ?

◯ **A.** oui ◯ **B.** non

7. Dans quel cas demandez-vous aux enfants de ranger la classe ?

- ◯ **A.** tous les jours, après une activité
- ◯ **B.** uniquement quand elle est trop en désordre
- ◯ **C.** à chaque fois que les enfants jouent

8. Est-ce que le rangement de la classe favorise la prise d'autonomie ?

◯ **A.** oui ◯ **B.** non

9. Les enfants de petite section arrivent tous les jours avec leurs sucettes et leurs doudous :

- ◯ **A.** ils les rangent dans un panier destiné à cet effet tous les jours
- ◯ **B.** ils les gardent et ne les rangent que lorsqu'ils entrent en classe
- ◯ **C.** le problème ne se pose pas, car sucettes et doudous sont interdits
- ◯ **D.** ils vous les donnent et c'est vous qui les rangez

10. La séparation d'un enfant d'avec son doudou fait-elle partie de la prise d'autonomie ?

◯ **A.** oui ◯ **B.** non

Réponses :

1. A, C **2.** A, B **3.** C, D **4.** A, C **5.** A, B, C **6.** A **7.** A, C **8.** A **9.** A **10.** A

FICHE 6

DOMAINES DANS LESQUELS L'ENFANT DOIT ÉVOLUER

L'école maternelle a une mission à remplir pour tous les enfants qui lui sont confiés, quelles que soient leurs situations sociales : elle doit s'adapter et tenir compte des différences.

I. CE QU'IL FAUT SAVOIR

Les domaines dans lesquels l'enfant doit évoluer sont principalement :

- moteur
  - affiner ses gestes ;
  - diversifier ses conduites motrices ;
  - acquérir une aisance motrice ;
  - développer sa coordination et son équilibre.
- sensoriel
  - écouter (affiner ses perceptions) ;
  - goûter ;
  - chanter ;
  - voir, regarder en fixant son attention.
- cognitif
  - parler ;
  - observer ;
  - explorer ;
  - comprendre ;
  - faire tout seul ;
  - s'exprimer.
- physiologique
  - crier ;
  - savoir prendre son temps ;
  - savoir ne rien faire, trouver le calme.
- affectif
  - éliminer son angoisse et être sécurisé, exprimer ses émotions ;
  - affirmer sa personnalité et se faire accepter en tant qu'individu.

II. CE QU'IL FAUT FAIRE

Pour aider l'enfant à évoluer et à s'épanouir à l'école, il faut :

- mettre en place les meilleures conditions, être vigilant et disponible (par exemple : éloigner les enfants bruyants de celui qui veut regarder un livre dans le calme, retirer des objets mal placés qui peuvent être dangereux pour les déplacements de l'enfant) ;
- parler avec l'enseignant pour comprendre les objectifs des activités proposées ;
- intervenir à bon escient dans les différents moments de la journée (travaux manuels, motricité, contes, sieste, repas, jeux) ;
- écouter l'enfant et déceler des situations inquiétantes (par exemple : l'enfant qui a peur, celui qui n'est pas attentif à une consigne parce qu'il a mal à la tête, etc.).

L'enfant bien accompagné dans son évolution a confiance et peut s'épanouir en toute sécurité.

QCM

1. Quels sont les différents domaines dans lesquels l'enfant doit évoluer en maternelle ?

◯ **A.** sensoriel

◯ **B.** éducatif

◯ **C.** moteur

◯ **D.** cognitif

2. Vous menez une activité dans laquelle vous apprenez aux enfants à découper. À quoi devez-vous faire particulièrement attention ?

◯ **A.** à ce que l'enfant découpe droit

◯ **B.** à ce que l'enfant tienne bien ses ciseaux

◯ **C.** à ce que l'enfant ait bien compris le fonctionnement des ciseaux

3. Un enfant pleure et vous ne savez pas pourquoi. Que devez-vous faire ?

◯ **A.** lui demander pourquoi il pleure et l'aider à exprimer son angoisse

◯ **B.** l'emmener à l'écart pour respecter son intimité

◯ **C.** attendre que l'enseignant arrive pour le consoler

4. Toutes sortes d'activités peuvent aider l'enfant à évoluer. Dans quelles activités l'enfant va-t-il évoluer sur le plan cognitif ?

◯ **A.** écouter une histoire

◯ **B.** raconter ce qu'il a fait durant ses dernières vacances

◯ **C.** faire du vélo

◯ **D.** écouter et comprendre les consignes d'une activité

5. Dans le réfectoire, un enfant refuse de manger et s'endort sur la table. Que faites-vous ?

◯ **A.** vous lui retirez son assiette et le mettez au lit

◯ **B.** vous le réveillez doucement et lui demandez s'il a mal quelque part

◯ **C.** vous prenez sa température

◯ **D.** vous le laissez dormir tout l'après-midi

6. La musique joue un rôle important dans les apprentissages. Dans quels domaines, apprendre un chant et chanter, va faire évoluer l'enfant ?

◯ **A.** moteur

◯ **B.** affectif

◯ **C.** sensoriel

◯ **D.** cognitif

◯ **E.** physiologique

7. Crier est interdit à l'école.

◯ **A.** vrai ◯ **B.** faux

8. La motricité globale concerne :

◯ **A.** l'ensemble du corps

◯ **B.** la main et la préhension

9. Vous allez mener une activité à la demande de l'enseignant. Que faites-vous ?

◯ **A.** vous lisez les consignes

◯ **B.** vous parlez avec l'enseignant pour savoir sur quels points de l'activité vous devez être vigilant

◯ **C.** vous commencez l'activité sans rien demander car vous avez l'habitude de le faire

10. Dans une activité, quelle qu'elle soit, faut-il alterner moments actifs et remise au calme ?

◯ **A.** oui ◯ **B.** non

Réponses :

1. A, C, D **2.** B, C **3.** A, B **4.** A, B, D **5.** B, C **6.** C, D **7.** B **8.** A **9.** A, B **10.** A

FICHE 7 BESOINS MOTEURS DE L'ENFANT

L'enfant a besoin de bouger et d'explorer : c'est une réalité qui ne doit pas être perdue de vue pour ne pas le réprimander à tort et le bloquer dans son évolution.

I. CE QU'IL FAUT SAVOIR

- Pendant son séjour à l'école maternelle, l'enfant va développer sa motricité de façon de plus en plus précise (y compris la motricité fine concernant la préhension et l'utilisation d'outils).
- À partir de trois ans, l'enfant va reconnaître ses mouvements et les adapter.
- Obliger un enfant à rester trop longtemps dans une même position (par exemple : assis) le fait réellement souffrir. Ne pas dépasser 10 minutes en petite section et 15 minutes pour les moyenne et grande sections.
- Il a besoin de sauter, courir, lancer, jeter, glisser, ramper, se balancer, jouer avec son équilibre, rouler, grimper, danser, s'allonger, se suspendre, se jeter, prendre des risques.

C'est pour cela qu'en plus des moments libres de jeux, des séances de motricité sont organisées pour aider l'enfant à se connaître, à évaluer les risques et à se structurer dans l'espace et le temps. Il est tout à fait capable de réguler ses efforts.

II. CE QU'IL FAUT FAIRE

- Ne pas intervenir quand l'enfant évolue sans risque dans un milieu bien aménagé, qu'il est heureux et ne sollicite pas lui-même l'adulte.
- Stimuler celui qui doute de ses capacités (par exemple : en restant près de lui s'il est monté sur un muret ou un banc et l'aider à la réception).
- Conseiller (par exemple : « C'est amusant de passer dans ce petit tunnel mais baisse bien la tête pour ne pas te faire une bosse. »).

Dans les moments difficiles, dans les situations dangereuses, les rôles les plus importants de l'adulte sont :
- l'attention ;
- le soutien ;
- la disponibilité.

Toutes ces attitudes aideront l'enfant à mieux contrôler ses mouvements et à découvrir ce qu'il est capable de faire.

QCM

1. Dans une journée de classe, y a-t-il beaucoup de changements d'activité, qui permettent aux enfants de pouvoir bouger régulièrement ?

○ **A.** oui ○ **B.** non

2. En quoi la récréation est-elle importante ?

○ **A.** elle permet aux enfants de se reposer

○ **B.** elle permet aux enfants de se défouler après des moments d'activité où ils doivent se concentrer

○ **C.** elle permet aux enfants de profiter du grand air

3. Doit-on, lors de la récréation, organiser des jeux pour les enfants ?

○ **A.** oui, cela les occupe

○ **B.** non, la récréation doit rester un moment de jeux libres

4. Pendant la motricité, quelles activités utilise-t-on pour faire travailler les enfants ?

○ **A.** chanter

○ **B.** danser

○ **C.** faire des jeux

○ **D.** faire du sport

5. Qu'est-ce que la motricité fine ?

○ **A.** l'utilisation de la main en ce qui concerne la préhension et l'utilisation des outils

○ **B.** le fait que l'enfant puisse effectuer avec son corps, des mouvements de plus en plus précis, comme lancer un ballon dans un cerceau

6. En maternelle, le temps pendant lequel l'enfant peut effectuer une activité sans trop bouger est relativement court. Combien dure-t-il en moyenne ?

○ **A.** 30 minutes

○ **B.** 5 minutes

○ **C.** 15 minutes

○ **D.** 20 minutes

7. En motricité, un enfant n'arrive pas à faire un exercice, il pleure et il a peur. Que faites-vous ?

○ **A.** vous le dispensez de l'exercice

○ **B.** vous essayer de connaître les raisons de sa peur et lui expliquez qu'il ne risque rien

○ **C.** vous l'accompagnez pour le sécuriser et lui donnez la main tout au long de l'exercice s'il le faut

8. À quel moment un enfant doit-il faire l'effort de rester calme ?

○ **A.** pendant le regroupement

○ **B.** pendant la sieste

○ **C.** pendant la récréation

○ **D.** pendant une activité

9. Les enfants sont fatigués et la classe entière est survoltée ; il est impossible de travailler. Que faites-vous ?

○ **A.** vous les grondez et leur demandez de rester tranquilles

○ **B.** l'enseignant et vous décidez de les emmener faire un tour dans la cour pour qu'ils puissent se calmer

○ **C.** vous les mettez à la sieste pour qu'ils puissent se reposer

○ **D.** l'enseignant et vous organisez des jeux pour qu'ils puissent se défouler

10. À quoi faut-il faire attention lorsque les enfants sont en séance de motricité ?

○ **A.** à ce que rien ne puisse blesser un enfant

○ **B.** à ce que les enfants restent ensemble

○ **C.** à ce que tout le monde soit passé aux toilettes

Réponses :

1. A **2.** B **3.** B **4.** B, C, D **5.** A **6.** C **7.** B, C **8.** A, B, D **9.** B, D **10.** A, B

FICHE 8 BESOINS SENSORIELS DE L'ENFANT

I. CE QU'IL FAUT SAVOIR

Les besoins concernés sont ceux induits par :

- la vue ;
- l'ouïe ;
- le goût ;
- le toucher.

L'enfant a besoin :

- de connaître son environnement, l'endroit où il évolue, d'avoir des repères, de connaître les adultes et les autres enfants pour se sentir en sécurité ;
- qu'on lui parle calmement ;
- d'entendre de la musique et des chansons pour avoir du plaisir, pour l'aider à s'exprimer par le mouvement et développer son imagination ;
- de manger et de boire, et il faut lui faire confiance lorsqu'il exprime ces besoins naturels ;
- de vivre dans un environnement sain, aéré, où il se sent bien ;
- de toucher pour connaître et agir.

II. CE QU'IL FAUT FAIRE

- Lorsque l'enseignant a donné des consignes, aider l'enfant à y répondre et l'entraîner à observer en lui faisant préciser certains détails qui l'aideront par la suite à mémoriser (par exemple : « Tu dois peindre les feuilles en vert, cherche la bonne couleur. », « Regarde, Amélie et François arrivent : ils étaient à côté de toi hier. », « Comment s'appelle l'enseignant de ton petit frère ? », « Il est blond ou brun ? », etc.).
- Toujours parler doucement à l'enfant même s'il peut crier en s'amusant dans un jeu. L'adulte doit faire très attention à ne pas crier : cela peut traumatiser l'enfant et engendrer la peur (par exemple : utiliser la musique pour calmer).
- Satisfaire ses « petites faims » et son besoin de boire ; d'ailleurs, on apprendra très vite à l'enfant à se servir tout seul (bien sûr il n'est pas question de le laisser manger beaucoup de biscuits si on approche de l'heure du repas…).
- Peut-être avoir son petit parfum sur soi, ce qui permettra à l'enfant d'identifier encore mieux la personne qui s'occupe de lui.
- Au cours des activités, proposer à l'enfant de chercher un tissu doux, un carton rugueux, une boule lisse, de se laver les mains avec de l'eau tiède, ni trop chaude ni trop froide, etc. Il évitera lui-même ce qui peut le piquer, le brûler…

Toutes ces expériences vont permettre à l'enfant d'identifier les informations données pour les réutiliser au mieux.

QCM

1. À l'école, l'enfant a besoin d'évoluer dans le domaine sensoriel. Que cela va-t-il lui apporter ?

○ **A.** un sentiment de sécurité
○ **B.** la reconnaissance de soi
○ **C.** apprendre à connaître et agir
○ **D.** vivre bien

2. Quels sont les besoins sensoriels ?

○ **A.** les besoins induits par la vue
○ **B.** les besoins induits par le corps
○ **C.** les besoins induits par la pensée
○ **D.** les besoins induits par le toucher

3. Que proposez-vous régulièrement aux enfants tout au long de la journée ?

○ **A.** de boire
○ **B.** d'aller aux toilettes
○ **C.** de jouer

4. Le toucher est très important dans l'évolution des enfants. Quelles activités pouvez-vous leur proposer ?

○ **A.** manipuler du sable
○ **B.** manipuler un râteau et une pelle
○ **C.** jouer avec de la farine

5. À quoi ces activités servent-elles ?

○ **A.** à améliorer sa motricité globale
○ **B.** à faire connaissance avec de nouvelles matières
○ **C.** à faire connaissance avec de nouvelles impressions

6. Un enfant a faim. Vous devez toujours lui donner à manger.

○ **A.** vrai
○ **B.** faux

7. Un enfant, plutôt caractériel, est dans votre classe. Lorsqu'il a un conflit avec un autre camarade, il crie systématiquement. Comment devez-vous agir pour qu'il arrête ?

○ **A.** crier plus fort que lui
○ **B.** appeler l'enseignant systématiquement
○ **C.** lui parler le plus doucement possible
○ **D.** en parler avec l'enseignant si cela dure trop

8. Devez-vous faire visiter toute l'école aux enfants de votre classe, ou est-ce qu'ils ne doivent connaître que la partie dans laquelle ils vont évoluer : leur classe, leur couloir… ?

○ **A.** ils doivent connaître toute l'école
○ **B.** ils ne doivent connaître que l'endroit ou se trouve leur classe, car de toute façon le reste leur est interdit

9. À quoi sert l'apprentissage du goût ?

○ **A.** apprendre le goût des aliments permet de communiquer
○ **B.** apprendre le goût des aliments permet de les reconnaître
○ **C.** cela fait partie d'une culture personnelle

10. Vous menez une activité de manipulation. Qu'est-ce que cela signifie ?

○ **A.** les enfants apprennent à parler à un adulte pour obtenir ce qu'ils demandent
○ **B.** les enfants manipulent divers matériaux pour apprendre à connaître leur texture

Réponses :

1. A, C, D **2.** A, D **3.** A, B **4.** A, C **5.** B, C **6.** B **7.** C, D **8.** A **9.** A, B **10.** B

FICHE 9 BESOINS AFFECTIFS/BESOINS DE COMMUNICATION DE L'ENFANT

Il est évident que l'enfant séparé du milieu familial pour la première fois (ou d'une petite structure de garde) vit une rupture.

I. CE QU'IL FAUT SAVOIR

Si les besoins affectifs de l'enfant ne sont pas satisfaits, il peut éprouver de vraies souffrances, être bloqué dans son évolution et même régresser.

Il a besoin :

- qu'on le laisse agir en paix pour devenir autonome ;
- de se cacher, de détruire, de démolir ;
- d'amasser ;
- de rire ;
- de choisir ;
- d'être entendu, écouté, sécurisé, reconnu ;
- de confiance et de tolérance ;
- d'aimer et d'être aimé ;
- de communiquer avec les autres pour comprendre, se faire comprendre et former sa personnalité ;
- d'utiliser un vocabulaire de plus en plus riche et concret. Il sait utiliser de façon naturelle des phrases grammaticales simples (sujet-verbe-complément, temps simples).

II. CE QU'IL FAUT FAIRE

- Montrer à l'enfant qu'on l'aime en l'écoutant, en lui faisant un câlin s'il pleure et en cherchant une solution avec lui pour arrêter son chagrin (par exemple : s'il trouve que sa maman tarde à venir, l'occuper avec un puzzle ou lui raconter une histoire qu'il aime entendre).
- Le laisser s'isoler (en vérifiant bien sûr qu'il est en sécurité) et peut-être « construire » une maison qu'il va ensuite avoir plaisir à démolir pour faire autre chose ; ne pas avoir de propos négatifs.
- Être tolérant ; ne pas réprimander un enfant qui s'est souillé. S'occuper tout de suite de lui pour le remettre à l'aise.
- Le stimuler et le valoriser en lui faisant des compliments.
- L'écouter, tenir compte de ce qu'il dit, de ce qu'il demande.

Un enfant qui communique est un enfant en bonne voie de développement.

QCM

1. Un enfant tarde à demander d'aller aux toilettes et fait pipi dans son pantalon. Que faites-vous ?

- ◯ **A.** vous le laissez dans son vêtement sale pour le punir
- ◯ **B.** vous lui expliquez que ce n'est pas grave et vous le changez
- ◯ **C.** vous lui dites qu'il doit penser à demander quand il veut aller aux toilettes
- ◯ **D.** vous en parlez systématiquement à l'enseignant

2. Un enfant arrive pour la première fois à l'école. Le fait de quitter ses parents est très dur. Il pleure. Que devez-vous faire ?

- ◯ **A.** vous le consolez mais ne le prenez pas dans vos bras car vous n'êtes pas sa maman
- ◯ **B.** vous le prenez dans vos bras et lui faites un câlin
- ◯ **C.** vous lui expliquez que ses parents vont bientôt revenir et qu'il va bien s'amuser ici

3. Il n'y a aucune incidence sur le comportement d'un enfant si celui-ci ne se sent pas aimé dans son école.

◯ **A.** vrai ◯ **B.** faux

4. De quoi un enfant a-t-il besoin pour s'épanouir au niveau affectif ?

- ◯ **A.** d'être entendu, écouté, sécurisé, reconnu
- ◯ **B.** d'avoir toujours raison
- ◯ **C.** qu'on le laisse faire tout ce qu'il a envie de faire
- ◯ **D.** d'aimer et être aimé

5. La communication entre l'enfant et les autres enfants, ainsi qu'entre l'enfant et les adultes est-elle importante pour son développement ?

◯ **A.** oui ◯ **B.** non

6. Un groupe d'enfants de votre classe jouent ensemble. Un seul reste à l'écart et joue seul. Devez-vous le laisser jouer seul ?

- ◯ **A.** oui, car les enfants et les adultes ont, à un moment donné, besoin de s'isoler
- ◯ **B.** non, car il n'est pas bon qu'un enfant joue seul. Cela signifie qu'il n'arrivera jamais à s'intégrer au groupe

7. Les enfants en maternelle et notamment en PS ont souvent un vocabulaire restreint. Mais arrivent-ils à se comprendre entre eux ?

◯ **A.** oui ◯ **B.** non

8. Faut-il complimenter un enfant dès qu'il fait un progrès, le plus petit soit-il ?

◯ **A.** oui ◯ **B.** non

9. Vous êtes dans votre classe et un groupe d'enfants arrive pour vous parler. Tous veulent parler en même temps. Que faites-vous ?

- ◯ **A.** vous leur dites de se taire et de retourner s'asseoir
- ◯ **B.** vous leur demandez de lever le doigt pour parler
- ◯ **C.** vous leur demandez de parler chacun leur tour, et leur expliquez que sinon vous ne comprendrez rien

10. Un enfant, qui a du mal à s'adapter, refuse de venir s'asseoir avec ses camarades pour faire son travail. Que faites-vous ?

- ◯ **A.** en accord avec l'enseignant, vous acceptez qu'il ne fasse pas son travail
- ◯ **B.** vous rejetez catégoriquement son refus et le forcez à travailler
- ◯ **C.** vous refusez qu'il ne fasse pas son travail et lui expliquez que vous allez l'aider et le faire avec lui

Réponses :

1. B, C, D 2. B, C 3. B 4. A, D 5. A 6. A 7. A 8. A 9. C 10. C

FICHE 10 BESOINS INTELLECTUELS DE L'ENFANT

Le développement intellectuel de l'enfant s'effectue par étapes.

L'école maternelle propose aux enfants des activités qui les aident à développer l'intelligence préopératoire, mais ce qui déclenche la curiosité ne va pas sans une petite inquiétude liée à ce qui est mystérieux pour eux.

I. CE QU'IL FAUT SAVOIR

L'enfant a besoin :

- de communiquer ;
- de s'affirmer ;
- de s'imposer ;
- de comprendre les consignes de l'adulte ;
- de satisfaire sa curiosité ;
- de se situer dans le temps ;
- de construire des images mentales correspondant à ce qui est évoqué.

II. CE QU'IL FAUT FAIRE

- Proposer à l'enfant des activités qui lui permettent de faire des expériences (par exemple : préparer un gâteau).
- Enrichir son vocabulaire : verbaliser les situations, les actions (par exemple : « Tu es trop près, pas assez loin, la feuille est trop grande pour être posée sur la table, il faut verser la peinture dans le petit godet et ajouter de l'eau pour la diluer. », etc.).
- Proposer des jeux qui lui permettent de construire sa pensée imagée (par exemple : la dînette).
- Mettre en place des activités qui concernent les notions d'espace et de temps (par exemple : circuit défini avec la patinette ou le vélo, récit d'une histoire imaginée avec la chronologie, etc.).
- Rappeler à l'enfant les différents moments de la journée et les jours de la semaine en lui donnant des repères (par exemple : « Aujourd'hui c'est mardi ; c'est le jour où l'on va à la bibliothèque, après le dimanche on retrouve les camarades et on va directement dans la salle de motricité. », etc.).
- Satisfaire sa curiosité avec patience (par exemple : expliquer ce que le jardinier a fait pour faire pousser les fleurs dans la cour).
- Le faire réfléchir sur les causes d'un échec pour qu'il réorganise son action (par exemple : une construction dont l'élément le plus léger doit être en haut).

L'enfant comprendra et mettra en application ses apprentissages.

QCM

1. Qu'est-ce que l'intelligence préopératoire ?

- ◯ **A.** l'enfant devient capable de voir mentalement ce qu'il évoque ; il accède au langage et à la pensée
- ◯ **B.** l'enfant devient capable de maîtriser son corps et de coordonner les sens avec le moteur

2. À quel âge commence le stade de l'intelligence préopératoire ?

- ◯ **A.** de 2 ans à 7-8 ans
- ◯ **B.** de 0 à 2 ans

3. Quels genres d'activités vont permettre à l'enfant de développer son intelligence préopératoire ?

- ◯ **A.** des activités qui sollicitent sa curiosité
- ◯ **B.** des activités sans but précis où il fait ce qu'il veut
- ◯ **C.** des activités où il peut s'inventer une histoire

4. Les classes de maternelle sont organisées comme de petites maisons. On y trouve un coin chambre, un coin cuisine, un coin bibliothèque. Pourquoi ?

- ◯ **A.** pour rappeler aux enfants leur propre maison et leur permettre de se sentir moins dépaysés
- ◯ **B.** pour permettre aux enfants de s'inventer des histoires
- ◯ **C.** pour permettre aux enfants de reproduire des situations du quotidien

5. Les activités cuisine où les enfants fabriquent pain et gâteaux sont très présentes dans les classes de maternelle.

- ◯ **A.** vrai
- ◯ **B.** faux

6. Il existe plusieurs activités réalisées tous les matins par l'enseignant avec les enfants, notamment :

- ◯ **A.** la météo
- ◯ **B.** nommer les couleurs
- ◯ **C.** nommer le jour

7. Comment procédez-vous lorsqu'un enfant s'est trompé dans une activité ?

- ◯ **A.** vous l'interrogez pour le faire réfléchir et trouver la solution
- ◯ **B.** vous n'insistez pas, car c'est son travail et il comprendra plus tard

8. Vous menez avec l'enseignant une activité vélo. Certains enfants ne savent pas encore faire du vélo. Que faites-vous ?

- ◯ **A.** vous laissez les enfants qui ne savent pas faire du vélo assis sur un banc
- ◯ **B.** vous faites deux groupes : ceux qui savent et ceux qui ne savent pas
- ◯ **C.** vous prenez les enfants qui ne savent pas faire du vélo un par un et les faites s'entraîner

9. Que peuvent représenter les images mentales que l'enfant va construire lors d'une activité vélo ?

- ◯ **A.** ses camarades en train de pédaler
- ◯ **B.** le parcours imaginé par l'enseignant

Réponses :

1. A 2. A 3. A, C 4. B, C 5. A 6. A, C 7. A 8. B, C 9. A

FICHE 11 L'ENFANT ET L'AUTRE

L'enfant qui arrive à l'école maternelle va être confronté à l'importance de chacun des autres enfants et à plusieurs adultes au cours de la journée.

I. CE QU'IL FAUT SAVOIR

- L'enfant de petite section est incapable de se placer du point de vue d'autrui, d'accepter la réciprocité des rapports : il n'est pas encore suffisamment socialisé.
- Il a tendance à tout rapporter à un intérêt exclusif pour lui-même.
- Il ne réalise pas que les autres enfants ont les mêmes besoins que lui.
- L'enfant accompagne souvent son activité d'un monologue.
- Pour l'enfant, le vrai est ce qu'il désire.

II. CE QU'IL FAUT FAIRE

- Provoquer les relations avec les autres enfants (par exemple : « François a envie de jouer au ballon **avec toi**, il est triste parce qu'il est tout seul dans son coin. »).
- Le valoriser et lui montrer qu'il a un rôle à jouer avec l'autre (par exemple : « Tu connais bien Malika ; va la chercher, elle est dans la classe d'à côté et nous avons besoin de son aide. »).
- Lorsqu'il parle en « construisant » un château par exemple : **ne pas intervenir**, le laisser faire son monologue, puis discrètement lui demander d'expliquer ce qu'il vient de faire et le complimenter.
- Lui faire prendre conscience petit à petit que c'est aussi très bien d'agir avec un autre (par exemple : dans la maison de poupées, c'est bien plus amusant d'être deux et d'y avoir chacun un rôle), que c'est indispensable d'être « aidé » par d'autres lorsqu'on ne peut pas faire tout seul (par exemple : installer du matériel).
- Lui faire ressentir qu'il est unique, qu'il est « lui » et personne d'autre et qu'on l'aime (par exemple : « C'est toi qui arrives le premier le matin et je suis heureuse de t'accueillir avec ton beau sourire. »).

En étant vigilant et en ayant les bons comportements, on aidera l'enfant à dépasser son expérience encore sommaire pour aller vers l'autre.

QCM

1. Les enfants de votre classe arrivent le matin. Vous les accueillez avec l'enseignant. Que faites-vous ?

- ○ **A.** vous dites bonjour à chaque enfant
- ○ **B.** vous attendez qu'un groupe d'enfants soit arrivé pour les emmener poser leurs vêtements
- ○ **C.** vous emmenez un à un les enfants poser leurs vêtements

2. Comment est un enfant de petite section ?

- ○ **A.** altruiste
- ○ **B.** centré sur lui-même
- ○ **C.** il aime partager

3. Comment aidez-vous les enfants à améliorer leur rapport avec les autres ?

- ○ **A.** en ne faisant pas de préférence
- ○ **B.** en aidant davantage les plus faibles
- ○ **C.** en s'occupant de chaque enfant individuellement

4. Pierre est dans le coin garage. Il joue avec une petite voiture. Paul veut également jouer au garage. Que faites-vous ?

- ○ **A.** vous engagez Paul à revenir plus tard
- ○ **B.** vous trouvez une autre petite voiture pour qu'ils puissent jouer tous les deux
- ○ **C.** vous expliquez à Pierre que ce sera plus agréable de jouer ensemble

5. Qu'est-ce qui caractérise l'enfant de petite section ?

- ○ **A.** il est très avancé dans la socialisation
- ○ **B.** il manque de référence du point de vue des autres
- ○ **C.** il joue volontiers avec les autres
- ○ **D.** il arrive à réfléchir sur ses envies

6. Qu'allez-vous, en tant qu'adulte, représenter pour l'enfant ?

- ○ **A.** un point de repère
- ○ **B.** un référent
- ○ **C.** vous remplacez sa maman
- ○ **D.** vous palliez le manque de sa maman

7. Quel est en général le comportement d'un enfant envers ses camarades lorsqu'il arrive en petite section de maternelle ?

- ○ **A.** il est calme
- ○ **B.** il s'emporte facilement contre un autre enfant
- ○ **C.** il aime les autres enfants
- ○ **D.** il peut être agressif

8. Quelles activités vont aider l'enfant à améliorer ses rapports avec l'autre ?

- ○ **A.** le travail en groupe
- ○ **B.** ranger la classe ensemble
- ○ **C.** exécuter un travail
- ○ **D.** aider un camarade

9. En fin d'année de petite section, l'enfant a-t-il en général appris à tenir compte de la présence des autres enfants ?

○ **A.** oui ○ **B.** non

10. En fin d'année de petite section, l'enfant a totalement pris conscience de la présence de l'autre et y fera toujours attention.

○ **A.** vrai ○ **B.** faux

11. Lorsqu'un enfant a bien réussi une activité :

- ○ **A.** on doit le féliciter, même devant les autres
- ○ **B.** on doit le féliciter à l'écart pour que les autres ne soient pas jaloux

Réponses :

1. A, C **2.** B **3.** A, C **4.** B, C **5.** B **6.** A, B, D **7.** B, D **8.** A, B, D **9.** A **10.** B **11.** A

FICHE 12 L'ENFANT ET LE GROUPE

L'école maternelle doit offrir à l'enfant la possibilité de s'épanouir librement, de satisfaire ses intérêts et d'exercer les fonctions qui sont propres à son âge.

I. CE QU'IL FAUT SAVOIR

- À partir de trois ans, la vie en groupe est très importante pour le développement de l'enfant (il va spontanément vers l'autre).
- Il est stimulé par l'envie de faire mieux que l'autre, de se mesurer à lui.
- Il découvre des activités et des jeux collectifs qui le rendent heureux.
- Certains enfants ont tendance à dominer, ce sont des leaders et les autres enfants les suivent.
- D'autres enfants ont des comportements agressifs.
- Certains se laissent dominer et ne réagissent pas, leur personnalité n'étant pas encore suffisamment affirmée.

II. CE QU'IL FAUT FAIRE

- Être attentif au bien-être physique de l'enfant, l'écouter et lui parler en ne perdant pas de vue l'importance de chacun dans le groupe.
- Participer avec l'enseignant à la mise en place des jeux collectifs où chacun a un rôle (les rondes et les jeux dansés sont très bien pour cela).
- Veiller à ce que les groupes constitués ne soient pas trop grands afin que les échanges puissent se dérouler dans le calme (par exemple : cinq ou six enfants seront souvent suffisants).
- Expliquer les limites indispensables à la vie en groupe (par exemple : « Tu fais trop de bruit et tu gênes Bruno qui s'applique pour réussir son puzzle. », « Maintenant, tu peux prêter le camion à Hugo, car il y a déjà longtemps que tu joues avec. », etc.).

IMPORTANT : Le comportement de l'adulte est très important puisque c'est lui qui connaît les règles de la vie sociale et qui doit les faire accepter en douceur aux enfants pour éviter les conflits.

QCM

1. Une classe de maternelle est divisée en groupes de travail. Combien y a-t-il en général d'enfants par groupe ?

- ◯ **A.** 3
- ◯ **B.** 6
- ◯ **C.** 9

2. À partir de quel âge un enfant est-il généralement attiré par le groupe ?

- ◯ **A.** deux ans
- ◯ **B.** quatre ans
- ◯ **C.** trois ans

3. Dans un groupe, le comportement des enfants est-il le même pour tous ?

- ◯ **A.** oui
- ◯ **B.** non

4. Y a-t-il des dominants et des dominés ?

- ◯ **A.** oui
- ◯ **B.** non

5. Le groupe fonctionne comme une minisociété dans laquelle chacun doit respecter l'autre.

- ◯ **A.** vrai
- ◯ **B.** faux

6. Dans un des groupes de votre classe, un enfant mord et blesse régulièrement ses camarades. Que devez-vous faire ?

- ◯ **A.** exclure cet enfant du groupe pour qu'il soit seul et ne risque plus de blesser personne
- ◯ **B.** laisser l'enfant dans le groupe et être vigilant pour qu'il ne blesse personne
- ◯ **C.** dire aux autres enfants de se défendre
- ◯ **D.** expliquer aux enfants que personne n'a le droit d'être violent

7. Dans chaque groupe, il y a un ou des enfants avec un caractère plus fort, qui mènent le groupe. Est-ce normal ?

- ◯ **A.** oui
- ◯ **B.** non

8. Pourquoi l'enfant a-t-il besoin du groupe ?

- ◯ **A.** pour apprendre les règles de la société
- ◯ **B.** pour voir ce que font les autres
- ◯ **C.** pour être heureux
- ◯ **D.** pour ne pas se sentir seul

9. L'esprit de compétition est-il apporté par le groupe ?

- ◯ **A.** oui
- ◯ **B.** non

10. Un groupe d'enfants est en train de travailler. Comment cela se passe-t-il ?

- ◯ **A.** chacun fait son travail sans rien dire à l'autre
- ◯ **B.** chacun fait son travail en partageant les informations avec les autres
- ◯ **C.** le travail est collectif

Réponses :

1. B **2.** C **3.** B **4.** A **5.** A **6.** B, D **7.** A **8.** A, B, D **9.** A **10.** B

FICHE 13 L'ENFANT ET LE JEU

Le jeu est le mode d'activité normal de l'enfant : l'école maternelle utilise cette spontanéité pour le faire évoluer.

I. CE QU'IL FAUT SAVOIR

L'enfant « vit » :

- des jeux spontanés qui correspondent à ses besoins de bouger, d'imaginer, d'aller vers l'autre. Ils sont quelquefois agressifs et permettent à l'enfant de se « libérer » ;
- des jeux d'exercices (par exemple : constructions, assemblages), souvent accompagnés de « trouvailles » fortuites qui donneront à l'enfant l'envie de persévérer et lui permettront d'acquérir des connaissances (épisodiquement sous forme verbale, mais surtout sous forme sensori-motrice) ;
- des jeux symboliques (d'imitation), qui permettent à l'enfant de « vivre » des situations qui sont peut-être difficiles pour lui ;
- des jeux collectifs (socialisation) ;
- des jeux rythmés et dansés (espace-temps).

II. CE QU'IL FAUT FAIRE

- Ne pas intervenir quand l'enfant peut jouer spontanément ; lui poser peut-être quelques questions pour le faire évoluer dans son langage et sa construction mentale (par exemple : un tube de carton utilisé horizontalement par l'enfant pour en faire un train – « Pourquoi as-tu mis le carton dans cette position ? Où se trouve la gare ? »).
- Observer l'enfant pour pouvoir avertir l'enseignant s'il rencontre des difficultés à construire, à assembler, afin de savoir si ces difficultés sont normales ou à signaler.
- Participer aux jeux collectifs : l'enfant aime solliciter l'adulte. L'ATSEM jouera à la dînette, à la marchande pour le plus grand bonheur de l'enfant.
- Danser avec les enfants pour les stimuler et favoriser leur imagination.
- Les inciter à chanter et à jouer avec leur voix en les complimentant.

L'enfant aime faire participer l'adulte à ses jeux (cela le rassure et lui confirme qu'il est important, qu'on fait attention à lui).

L'ATSEM a ici un rôle privilégié à « **jouer** ».

QCM

1. Les jeux des enfants sont souvent agressifs. Est-ce normal ?

- ◯ **A.** oui
- ◯ **B.** non

2. Pourquoi les enfants ont-ils souvent des jeux agressifs ?

- ◯ **A.** parce qu'ils aiment bien faire mal aux autres
- ◯ **B.** parce qu'ils reproduisent des situations angoissantes pour eux, ce qui leur donne l'impression de contrôler leur angoisse
- ◯ **C.** parce que de nos jours, tout le monde est agressif

3. Pourquoi, à l'école, utilise-t-on souvent le jeu pour faire progresser les enfants ?

- ◯ **A.** parce que c'est plus amusant pour les enfants
- ◯ **B.** parce que le jeu est leur mode d'activité normal

4. Quels jeux vont servir à améliorer la socialisation ?

- ◯ **A.** les jeux dansés
- ◯ **B.** les jeux collectifs
- ◯ **C.** les jeux symboliques

5. Qu'est-ce qu'un jeu symbolique ?

- ◯ **A.** un jeu qui met en scène des symboles
- ◯ **B.** un jeu d'imitation
- ◯ **C.** un jeu qui permet à l'enfant de s'exercer

6. Le jeu doit-il rester une activité libre ?

- ◯ **A.** toujours
- ◯ **B.** pas toujours

7. Vous menez une activité où les enfants doivent faire des puzzles. Quel genre de jeux est-ce ?

- ◯ **A.** symbolique
- ◯ **B.** d'exercices
- ◯ **C.** collectif

8. Les enfants jouent à la dînette. Que faites-vous ?

- ◯ **A.** vous les regardez et les laissez jouer tranquillement
- ◯ **B.** vous les regardez et leur demandez de vous servir une tasse de café

9. Lors de l'activité piscine, que faites-vous ?

- ◯ **A.** vous surveillez les enfants sans participer
- ◯ **B.** vous les surveillez et vous vous amusez à les arroser

10. Qu'apportent les jeux à l'enfant ?

- ◯ **A.** reproduire des situations du quotidien
- ◯ **B.** apprendre à gérer des situations qui l'angoissent
- ◯ **C.** apprendre à jouer

Réponses :

1. A 2. B 3. B 4. B 5. B 6. B 7. B 8. B 9. B 10. A, B

FICHE 14 L'AGRESSIVITÉ

On reconnaît un comportement agressif lorsqu'il y a violence (verbale ou physique) et provocation.

I. CE QU'IL FAUT SAVOIR

- D'après Freud, et cette hypothèse est en général acceptée, l'agressivité est fonction de la frustration.
- Elle est plus ou moins forte selon la motivation.
- Elle se manifeste par des réactions d'opposition à l'entourage, par la désobéissance, par l'attaque.
- Dans les imitations de l'enfant, il y a souvent de l'agressivité (par exemple : pour se moquer de quelqu'un qui est gros, l'enfant gonfle ses joues et fait des grimaces).
- Pendant la scolarisation à la maternelle, le complexe d'Œdipe apparaît puis se résout (l'enfant a une attirance pour son parent de l'autre sexe et manifeste de la haine pour le parent du même sexe ; puis, il va s'identifier au parent du même sexe que lui et essayer de l'imiter).

II. CE QU'IL FAUT FAIRE

- Expliquer les règles de la vie « ensemble ».
- Même si l'adulte doit imposer des limites, il ne faut pas envahir l'enfant d'interdits et provoquer des conflits inutiles (par exemple : si l'enfant a des bottes et qu'il fait exprès de marcher dans les flaques d'eau).
- Considérer l'enfant comme une personne et solliciter son avis (par exemple : « Que penses-tu de ce déguisement pour le carnaval ? », « Que préfères-tu ? »).
- L'aider à maîtriser son corps avec des exercices physiques ; l'ATSEM aide l'enseignant en étant vigilante avec lui.
- Obliger l'enfant à être patient, à ne pas bousculer ses camarades (par exemple : lorsqu'on distribue des friandises, lorsqu'on attribue du matériel en motricité, lorsqu'il faut attendre son tour pour monter au toboggan).
- Observer les transformations d'objets en jouets pour essayer de comprendre l'enfant (par exemple : un tube de carton utilisé comme une mitraillette).
- Étudier le comportement à l'égard des adultes de l'école, des autres enfants : protéger ceux qui peuvent être victimes de l'agressivité. L'observation permet souvent d'anticiper.

Avec les activités qu'elle met en place, l'école maternelle aide l'enfant à accepter les autres : il doit d'abord se sentir aimé.

QCM

1. Qu'est-ce qui caractérise un comportement agressif ?

- ○ **A.** le fait de frapper
- ○ **B.** le fait de bouger beaucoup
- ○ **C.** le fait de parler méchamment

2. De quoi est fonction l'agressivité ?

- ○ **A.** de la frustration
- ○ **B.** du fait de ne pas aimer l'autre
- ○ **C.** de l'âge

3. Comment se manifeste l'agressivité ?

- ○ **A.** par des réactions d'opposition à l'entourage
- ○ **B.** par l'attaque
- ○ **C.** par la moquerie
- ○ **D.** par le jeu

4. Qu'est-ce que le complexe d'Œdipe ?

- ○ **A.** l'enfant a une attirance pour son parent de l'autre sexe
- ○ **B.** l'enfant a une attirance pour son parent du même sexe
- ○ **C.** l'enfant manifeste de la haine pour son parent de l'autre sexe

5. Un enfant de votre classe se moque souvent du physique de ses camarades. Y voit-on de l'agressivité ?

- ○ **A.** oui
- ○ **B.** non

6. Un enfant de votre classe désobéit sans cesse lorsque vous lui dites de ne pas faire quelque chose. Devez-vous intervenir à chaque fois ?

- ○ **A.** non, sauf si la faute est grave et qu'il risque de blesser quelqu'un
- ○ **B.** oui, car il doit obéir
- ○ **C.** il faut parfois ignorer la provocation

7. Qu'est-ce qui permet à un enfant de diminuer ou en tout cas de contrôler son agressivité ?

- ○ **A.** l'exercice physique
- ○ **B.** la lecture

8. Un enfant est très agressif envers ses camarades. Que devez-vous faire ?

- ○ **A.** l'isoler pour qu'il ne blesse personne
- ○ **B.** le surveiller
- ○ **C.** lui apprendre les règles

9. Si un enfant bouscule ses camarades pour passer le premier au toboggan, que devez-vous faire ?

- ○ **A.** le replacer en dernier de la queue
- ○ **B.** l'empêcher de jouer sur le toboggan
- ○ **C.** lui faire attendre son tour en lui expliquant que c'est comme cela que l'on doit faire

10. Pour éviter des conflits inutiles dans la classe, devez-vous ne pas mettre dans le même groupe deux enfants agressifs ?

- ○ **A.** oui
- ○ **B.** non

Réponses :

1. A, C 2. A 3. A, B, C 4. A 5. A 6. A, C 7. A 8. B, C 9. C 10. A

FICHE 15 LA VULNÉRABILITÉ

La vulnérabilité est une fragilité qui peut rendre l'enfant faible et le mettre à la merci de ceux qui dominent.

I. CE QU'IL FAUT SAVOIR

- L'enfant ressent ce qui se passe autour de lui.
- Il ne faut pas grand-chose pour le projeter dans l'insécurité.
- L'enfant est réceptif au comportement des autres (les attitudes, les paroles, les gestes).
- Son affectivité est fragile.
- L'enfant plus vulnérable est un enfant qui peut être facilement atteint, à la merci de la moindre blessure : il ne se défend pas.
- Lorsque l'enfant vit un problème affectif depuis trop longtemps inexprimé, il est freiné dans son épanouissement.
- L'enfant a besoin d'être valorisé, aimé, rassuré.

II. CE QU'IL FAUT FAIRE

- Rassurer l'enfant : par rapport à l'adulte (par exemple : « Françoise, [l'ATSEM] va s'occuper de toi pour t'aider à trouver ton manteau. », « La maîtresse a dit que ton dessin était très beau. ») ; par rapport aux autres enfants en lui montrant qu'ils sont comme lui (par exemple : « Victor a perdu son mouchoir : va en chercher un autre dans la boîte pour lui. »).
- Veiller à ce que les enfants leaders ne se moquent pas de celui qui est plus fragile mais au contraire viennent l'aider (par exemple : « Bruno, toi qui sais où se trouve le tambour, va le chercher avec Sarah. »).
- Bien expliquer qu'il faut venir dire à l'ATSEM si on a reçu un coup ou subi toute sorte de violence.
- Ne pas demander à l'enfant de faire des choses trop difficiles qui le mettraient en situation d'échec.
- Ne pas crier.
- Ne pas se moquer de lui s'il ne prononce pas bien les mots ou n'arrive pas à se faire comprendre.
- Lui dire qu'on connaît bien sa famille, qu'on sait qui il est et qu'on est vraiment heureux de le voir tous les jours (pour ceux qui vivent une situation familiale difficile ou conflictuelle, l'ATSEM est une référence de stabilité).

Ne jamais oublier que l'enfant est à l'école maternelle pour s'épanouir…

QCM

1. Qu'est-ce que la vulnérabilité ?

- **A.** la capacité qu'a un enfant à s'adapter
- **B.** une fragilité qui peut rendre l'enfant faible
- **C.** le manque de volonté de l'enfant par rapport à certaines choses

2. Un enfant, dans son jeune âge, peut sembler ne pas comprendre ou ressentir ce qui se passe autour de lui. Est-ce vrai ?

- **A.** oui
- **B.** non

3. Que ressent un enfant calme et doux, sans cesse agressé par ses camarades ?

- **A.** il se forge une force de caractère
- **B.** il ressent de l'insécurité
- **C.** il s'en moque

4. Un enfant de votre classe vient vous voir en pleurant car il a perdu son manteau. Il est paniqué. Que faites-vous ?

- **A.** vous le rassurez pour qu'il arrête de pleurer
- **B.** vous lui dites d'aller chercher son manteau
- **C.** vous l'aidez à le chercher

5. Un enfant joue dans la cour et est sans cesse agressé par ses camarades. Que doit-il faire ?

- **A.** aller jouer plus loin
- **B.** venir vous le dire
- **C.** se laisser faire
- **D.** se défendre

6. Dans les classes, les groupes d'enfants sont souvent organisés en fonction de l'âge. Cependant, même s'ils ont le même âge, les enfants ne sont pas toujours au même niveau de travail. Que faites-vous si un enfant n'arrive pas à faire le même travail que les autres ?

- **A.** vous le laissez faire ce qu'il peut
- **B.** vous le forcez à faire comme les autres
- **C.** vous lui donnez un travail moins difficile

7. Un enseignant et une ATSEM se disputent devant les enfants. Que cela peut-il provoquer chez les enfants ?

- **A.** de la peur
- **B.** les faire rire
- **C.** un sentiment d'insécurité
- **D.** l'envie d'aller jouer dehors

8. Devez-vous avoir, en tant qu'ATSEM, un contact avec les familles des enfants ou est-ce seulement réservé à l'enseignant ?

- **A.** vous devez avoir un contact avec les familles des enfants
- **B.** vous ne devez pas avoir de contacts avec les familles des enfants

9. Certains enfants attendent pour chaque chose qu'ils font un assentiment de votre part.

- **A.** vrai
- **B.** faux

10. Est-ce qu'un enfant qui aura souffert affectivement en maternelle pourra en garder des traces tout au long de sa vie d'adulte ?

- **A.** oui
- **B.** non

Réponses :

1. B **2.** B **3.** B **4.** A, C **5.** B **6.** A **7.** A, C **8.** A **9.** A **10.** A

FICHE 16 LES MODES D'EXPRESSION ET DE COMMUNICATION

Pour remplir sa mission de développement et d'épanouissement de l'enfant, l'école maternelle met en place des situations qui lui permettent de s'exprimer.

I. CE QU'IL FAUT SAVOIR

- L'enfant communique et s'exprime avec son visage (sourires, grimaces, pleurs) et avec son corps (gestes, attitudes, danses).
- Il parle, crie, chante, joue avec sa voix et en explore les ressources.
- Il invente des musiques et des chansons.
- Il s'exprime par le dessin, la peinture.
- Par les activités créatives, il découvre différentes matières et différentes techniques qui développent son imagination créatrice et lui permettent de s'exprimer.
- Avec les jeux d'imitation il imagine des situations.

II. CE QU'IL FAUT FAIRE

- Être attentif aux émotions transmises par son visage (par exemple : un enfant est prêt à pleurer parce qu'il a renversé de la peinture sur son dessin. L'ATSEM le rassure et le fait participer à la remise en ordre de la table).
- Être « bon public » (par exemple : l'ATSEM a raconté une histoire et l'enfant émet le désir de la redire en inventant une chanson ; tout le monde participe en scandant le rythme).
- Le valoriser, le complimenter.
- Lui poser des questions en regardant ce qu'il a peint (par exemple : « L'arbre n'a pas de feuilles, pourquoi ? », « Qui est la petite fille à côté de la maison ? », etc.).
- L'enfant s'exprime en mêlant souvent réalité et fiction.
- Jouer avec lui : les jeux de « théâtre » impliquent tout le monde et l'ATSEM participe à ces activités en se déguisant s'il le faut. Par son comportement, elle provoquera ainsi des commentaires et l'enfant s'exprimera spontanément et joyeusement (par exemple : « Tu es belle avec ce chapeau ; tiens, je te donne le collier, ce sera plus joli sur ta robe. », etc.).
- Le mettre en confiance : un enfant qui a peur d'être réprimandé ne s'exprime pas.

IMPORTANT : Aider l'enfant à s'exprimer, c'est l'aider à maîtriser la langue et lui donner un atout pour la réussite scolaire.

QCM

1. Par quels moyens l'école maternelle permet-elle aux enfants de se développer et de s'épanouir ?

○ **A.** par des activités

○ **B.** en leur permettant de s'exprimer

○ **C.** en les acceptant à l'école

2. Qu'appelle-t-on le langage du corps ?

○ **A.** le vocabulaire spécifique au corps humain

○ **B.** le fait de s'exprimer par les expressions du visage ou du corps

3. Par quels moyens différents l'enfant communique-t-il ?

○ **A.** par le cri

○ **B.** par la position de son corps lorsqu'il dort

○ **C.** par la musique

4. Lorsqu'un enfant réussit une activité, faut-il le complimenter ?

○ **A.** oui, il en a besoin, cela le valorise

○ **B.** non, il en réussira bien d'autres

5. Lorsqu'un enfant peint ou dessine, peut-on y voir ce que ressent l'enfant ?

○ **A.** non, ce n'est souvent que de l'imaginaire

○ **B.** oui, il redessine le monde avec sa propre vision

6. Lorsque vous incitez un enfant à s'exprimer, dans quels domaines cela va-t-il l'aider à progresser ?

○ **A.** le langage

○ **B.** le sommeil

○ **C.** la confiance en soi

7. On dit que le visage est le « miroir de l'âme ». Qu'est-ce que cela signifie ?

○ **A.** les expressions du visage trahissent souvent les sentiments

○ **B.** les traits du visage ressemblent souvent à ceux des parents

8. Qu'est-ce que la majorité des enfants dit le plus souvent à l'ATSEM ?

○ **A.** je ne t'aime pas

○ **B.** tu es belle

○ **C.** tu es gentille

9. Est-ce que le regard de l'ATSEM a de l'importance pour les enfants ?

○ **A.** non, car ils sont plus souvent avec l'enseignant

○ **B.** oui, car ils sont très souvent avec l'ATSEM

10. Si un enfant est très démonstratif de son affection envers vous, que devez-vous faire ?

○ **A.** le repousser pour ne pas avoir de problèmes

○ **B.** lui dire d'arrêter

○ **C.** le laisser faire, en restant à votre place, car c'est qu'il doit en avoir besoin

Réponses :

1. A, B **2.** B **3.** A, C **4.** A **5.** B **6.** A, C **7.** A **8.** B **9.** B **10.** C

FICHE 17 LES TROUBLES

On parle de « trouble » quand un comportement inhabituel se répète de façon régulière et qu'il perturbe le développement physique, affectif et intellectuel de l'enfant.

I. CE QU'IL FAUT SAVOIR

Reconnaître :

- les troubles du langage plus ou moins importants : le bégaiement, le zozotement, le retard d'élocution de l'enfant qui n'arrive pas à construire ses phrases (on ne le comprend pas) ;
- les troubles de la motricité : l'enfant est alors lent, maladroit. Il est en difficulté face à certains exercices, il a des troubles de coordination ;
- l'hyperactivité : l'enfant ne peut pas avoir une attention soutenue et cela le gêne pour apprendre ;
- les troubles alimentaires : l'enfant refuse de se nourrir ou vomit (troubles souvent dus à un changement d'environnement, à une situation familiale perturbée) ;
- les troubles du sommeil, qui peuvent être dus aux conditions de vie ou avoir des origines psychiques (opposition de l'enfant lorsque c'est le moment d'aller au lit, cauchemar, etc.) ;
- les troubles ayant trait à la propreté (énurésie, défécation) qui peuvent avoir des causes très nombreuses ;
- l'autisme : l'enfant ne réagit pas, il s'isole, ne parle pas.

II. CE QU'IL FAUT FAIRE

L'ATSEM :

- est toujours très impliquée auprès des enfants en difficulté (par exemple : c'est elle qui s'occupe du corps de l'enfant quand il se souille et l'enfant lui en est reconnaissant) ;
- ne doit pas se moquer de l'enfant qui ne prononce pas bien les mots ;
- ne doit pas faire honte à celui qui a des problèmes d'énurésie ;
- doit signaler à l'enseignant tout ce qui paraît inhabituel et aidera ainsi peut-être à détecter un problème d'audition ou un problème de vue ;
- doit encourager, valoriser, complimenter.

L'école ne peut pas résoudre tous les problèmes mais contribue aux progrès de l'enfant et à la prévention.

QCM

1. Qu'est-ce que l'on entend par trouble ?

- ○ **A.** un enfant qui dérange la classe régulièrement
- ○ **B.** un comportement inhabituel, qui se répète de façon régulière et perturbe le développement de l'enfant
- ○ **C.** un enfant qui fait régulièrement pipi pendant la sieste

2. À quels niveaux peut-on rencontrer des troubles ?

- ○ **A.** au niveau du langage
- ○ **B.** au niveau de la motricité
- ○ **C.** au niveau des jeux de l'enfant

3. Un enfant fait pipi pendant la sieste. C'est la première fois. Peut-on parler de trouble ?

- ○ **A.** oui, toute incontinence est un trouble
- ○ **B.** non, ce ne sera considéré comme un trouble que si cela revient de façon récurrente

4. Qu'est-ce que l'hyperactivité ?

- ○ **A.** l'enfant est capable de faire beaucoup d'activités à la suite les unes des autres
- ○ **B.** l'enfant ne peut avoir une attention soutenue

5. Un enfant de votre classe n'est pas très physique. Il n'aime pas le sport, n'aime pas courir et est assez maladroit. Peut-on considérer cela comme un trouble ?

- ○ **A.** oui, car tous les enfants doivent être capables de faire les mêmes exercices physiques
- ○ **B.** non, car chaque enfant est différent

6. Quels sont les principaux troubles alimentaires ?

- ○ **A.** l'anorexie, l'enfant refuse de manger
- ○ **B.** la boulimie, l'enfant veut manger sans arrêt
- ○ **C.** la gourmandise

7. Dans une classe de maternelle de petite section, est-ce que tous les enfants font encore la sieste ?

- ○ **A.** oui, car ils sont encore petits
- ○ **B.** non, beaucoup d'enfants ne font plus de sieste très jeunes

8. Un enfant de votre classe fait sur lui pratiquement tous les jours. Que faites-vous ?

- ○ **A.** vous vous assurez qu'il a toujours des affaires de rechange
- ○ **B.** vous lui dites que vous en avez assez de le nettoyer tous les jours
- ○ **C.** vous en parlez à l'enseignant pour qu'il règle le problème

9. Comment peut réagir un enfant autiste ?

- ○ **A.** il rit
- ○ **B.** il ne parle pas
- ○ **C.** il ne s'intéresse qu'à ses camarades
- ○ **D.** il s'isole

10. Pour rentrer à l'école maternelle, l'enfant ne doit plus porter de couches et être propre à la sieste. Est-ce toujours le cas ?

- ○ **A.** oui
- ○ **B.** non

Réponses :

1. B, C **2.** A, B **3.** B **4.** B **5.** B **6.** A, B **7.** B **8.** A, C **9.** B, D **10.** B

FICHE 18 LA MISE EN CONFIANCE

L'enfant qui arrive à l'école maternelle pour la première fois découvre un monde nouveau pour lui et l'objectif prioritaire consiste à lui donner l'envie d'y revenir chaque matin sans contrainte.

I. CE QU'IL FAUT SAVOIR

- L'enfant doit d'abord se sentir en sécurité.
- Il doit savoir que l'on s'occupera de lui s'il a un petit problème, qu'il peut le dire, qu'on est là pour l'aider.
- Il a besoin de connaître les personnes et leurs fonctions à l'école, ainsi que les lieux qui le concernent.
- Il doit savoir qu'on va à l'école dans la journée (pendant que ses parents vont travailler) mais qu'après, il retournera chez lui avec toute la famille.
- Il doit se sentir vraiment attendu et accueilli.
- Il doit se sentir aimé.

II. CE QU'IL FAUT FAIRE

- Sourire pour rassurer.
- Aller à la rencontre de l'enfant pour l'accueillir.
- Adapter son attitude aux situations (l'ATSEM change l'enfant qui a sali ses vêtements, lui tend un mouchoir si son nez coule, etc.).
- Expliquer afin que l'enfant ne vive pas des situations désagréables (par exemple : « La boîte de mouchoirs est toujours posée à cet endroit, tu peux te servir tout seul. »).
- Ne pas manquer d'être présente à l'heure demandée (cela rassure l'enfant de retrouver la personne qu'il connaît bien).
- Respecter les rituels qui sécurisent l'enfant au moment de la sieste.
- Ne pas manifester d'agacement même si un enfant s'est sali plusieurs fois dans la journée (on peut bien sûr lui donner des conseils et l'engager à plus d'attention s'il s'agit de peinture, de colle, de feutres, etc.).
- Ne pas faire de réflexions désobligeantes au sujet d'enfants ou de personnes (l'enfant serait déstabilisé).
- Agir dans le calme.

Pour être en confiance, l'enfant doit se sentir chez lui et l'ATSEM fait partie intégrante de son univers.

QCM

1. Lorsqu'un enfant arrive à l'école pour la première fois, comment se sent-il ?

- ◯ **A.** à l'aise, car c'est comme à la maison
- ◯ **B.** souvent inquiet, car il ne connaît rien, ni personne

2. Est-il plus facile d'aller à l'école, pour un enfant qui a auparavant fréquenté la crèche ?

- ◯ **A.** oui
- ◯ **B.** non

3. Pour quelles raisons ?

- ◯ **A.** il a déjà commencé la socialisation
- ◯ **B.** il a déjà joué avec d'autres jeux
- ◯ **C.** il a l'habitude de quitter ses parents

4. Que doit-on faire pour que l'enfant ait envie de revenir à l'école tous les matins ?

- ◯ **A.** faire en sorte qu'il se sente aimé
- ◯ **B.** lui donner un nouveau jouet
- ◯ **C.** lui dire qu'il le faut

5. Pour que l'enfant se sente en sécurité, que doit-il faire ?

- ◯ **A.** apprendre à connaître les adultes qui l'entourent
- ◯ **B.** faire confiance aux adultes
- ◯ **C.** se débrouiller tout seul
- ◯ **D.** connaître les locaux

6. Quelle habitude les enfants prennent-ils le plus vite ?

- ◯ **A.** l'heure des papas et des mamans
- ◯ **B.** l'heure du repas
- ◯ **C.** l'heure du passage aux toilettes

7. L'ATSEM :

- ◯ **A.** mouche les enfants
- ◯ **B.** les change quand ils se sont salis
- ◯ **C.** organise le regroupement
- ◯ **D.** fait la classe

8. Lorsque les enfants arrivent le matin, doivent-ils vous voir auprès de l'enseignant ?

- ◯ **A.** oui
- ◯ **B.** non

9. Pourquoi votre présence est-elle indispensable ?

- ◯ **A.** pour rassurer les enfants
- ◯ **B.** pour rassurer les parents
- ◯ **C.** pour aider l'enseignant

10. Est-ce que les enfants sont sensibles à l'expression de votre visage ?

- ◯ **A.** oui
- ◯ **B.** non

Réponses :

1. B 2. A 3. A, C 4. A 5. A, B, D 6. A 7. A, B 8. A 9. A, C 10. A

FICHE 19 LE RESPECT

Il ne peut y avoir de vie collective harmonieuse sans un respect mutuel des individus.

I. CE QU'IL FAUT SAVOIR

- La relation qui existe à l'école maternelle est plus une relation adulte-enfant qu'une relation professeur-élève.
- Le respect est une barrière qui protège autant les adultes qui s'occupent des enfants que les enfants eux-mêmes.
- C'est un sentiment qui entraîne une considération admirative pour l'autre et induit la réserve et la retenue.
- L'école maternelle accueille des enfants de cultures, de familles, de niveaux sociaux différents.
- Les ATSEM aussi peuvent être issues de milieux variés et avoir des conditions de vie propres à leur culture.

II. CE QU'IL FAUT FAIRE

- Éviter de choquer par son attitude, par son habillement (par exemple : ne pas traîner les pieds dans les déplacements).
- Accueillir tout le monde avec la même gentillesse.
- Écouter avec intérêt ceux qui parlent de fêtes passées en famille (différentes selon les cultures).
- Ne pas ironiser en faisant des commentaires sur la façon dont les enfants ou les adultes sont habillés.
- Être tolérant envers l'enfant qui a des problèmes reconnus et identifiés mais bénéficie d'une intégration à l'école maternelle.
- Montrer l'exemple de la politesse (par exemple : « Je n'ai pas bien compris, que veux-tu ? » ; attendre le « s'il te plaît » ou le « merci »).
- Mettre en place la solidarité en saisissant toutes les occasions où l'on peut aider ou admirer l'autre (par exemple : « Regarde, Mehdi est allé voir ses grands-parents dans leur pays et il a rapporté un joli panier pour la classe. »).

Le respect de l'autre est une valeur essentielle à préserver en collectivité : elle s'apprend dès le plus jeune âge.

QCM

1. Qu'est-ce que le respect ?
- ◯ **A.** un sentiment
- ◯ **B.** une façon d'être
- ◯ **C.** une pensée

2. En classe, comment les enfants appellent-ils l'ATSEM généralement ?
- ◯ **A.** Madame l'ATSEM
- ◯ **B.** par votre nom de famille
- ◯ **C.** par votre prénom

3. En général, est-ce que les enfants considèrent l'ATSEM différemment de l'enseignant ?
- ◯ **A.** oui ◯ **B.** non

4. Devez-vous faire des différences entre les enfants ?
- ◯ **A.** oui ◯ **B.** non

5. Quelle est la seule différence que vous devez faire en ce qui concerne les enfants de cultures différentes ?
- ◯ **A.** faire en sorte qu'ils soient bien intégrés
- ◯ **B.** veiller à ce qu'ils ne mangent pas, par exemple, un aliment qu'ils n'ont pas le droit de manger

6. Un enfant handicapé fait partie de votre classe. Que faites-vous ?
- ◯ **A.** vous ne le laissez pas jouer avec les autres
- ◯ **B.** vous ne lui faites pas faire les activités
- ◯ **C.** vous faites en sorte qu'il soit intégré dans un groupe

7. Vous servez le goûter aux enfants. Vous tendez une tartine à un enfant et il ne vous dit pas merci :
- ◯ **A.** vous lui donnez la tartine sans rien dire
- ◯ **B.** vous tenez la tartine jusqu'à ce qu'il réalise ce qu'il a oublié
- ◯ **C.** vous le grondez

8. Qu'apporte le respect ?
- ◯ **A.** le calme
- ◯ **B.** la paix
- ◯ **C.** la tolérance

9. Quel est le premier mot que l'enfant prononce en arrivant à l'école le matin et qui est un signe de respect ?
- ◯ **A.** merci
- ◯ **B.** d'accord
- ◯ **C.** bonjour

10. Est-ce que le groupe peut vivre harmonieusement, s'il n'y a pas de respect ?
- ◯ **A.** oui ◯ **B.** non

Réponses :

1. A, B 2. C 3. B 4. B 5. B 6. C 7. B 8. B, C 9. C 10. B

FICHE 20 LE LANGAGE

La langue est le premier instrument de la connaissance et de la liberté. C'est un moyen de communication dont l'utilisation peut être positive ou négative, constructive ou destructrice.

I. CE QU'IL FAUT SAVOIR

- Tous les adultes de l'école maternelle sont concernés pour aider l'enfant à perfectionner son langage : c'est un « travail » permanent.
- Quand l'enfant entre à l'école maternelle, il doit être capable de se faire comprendre mais il doit être dans de bonnes conditions pour désirer le faire.
- Par le langage, l'enfant acquiert les notions d'espace, de temps et de nombre : l'ATSEM, qui accompagne l'enseignant dans les activités, intervient également.
- Il arrive souvent que l'enfant écoute les adultes sans qu'on y prête attention.

II. CE QU'IL FAUT FAIRE

- Parler correctement, en utilisant un langage précis.
- Donner clairement les consignes (par exemple : « C'est bientôt le moment du repas, tu viens avec moi aux toilettes. » et pas « Il faut venir, on va aller manger. »).
- Poser des questions, solliciter l'enfant pour l'aider à observer et lui apprendre à penser au lieu de vivre simplement une situation (par exemple : on fabrique une grande marionnette mais elle n'a pas encore de bouche ; « Comment va-t-elle manger, parler ? Réfléchis et regarde ton visage dans le miroir. »).
- Apprendre des comptines et des chansons : l'ATSEM en a besoin pour animer des ateliers avant ou après le repas et également lorsque l'enseignant le lui demande.
- Raconter des histoires.
- Envoyer des cartes ou des photographies à la classe et les commenter ensuite avec les enfants.

L'ATSEM étant toujours présente pendant le temps scolaire, il existe très peu de moments sans échange avec elle.

QCM

1. Que représente le langage ?

- ◯ **A.** un moyen d'expression
- ◯ **B.** le premier instrument de la connaissance
- ◯ **C.** un jeu

2. La communication passe-t-elle uniquement par le langage ?

- ◯ **A.** oui
- ◯ **B.** non

3. Par quels moyens arrive-t-on à perfectionner le langage chez l'enfant ?

- ◯ **A.** en lui parlant correctement
- ◯ **B.** en lui faisant connaître des situations différentes
- ◯ **C.** en le faisant parler le plus possible

4. Est-ce que tous les enfants qui arrivent en petite section de maternelle ont les mêmes bases au niveau du langage ?

- ◯ **A.** oui
- ◯ **B.** non

5. Quels sont les troubles du langage possibles ?

- ◯ **A.** l'énurésie
- ◯ **B.** le zozotement
- ◯ **C.** le trouble de la coordination

6. Vous racontez une histoire. Les enfants l'écoutent sagement. Vous leur demandez ensuite de vous la raconter. Doivent-ils utiliser les termes exacts de l'histoire ?

- ◯ **A.** oui
- ◯ **B.** non

7. Que signifie « utiliser un langage précis » ?

- ◯ **A.** utiliser un langage très évolué
- ◯ **B.** appeler un chat, un chat, et pas un minou

8. Dans quels cas le langage peut-il être destructeur ?

- ◯ **A.** quand on tient des propos blessants
- ◯ **B.** quand on dit à un enfant d'être sage

9. Quelle activité utilise-t-on pour faire parler les enfants ?

- ◯ **A.** commenter une photo de famille qu'ils ont apportée en classe
- ◯ **B.** travailler une activité de chronologie

10. Y a-t-il beaucoup d'échanges entre l'ATSEM et les enfants ?

- ◯ **A.** oui
- ◯ **B.** non

Réponses :

1. A, B **2.** B **3.** A, C **4.** B **5.** B **6.** B **7.** B **8.** A **9.** A **10.** A

FICHE 21 LA RELATION AVEC LA FAMILLE

L'ATSEM participe de façon très active au lien qui s'établit entre l'école et le milieu familial.

I. CE QU'IL FAUT SAVOIR

- Dès le matin, à l'arrivée des enfants, l'ATSEM reçoit souvent des informations importantes de la part des parents et doit y prêter attention (par exemple : « Aujourd'hui, le petit ne restera pas à la garderie. »).
- C'est elle qui remet aux parents, à la sortie, le petit sac contenant les vêtements de l'enfant qui s'est sali : elle raconte ce qui s'est passé pour informer la famille.
- Son attitude rassurante est très importante lorsqu'un enfant refuse de quitter son manteau ou s'agrippe à sa maman.
- Les parents lui posent souvent beaucoup de questions concernant la façon dont s'est passé le repas.

II. CE QU'IL FAUT FAIRE

- Être souriante et aimable.
- Contribuer à établir une relation de confiance entre la famille et l'école.
- Proposer aux parents d'installer les vêtements de leur enfant sur le porte-manteau (vérifier qu'ils portent une étiquette à son nom).
- Rappeler aux parents que tous les vêtements doivent être marqués au nom de l'enfant pour que l'ATSEM puisse les retrouver quand ils sont déplacés.
- Renvoyer les parents vers l'enseignant s'ils posent des questions concernant les activités scolaires.
- Inciter doucement les parents à quitter les lieux le matin pour ne pas gêner le début des activités.
- Ne pas poser de questions concernant la vie familiale – être discrète.
- Conseiller les parents au sujet des vêtements (par exemple : « Ce pantalon n'est pas pratique, le petit ne peut pas le retirer tout seul au moment de la sieste. ») ; pour la prévention des rhumes (par exemple : apporter une boîte de mouchoirs).
- Réclamer les vêtements prêtés qui n'ont pas encore été restitués après avoir été lavés.

L'ATSEM est là pour l'enfant : elle veille à son bien-être et sa relation avec les familles doit toujours être bienveillante.

QCM

1. Est-ce que l'ATSEM a des relations avec les parents ?

- **A.** oui
- **B.** non

2. Dans quels cas l'ATSEM parle avec les parents ?

- **A.** pour parler du repas
- **B.** pour prévenir si l'enfant a eu de la fièvre auparavant
- **C.** pour dire que l'enfant a bien dormi

3. Qui change les enfants lorsqu'ils se sont salis ?

- **A.** l'enseignant
- **B.** l'ATSEM

4. Au moment de l'accueil, quelle est la personne qui, en général, s'occupe de l'enfant qui pleure ?

- **A.** l'ATSEM
- **B.** l'enseignant

5. Pourquoi l'ATSEM a-t-elle un rôle et une relation privilégiés avec les enfants ?

- **A.** parce qu'elle s'occupe de leur propreté, comme le fait leur maman
- **B.** parce qu'elle leur dit qu'elle les aime
- **C.** parce qu'elle est gentille

6. Les parents viennent vous voir pour vous demander comment travaille leur enfant. Que faites-vous ?

- **A.** vous allez chercher son cahier pour le leur montrer
- **B.** vous leur dites qu'effectivement, il travaille bien
- **C.** vous leur conseillez d'aller poser cette question à l'enseignant, qui, à votre avis, est plus compétent pour répondre

7. Des parents viennent vous voir pour vous parler d'un enfant qui embête le leur. Ils ne connaissent pas son prénom et vous le demandent. Que faites-vous ?

- **A.** vous le leur donnez
- **B.** vous leur dites que vous ne pouvez pas le leur donner
- **C.** vous leur dites que vous n'êtes pas au courant

8. L'ATSEM est là pour le bien-être des enfants ?

- **A.** oui
- **B.** non

9. Que conseillez-vous aux parents lorsque plusieurs enfants ont le même vêtement ?

- **A.** de changer de boutique de vêtements
- **B.** de marquer le nom de l'enfant sur le vêtement

10. La séparation avec les parents est parfois difficile pour certains enfants. Que faites-vous lorsqu'un enfant ne veut pas quitter sa mère ?

- **A.** vous le prenez avec vous et signifiez à sa mère qu'il vaut mieux qu'elle s'en aille
- **B.** vous lui permettez de rester dans la classe un moment avec l'enfant
- **C.** vous lui dites d'aller voir l'enseignant

Réponses :

1. A 2. A, B 3. B 4. A 5. A 6. C 7. B 8. A 9. B 10. A

FICHE 22 LE SECRET PROFESSIONNEL

Le secret professionnel (ou « obligation de réserve ») protège la vie privée de l'individu.

I. CE QU'IL FAUT SAVOIR

- Cette obligation est définie et régie par des articles du Code pénal (textes qui définissent les infractions et prévoient les sanctions qui peuvent être appliquées le cas échéant) : articles 226-13 et 226-14.
- Elle concerne toutes les personnes qui, par leur profession, sont susceptibles de recevoir et de connaître des informations d'ordre privé.
- Ne pas respecter ce devoir de réserve, c'est s'exposer à des sanctions (qui peuvent aller jusqu'à l'emprisonnement).
- Connaître certaines informations peut quelquefois permettre de « sauver » un enfant.

II. CE QU'IL FAUT FAIRE

- Ne jamais provoquer de « confidences ».
- Si des parents veulent parler à l'ATSEM, prévoir de le faire dans un endroit calme, en l'absence d'autres parents.
- Évaluer l'importance des informations reçues pour prévenir l'enseignant (qui préviendra la directrice si ce dernier le juge nécessaire) si celles-ci concernent la vie de l'enfant et son épanouissement (par exemple : un parent qui rentre tous les jours à la maison en état d'ébriété et dont le comportement perturbe la vie familiale).
- Lever le secret professionnel en cas de soupçons de maltraitance : avertir **immédiatement** l'enseignant qui saura quoi faire. Mais cette information ne doit en aucun cas être diffusée en dehors des responsables des enfants (enseignant, direction).

L'ATSEM, par sa fonction, son travail quotidien et le contact avec les enfants, est le témoin de faits et de paroles ; elle percevra très vite la pertinence de sa discrétion ou de son intervention.

QCM

1. Quel est le terme qui désigne le secret professionnel ?

- ◯ **A.** obligation de réserve
- ◯ **B.** obligation de se taire
- ◯ **C.** secret des fonctionnaires

2. Dans quel livre parle-t-on de cette obligation ?

- ◯ **A.** le code des collectivités
- ◯ **B.** le Code pénal

3. Quels sont les articles qui définissent cette obligation ?

- ◯ **A.** article 2261-5
- ◯ **B.** article 2261-3
- ◯ **C.** article 2261-6
- ◯ **D.** article 2261-4

4. Quelles personnes sont concernées par cette obligation ?

- ◯ **A.** les personnes qui, par leur profession, sont en contact avec beaucoup de gens
- ◯ **B.** les personnes qui, par leur profession, ont accès à des informations d'ordre privé
- ◯ **C.** les fonctionnaires

5. Quelle(s) sanction(s) risque-t-on, si l'on ne respecte pas cette obligation ?

- ◯ **A.** mise à pied
- ◯ **B.** renvoi
- ◯ **C.** amende
- ◯ **D.** emprisonnement

6. Vous vous rendez compte qu'un enfant vit dans un milieu familial précaire. Vous remarquez que parfois il a des hématomes. Que faites-vous ?

- ◯ **A.** vous questionnez l'enfant
- ◯ **B.** vous demandez aux parents s'ils battent leur enfant
- ◯ **C.** vous faites part de votre inquiétude à l'enseignant et à la direction

7. Le secret professionnel ne doit jamais être levé.

- ◯ **A.** vrai
- ◯ **B.** faux

8. Dans quel cas lève-t-on le secret professionnel ?

- ◯ **A.** suspicion de maltraitance
- ◯ **B.** lorsqu'un enfant se salit souvent
- ◯ **C.** dès que l'enfant a un problème

9. Que signifie lever le secret professionnel ?

- ◯ **A.** parler des problèmes de l'enfant aux autres parents
- ◯ **B.** parler des problèmes de l'enfant aux autres professionnels qui gravitent autour de l'enfant
- ◯ **C.** parler des problèmes de l'enfant avec vos copines

10. Devez-vous demander aux parents de vous faire des confidences ?

- ◯ **A.** oui
- ◯ **B.** non

Réponses :

1. A **2.** B **3.** B, D **4.** B, C **5.** C, D **6.** C **7.** B **8.** A **9.** B **10.** B

FICHE 23 LA RELATION AVEC L'ÉQUIPE

Les adultes qui travaillent dans une école maternelle ont chacun un rôle précis mais tous les membres de l'équipe doivent avoir la même attitude et œuvrer dans le même sens.

I. CE QU'IL FAUT SAVOIR

▪ Le rôle de chaque personne, partenaire du système éducatif, doit être reconnu par tous.

▪ L'équipe éducative est composée :
- de la direction ;
- des enseignants permanents ;
- des animateurs ;
- des ATSEM ;
- des auxiliaires d'éducation (qui interviennent ponctuellement pour des aides spécifiques) ;
- du personnel de soin (médecin scolaire, infirmière, psychologue) qui interviennent pour la prévention (par exemple : audition, vue) ;
- des parents d'élèves élus (qui siègent au conseil d'école).

▪ Le projet pédagogique relève strictement de la compétence de l'équipe enseignante. Certains inspecteurs de l'Éducation nationale organisent des stages où enseignants et ATSEM sont associés, car celles-ci sont de plus en plus souvent impliquées dans le projet pédagogique puisqu'on leur confie des missions d'éducation.

II. CE QU'IL FAUT FAIRE

▪ Respecter le travail de chaque membre de l'équipe et proposer des moments d'échanges en cas d'incompréhension pour éviter les conflits.

▪ Ne pas oublier qu'on a tous une mission d'éducation dans le temps passé avec les enfants.

▪ Assister au conseil d'école, qui a lieu généralement chaque trimestre, pour parler des problèmes qui concernent l'ATSEM et donner son avis sur le fonctionnement de l'école (par exemple : « Il faudrait un lavabo supplémentaire dans les toilettes. » ou « Pourrait-on utiliser tel local après le repas, les enfants étant très nombreux ? »).

▪ Ne jamais se substituer à l'enseignant, quelles que soient les circonstances (par exemple : absence de celui-ci) : les enfants doivent toujours être sous la responsabilité d'un enseignant.

Lorsqu'une école fonctionne de façon satisfaisante et que les enfants sont heureux, c'est toujours parce que l'équipe travaille **en harmonie**.

QCM

1. Qui fait partie de l'équipe éducative ?

- ○ **A.** ATSEM
- ○ **B.** moniteur de centre aéré
- ○ **C.** enseignants
- ○ **D.** cuisinier

2. Quelles sont les personnes qui font partie de l'équipe éducative et restent à l'école en permanence ?

- ○ **A.** enseignants
- ○ **B.** auxiliaires d'éducation
- ○ **C.** psychologues
- ○ **D.** direction

3. Qui fait partie du personnel de soin ?

- ○ **A.** médecin scolaire
- ○ **B.** chirurgien
- ○ **C.** infirmière

4. L'ATSEM fait-elle partie de l'équipe éducative ?

- ○ **A.** oui
- ○ **B.** non

5. Qu'est-ce qu'un projet pédagogique ?

- ○ **A.** une composante d'un projet associatif socioculturel global
- ○ **B.** un projet associatif

6. Qui met sur pied le projet pédagogique ?

- ○ **A.** le personnel de soin
- ○ **B.** les ATSEM
- ○ **C.** les enseignants
- ○ **D.** la direction

7. Qu'est-ce qu'un conseil d'école ?

- ○ **A.** une réunion entre le personnel éducatif au sein de l'école
- ○ **B.** une réunion entre le personnel éducatif et la mairie, qui a lieu à l'hôtel de ville

8. Combien de conseils d'école y a-t-il dans l'année ?

- ○ **A.** quatre
- ○ **B.** deux
- ○ **C.** trois
- ○ **D.** un par trimestre

9. Quelle est la mission principale de l'équipe éducative ?

- ○ **A.** une mission d'enseignement
- ○ **B.** une mission d'éducation
- ○ **C.** une mission bénévole

10. Quoi qu'il se passe, avez-vous le droit de garder la classe seule ?

- ○ **A.** oui
- ○ **B.** non

Réponses :

1. A, C **2.** A, D **3.** A, C **4.** A **5.** A **6.** C, D **7.** A **8.** C, D **9.** A, B **10.** B

FICHE 24 L'ACCUEIL LORS DE LA RENTRÉE

Dès son arrivée à l'école maternelle, l'enfant doit bénéficier d'un accueil qui permettra une bonne relation entre l'école et la famille : ceci est très important et aidera au bon déroulement de sa vie scolaire.

I. CE QU'IL FAUT SAVOIR

Prérentrée et rentrée :

- Les deux jours précédant la rentrée permettent à l'ATSEM de s'entretenir avec l'enseignant, de connaître le projet pédagogique de l'année et de savoir de quelle façon elle devra apporter son aide.
- Elle prend connaissance de la façon dont va s'organiser la journée (et parfois le jour suivant) de la rentrée.
- Les petits : les jours qui suivent la rentrée sont souvent difficiles.
- Les moyens et les grands ont déjà été scolarisés et sont en général heureux de retrouver l'école.

II. CE QU'IL FAUT FAIRE

- Si l'enseignant est nouveau, l'ATSEM peut l'aider en lui donnant quelques informations concernant la vie des enfants (par exemple : maman malade ou enfant particulièrement vulnérable à cause de nombreux déplacements familiaux, etc.).
- Aider l'enseignant à placer les étiquettes préparées aux noms des enfants (souvent intégrées à de jolis colliers) pour qu'on puisse tout de suite les reconnaître.
- Aider le petit à mettre son manteau au portemanteau en présence des parents (qui vivent cette nouvelle situation en même temps que leur enfant).
- Aider l'enseignant à accueillir les enfants dans la classe en leur montrant l'intérêt des jeux déjà installés pour eux (par exemple : tables avec puzzles, jeux avec voitures, jeux de construction, etc.).
- Câliner, rassurer, jouer avec l'enfant.
- Manifester sa joie en retrouvant les moyens et les grands : leur poser des questions sur leurs vacances, s'extasier de les trouver « grandis » et les aider à retrouver leurs amis.

L'enfant doit dès le début ressentir qu'il est attendu et « chez lui ».

QCM

1. Les jours de prérentrée servent à l'ATSEM à installer la classe comme elle le désire.

○ **A.** vrai ○ **B.** faux

2. Pendant la prérentrée, l'enseignant demande à l'ATSEM :

○ **A.** d'installer le matériel comme l'enseignant le souhaite

○ **B.** de faire l'inventaire du matériel restant dans la classe

○ **C.** de commencer à fabriquer les étiquettes de prénom qui serviront le jour de la rentrée

3. Le jour de la rentrée scolaire est arrivé, l'enseignant et l'ATSEM font l'accueil des enfants et de leurs parents :

○ **A.** l'ATSEM et l'enseignant discutent entre eux pendant que les parents entrent dans la classe

○ **B.** l'ATSEM et l'enseignant discutent avec les parents et laissent les enfants s'occuper avec les jeux disposés dans la classe

○ **C.** l'enseignant se présente à chaque parent et enfant entrant dans la classe

○ **D.** L'ATSEM, après s'être présentée à chaque enfant, l'incite à disposer des jeux installés dans la classe

4. Les enfants arrivent avec leurs parents le premier jour de la rentrée scolaire :

○ **A.** les parents parlent avec l'enseignant et les enfants jouent dans la classe

○ **B.** l'enseignant demande aux parents de déposer les enfants et de partir tout de suite

○ **C.** une fois les présentations faites entre enseignant, ATSEM, parents et enfants, les parents restent un moment dans la classe avec leurs enfants

○ **D.** après avoir prévenu leurs enfants de leur départ, les parents partent et laissent les enfants dans la classe

5. Le jour de la rentrée, avant l'arrivée des enfants, l'ATSEM et l'enseignant installent la classe :

○ **A.** ils disposent des jouets sur les tables

○ **B.** ils disposent des ateliers de dessin, avec feuilles et crayons sur les tables

○ **C.** ils disposent un atelier de travail sur les tables

6. Une fois que les parents sont partis :

○ **A.** l'ATSEM laisse l'enseignant avec les enfants dans la classe, car elle n'a rien à y faire

○ **B.** l'ATSEM retourne faire une pause à son bureau, car elle est fatiguée

○ **C.** l'ATSEM reste ou pas dans la classe, comme le préfère l'enseignant pour le bien-être des enfants

7. Vous êtes dans une classe de grande section, les enfants qui vous connaissent viennent vous dire bonjour :

○ **A.** vous ne leur répondez pas, vous êtes occupée

○ **B.** vous les embrassez, comme si c'était vos enfants

○ **C.** vous prenez le temps de dire bonjour à chaque enfant et leur dites que vous êtes contente de les revoir

8. Les tâches de l'ATSEM :

○ **A.** aider l'enseignant, pour la réception, l'animation et l'hygiène des très jeunes enfants

○ **B.** s'occuper de la préparation, de la mise en état de propreté des locaux et du matériel servant directement aux enfants

○ **C.** être là pour enseigner avec l'enseignant

○ **D.** pouvoir aider à d'autres tâches déterminées en conseil d'école

Réponses :

1. B **2.** A, C **3.** C, D **4.** C, D **5.** B **6.** C **7.** C **8.** A, B, D

FICHE 25 L'ACCUEIL TOUT AU LONG DE L'ANNÉE

Si l'accueil lors de la rentrée est très important, il ne faut pas perdre de vue que l'attitude de l'ATSEM doit être aussi chaleureuse chaque jour.

I. CE QU'IL FAUT SAVOIR

- Pour les petits, les jours qui suivent la rentrée sont souvent difficiles : ils ne seront plus angoissés lorsqu'ils auront compris que la famille reviendra les chercher à la fin de la journée et qu'ils retourneront chez eux.
- L'accueil a lieu 10 minutes avant les activités scolaires et se prolonge un peu après – pour ceux qui arrivent après, le rôle de l'ATSEM est très important car elle va au-devant de l'enfant et l'aide à intégrer la classe.
- Selon les écoles, l'accueil se fait en classe, dans un local commun ou dans la cour.

II. CE QU'IL FAUT FAIRE

- Respecter les rituels qui rassurent : le « bonjour », avec peut-être un bisou si l'enfant le sollicite ; le vêtement au portemanteau ; l'objet apporté de la maison pour la sieste à placer dans le casier.
- Proposer au petit ce qui va lui faire plaisir et lui donner envie de rester (par exemple : jeux avec les petites voitures et le garage, livres avec des images lui rappelant ce qu'il aime, etc.).
- Faire naître des amitiés rassurantes (par exemple : « Arthur et Leila sont déjà là – ils étaient avec toi à la crèche, tu te souviens ? »).
- Être attentive aux besoins (par exemple : moucher le nez, conduire aux toilettes, donner à boire de l'eau si l'enfant a soif, donner un petit biscuit si l'enfant en manifeste le désir, le câliner s'il vient vers soi un peu chagriné, etc.).
- Aider l'enseignant à maintenir le calme et la sérénité lorsqu'un accueil se fait dans un local commun ou dans la cour.

L'ATSEM doit être un des premiers « sourires » qui accueillent l'enfant chaque matin.

QCM

1. L'ATSEM accueille l'enfant avec l'enseignant lors de la rentrée scolaire. Et ensuite, accueille-t-elle les enfants tous les jours ?

◯ **A.** oui

◯ **B.** non

2. Pourquoi l'accueil du matin est-il un moment très important ?

◯ **A.** parce que les enfants ont faim et qu'on va leur donner à manger

◯ **B.** parce que les enfants sont contents de quitter leurs parents

◯ **C.** parce que l'accueil leur donne la volonté de laisser partir les parents, sans pleurer

3. Où accueille-t-on les enfants en général, lorsqu'ils sont en petite section ?

◯ **A.** dans la cour

◯ **B.** dans la classe

4. Qui s'occupe des enfants lors de l'accueil, pendant que l'enseignant parle avec les parents ?

◯ **A.** l'enseignant

◯ **B.** l'ATSEM

5. Lors de l'accueil du matin, que faites-vous ?

◯ **A.** vous attendez que tous les enfants soient là pour les conduire aux portemanteaux

◯ **B.** vous accompagnez jusqu'au portemanteau chaque enfant qui arrive, pour qu'il se déshabille

◯ **C.** vous regardez les enfants se déshabiller

◯ **D.** vous aidez les enfants à se déshabiller

6. Lorsque l'accueil se fait en classe, comment cela se passe-t-il ?

◯ **A.** après s'être déshabillés, les enfants vont s'asseoir sur un banc

◯ **B.** après s'être déshabillés, les enfants s'installent pour commencer une activité

◯ **C.** après s'être déshabillés, les enfants vont jouer, soit dans les coins jeux, soit avec des jeux que vous avez préalablement installés sur les tables

7. Une fois que les enfants sont tous arrivés et que l'enseignant est avec eux, que faites-vous ?

◯ **A.** vous restez avec eux car c'est votre travail

◯ **B.** vous faites l'appel des enfants qui vont manger à la cantine

◯ **C.** vous laissez la classe à l'enseignant pour aller par exemple préparer le goûter

8. Lorsque l'accueil se fait dans la cour, devez-vous rester dans la cour, le temps que les enfants restent dehors, pour les surveiller avec l'enseignant ?

◯ **A.** oui

◯ **B.** non

9. L'ATSEM a une mission particulière auprès des enfants. Laquelle ?

◯ **A.** rendre l'enfant heureux

◯ **B.** une mission d'éducation

◯ **C.** une mission d'enseignement

10. Au début de l'année, l'accueil des enfants, le matin, se fait-il systématiquement dans la cour ?

◯ **A.** oui

◯ **B.** non

Réponses :

1. A **2.** C **3.** B **4.** B **5.** B, D **6.** C **7.** B, C **8.** A **9.** A, B **10.** B

FICHE 26 LES ACTIVITÉS SCOLAIRES

L'école maternelle met en place des activités de découverte qui stimulent les possibilités d'apprentissage des enfants. Certaines activités ne pourraient pas avoir lieu sans l'ATSEM.

I. CE QU'IL FAUT SAVOIR

▪ Les enfants accèdent à la connaissance par la découverte d'objets, de matières et d'êtres vivants.

▪ Dans une classe, différents espaces sont aménagés pour cela :
- espace réservé à la peinture, au graphisme ;
- coin découverte avec graines, sable, terre (pour coller, transvaser, rouler, etc.), quelquefois un aquarium ;
- coin avec tissus, papiers, cartons pour le toucher (doux, rugueux, épais, etc.) ;
- coin bibliothèque avec étagères et livres, coussins confortables ;
- coin chambre (pour la sieste) ;
- coin cuisine (jeux d'imitation) ;
- coin garage (voitures et circuits) ;
- coin déguisements (pour imitation et imagination) ;
- coin avec des plantations (découvertes scientifiques, cycle de la vie).

II. CE QU'IL FAUT FAIRE

▪ Préparer le matériel avant les activités (nappes pour protéger les tables).

▪ Vérifier que le matériel n'est pas en mauvais état (crayons mal taillés), ce qui freinerait l'enfant dans son exercice.

▪ Aider l'enseignant à mettre les « tabliers de peinture » aux enfants.

▪ Pour la motricité, veiller à ce que les enfants soient à l'aise (mettre les petits chaussons de gymnastique si cela est demandé).

▪ Aider les enfants en difficulté (répéter les consignes de l'enseignant), encourager.

▪ Ne pas agir à la place de l'enfant.

▪ Assister l'enseignant lorsque celui-ci met en place des petits groupes (surveiller le coin bibliothèque, participer avec les enfants à un jeu collectif, etc.).

▪ Aider les enfants à verbaliser ce qu'ils font (par exemple : « Que fais-tu avec le pinceau, avec les ciseaux, avec la laine ? »).

▪ Réparer les petits dégâts inévitables.

▪ S'asseoir au même niveau que les enfants (la communication sera plus facile).

▪ Ranger le matériel (avec les enfants).

▪ Coopérer avec l'enseignant pour mettre en valeur les réalisations des enfants.

IMPORTANT : Ne jamais faire de commentaires sur les consignes données par l'enseignant. En revanche, lui poser des questions seule avec lui si cela est nécessaire pour comprendre ses objectifs.

QCM

1. Les fonctions d'une ATSEM sont nombreuses au niveau des activités. Quelles sont-elles ?

- ○ **A.** l'ATSEM met en place les activités
- ○ **B.** l'ATSEM choisit les activités
- ○ **C.** l'ATSEM aide l'enseignant
- ○ **D.** l'ATSEM explique les activités aux enfants

2. L'enseignant dirige ses activités sans l'ATSEM.

○ **A.** vrai ○ **B.** faux

3. Qu'appelle-t-on « coins » dans la classe ?

- ○ **A.** les quatre coins de la pièce
- ○ **B.** un endroit aménagé pour une activité particulière
- ○ **C.** les coins d'une table

4. Quels peuvent être les différents coins ?

- ○ **A.** le coin cuisine
- ○ **B.** le coin moquette
- ○ **C.** le coin chambre

5. L'ATSEM met en place les activités décidées par l'enseignant. Qu'est-ce que cela signifie ?

- ○ **A.** elle décide de la place où se déroulent les activités
- ○ **B.** elle installe les activités
- ○ **C.** elle décide du matériel qu'il faudra utiliser

6. Entre deux activités, l'enseignant emmène toute la classe aux toilettes. Que faites-vous ?

- ○ **A.** vous les attendez dans la classe en installant l'activité suivante
- ○ **B.** vous aidez l'enseignant à rassembler la classe
- ○ **C.** vous accompagnez la classe et l'enseignant jusqu'aux toilettes

7. Une fois que les activités sont terminées, que faites-vous ?

- ○ **A.** vous retournez finir votre travail dans votre bureau
- ○ **B.** vous rangez le matériel utilisé pour l'activité
- ○ **C.** vous lavez le matériel, si nécessaire
- ○ **D.** vous faites nettoyer le matériel par les enfants

8. Quelles missions avez-vous lorsque vous n'êtes pas dans la classe ?

- ○ **A.** vous aidez la directrice dans son bureau
- ○ **B.** vous finalisez les activités faites par les enfants
- ○ **C.** vous collez les activités des enfants dans un cahier prévu à cet effet

9. Les enfants ne doivent jamais aider à ranger la classe, ce n'est pas leur rôle.

○ **A.** vrai ○ **B.** faux

10. Vous n'avez pas besoin de comprendre ce que va apporter à l'enfant l'activité que l'enseignant a choisie.

○ **A.** vrai ○ **B.** faux

Réponses :

1. A, C **2.** B **3.** B **4.** A, C **5.** B **6.** B, C **7.** B, C **8.** B, C **9.** B **10.** B

FICHE 27 LES RÉCRÉATIONS

Les récréations doivent être des moments où les enfants peuvent satisfaire librement leurs besoins de mouvement. Ce sont aussi des moments favorables à l'imagination et à la socialisation.

I. CE QU'IL FAUT SAVOIR

- À l'école maternelle, il y a une récréation de trente minutes par demi-journée (pendant le temps scolaire).
- L'ATSEM ne surveille jamais seule une récréation ; elle est associée à l'enseignant de service.
- Les cours peuvent avoir des formes variées (carrées avec ou sans arbres ; avec des tracés au sol pour inciter les enfants à certains jeux, comme la marelle), ce qui induira des comportements différents.
- Ce moment favorise les échanges verbaux.
- Si l'effectif de l'école est très important, il peut y avoir plusieurs services.
- L'enseignant conduit les enfants jusqu'à la cour et les met sous la responsabilité de l'enseignant de service.
- La cour affole souvent les petits au début de l'année.
- C'est un lieu où il y a souvent des agressions (par exemple : bousculades volontaires, coups de pied, etc.).
- Quand le temps ne permet pas de sortir, les enfants sont regroupés dans la salle de jeux (il y a plus de bruit et les enfants ressentent en général une frustration) – quelquefois, on utilise la salle vidéo, s'il y en a une.

II. CE QU'IL FAUT FAIRE

- Veiller à ce que les enfants soient habillés correctement avant de les faire sortir ; ne pas oublier de vérifier les lacets qui peuvent être responsables de chutes.
- Quand un enfant n'est pas suffisamment vêtu pour avoir chaud, utiliser le vestiaire de l'école.
- Ne pas oublier de couvrir la tête des enfants lorsqu'il y a du soleil (un petit chapeau aura été demandé aux parents).
- Remonter le bas des pantalons s'il y a des flaques d'eau dans la cour.
- Se déplacer dans la cour.
- Ne pas discuter avec un autre adulte.
- Aider ceux qui ont des frères et sœurs dans d'autres classes à les retrouver.
- Observer les comportements des enfants pour mieux les comprendre (par exemple : celui qui ne veut jamais prêter le vélo, celui qui est timide et ne s'associe pas aux autres, celui qui est craintif, etc.).

Pour la sécurité, voir FICHE 60

QCM

1. Combien de temps dure chaque récréation à l'école maternelle ?

- ○ **A.** 30 minutes
- ○ **B.** 40 minutes
- ○ **C.** 25 minutes

2. Les ATSEM ont-elles le droit de surveiller les récréations sans la présence d'un enseignant ?

- ○ **A.** oui
- ○ **B.** non

3. Dès que les enfants de votre classe sont en récréation, l'enseignant doit obligatoirement être présent dans la cour.

- ○ **A.** vrai
- ○ **B.** faux

4. En cas de pluie, que faites-vous ?

- ○ **A.** vous couvrez bien les enfants et les laissez dehors
- ○ **B.** vous regroupez les enfants et les emmenez dans une salle pour regarder la télévision
- ○ **C.** vous ne faites rien et attendez les directives de l'enseignant qui est de service

5. Pendant la récréation, les enfants ont le droit de jouer librement. Est-ce que cela se passe toujours bien ?

- ○ **A.** oui, les enfants sont suffisamment grands pour ne pas se blesser
- ○ **B.** non, la récréation est un temps qui comporte beaucoup de risques

6. La récréation fait partie des temps de pause du personnel qui est de service. La plupart du temps, le personnel de service passe la récréation à discuter en buvant le café.

- ○ **A.** vrai
- ○ **B.** faux

7. L'hiver, avant d'aller en récréation, à quoi devez-vous veiller ?

- ○ **A.** à ce que les enfants aient bien fini leurs activités
- ○ **B.** à ce que les enfants aient bien mis manteaux et bonnets
- ○ **C.** à ce que les vêtements soient bien fermés

8. Si vous n'êtes pas de service pendant la récréation, que faites-vous ?

- ○ **A.** vous prenez une pause
- ○ **B.** vous buvez un café
- ○ **C.** vous installez la prochaine activité
- ○ **D.** vous vous occupez de soigner les enfants qui se blessent, s'il y en a

9. Lorsque vous êtes de service pendant la récréation, que devez-vous faire ?

- ○ **A.** rester avec les autres membres de l'équipe près des toilettes
- ○ **B.** chacun doit se mettre à un point différent de la cour

10. Que trouve-t-on, la plupart du temps, dans une cour d'école ?

- ○ **A.** des jeux de cour
- ○ **B.** des petits vélos
- ○ **C.** des bacs à sable

Réponses :

1. A **2.** B **3.** B **4.** B, C **5.** B **6.** B **7.** B, C **8.** C, D **9.** B **10.** A

FICHE 28 LES REPAS

Actuellement, la majorité des enfants scolarisés à l'école maternelle déjeune sur place. Si se nourrir est une nécessité, ce doit aussi être un plaisir.

I. CE QU'IL FAUT SAVOIR

- Selon les écoles, la pause du déjeuner dure entre une heure trente et deux heures.
- Les animateurs vont chercher les enfants dans les classes : en général, il y a une petite récréation de dix minutes.
- L'ATSEM et les animateurs sont responsables pendant tout le temps du repas.
- Les enfants sont placés le plus souvent par tables de six, huit ou dix.
- L'ATSEM fait attention à sa tenue, sourit et crée ainsi un climat de confiance.
- On doit respecter le rythme des enfants, ne pas les précipiter.
- Des repas spéciaux peuvent être servis à certains enfants quand les parents en ont fait la demande à la direction (allergies alimentaires par exemple).
- À ce moment de la journée, les petits éprouvent souvent de la fatigue.
- L'enfant mange mieux quand la nourriture préparée se rapproche de ses habitudes familiales et culturelles.
- L'ATSEM a une mission éducative (socialisation, autonomie).

II. CE QU'IL FAUT FAIRE

- Être très attentive au passage aux toilettes afin que les enfants utilisent correctement le savon et se lavent bien les mains avant le repas.
- Coopérer avec les animateurs (pour agir de façon cohérente, ensemble, avec les enfants).
- Être vigilant avec les enfants perturbés et très bruyants (par exemple : intervenir si un enfant manipule ses couverts n'importe comment ou empiète un peu trop sur la place de ses voisins).
- Être disponible, à l'écoute de chaque enfant.
- Respecter les origines, l'histoire de chaque enfant ; respecter les convictions et les interdits religieux ; ne pas faire de remarques.
- Ne pas parler trop fort avec les autres adultes.
- Entraîner les enfants à découvrir des aliments nouveaux pour eux, sans les gronder s'ils ne les apprécient pas.
- Éduquer à l'autonomie (par exemple : des carafes d'eau sont posées sur les tables ; les enfants peuvent se servir seuls).
- Veiller à ce que les enfants n'oublient pas de boire.

L'ATSEM ne déjeune pas en même temps que les enfants, ce qui la rend beaucoup plus disponible pour eux.

QCM

1. Pendant le temps méridien, qui est responsable des enfants ?

◯ **A.** la direction de l'école

◯ **B.** la mairie

2. Seuls l'ATSEM et les animateurs peuvent faire l'accompagnement à la cantine. Les enseignants, non.

◯ **A.** vrai

◯ **B.** faux

3. Quelle est la durée moyenne de la pause déjeuner dans une école ?

◯ **A.** 1 heure

◯ **B.** 1 heure 30

◯ **C.** 3 heures

4. Que faites-vous, en premier lieu, quand vous prenez dans la classe le groupe d'enfants que vous devez emmener à la cantine ?

◯ **A.** vous les faites s'habiller

◯ **B.** vous les emmenez aux toilettes pour qu'ils se lavent les mains

◯ **C.** vous les emmenez directement dans le réfectoire

5. Si un enseignant fait l'accompagnement à la cantine, il est votre supérieur et c'est lui qui décide comment va se passer le service.

◯ **A.** vrai

◯ **B.** faux

6. Lorsque vous êtes dans le réfectoire, vous devez vous occuper de tous les enfants.

◯ **A.** vrai, vous êtes là pour ça

◯ **B.** faux, il y a trop d'enfants et chacun a des tables qui lui sont assignées

7. Pendant le repas, vous servez les enfants et ensuite vous les surveillez de loin.

◯ **A.** vrai, ils savent manger seul

◯ **B.** faux, vous restez assis près d'eux et les incitez à manger

8. Un enfant, assis à votre table, ne mange pas. Il n'aime pas ce qu'il a dans son assiette. Que faites-vous ?

◯ **A.** vous le forcez à manger

◯ **B.** vous l'incitez à manger

◯ **C.** vous lui demandez de goûter pour vous faire plaisir

9. Chaque jour, le fonctionnement du service change.

◯ **A.** vrai, il faut varier les repas

◯ **B.** faux, le repas est un moment qui doit être toujours le même, pour sécuriser l'enfant

10. En général, qui décide des menus dans une école ?

◯ **A.** la direction

◯ **B.** un ou une diététicien(ne), qui travaille pour la mairie de la commune

◯ **C.** les ATSEM

Réponses :

1. B **2.** B **3.** B **4.** B **5.** B **6.** B **7.** B **8.** B, C **9.** B **10.** B

FICHE 29 LA SIESTE

La sieste est un moment privilégié qui permet au petit de récupérer de la fatigue du matin et qui le remet dans de bonnes conditions pour le reste de la journée.

I. CE QU'IL FAUT SAVOIR

- Les enfants n'ayant pas tous le même besoin de sommeil, la durée de la sieste est variable.
- Les enfants agités sont séparés de ceux qui dorment plus longtemps.
- Le réveil doit être échelonné.
- L'enfant n'est pas obligé de dormir : il peut simplement se reposer.
- Certains parents ne veulent pas que leur enfant fasse la sieste à l'école parce qu'il a du mal à s'endormir le soir : cette situation est réglée avec l'enseignant.
- L'ATSEM ne surveille pas la sieste toute seule : l'enseignant est là et c'est en bonne entente que le lever et la reprise des activités se mettent en place.

II. CE QU'IL FAUT FAIRE

1 • Installation et préparation

- Installer les matelas ou les nattes : chaque enfant a son matelas, son drap-housse, son oreiller, sa couverture.
- Ne pas déposer les matelas trop près les uns des autres afin que les adultes puissent s'approcher facilement des enfants (l'attribution des emplacements se fait avec l'enseignant).

2 • Le coucher

- Après un petit moment récréatif, les enfants qui ont déjeuné à l'école sont amenés vers le dortoir par l'ATSEM et l'animateur : conduire les enfants aux toilettes, leur faire se laver les mains.
- Aider l'enfant à quitter ses chaussures et les vêtements encombrants, à les ranger correctement, à récupérer peut-être une peluche apportée de la maison.
- Les enfants qui ont déjeuné à la maison sont pris en charge par l'enseignant.

3 • Le lever

- Être vigilant pour que le réveil se fasse bien de manière échelonnée.
- Parler très doucement, aider l'enfant à se rhabiller et à aller aux toilettes (sans oublier le lavage des mains).
- Encourager, complimenter l'enfant qui arrive à remettre ses vêtements et ses chaussures tout seul.
- Lorsque tous les enfants sont levés, remettre de l'ordre et aérer le dortoir (tout sera nettoyé à fond le mercredi).

IMPORTANT : Durant ce temps de sieste, l'ATSEM doit être dans le registre de la douceur, être vigilante et sécuriser les enfants.

QCM

1. En général, dans quelle classe privilégie-t-on la sieste ?

- ◯ **A.** petite section
- ◯ **B.** moyenne section
- ◯ **C.** grande section

2. Tous les enfants font la sieste lorsqu'ils sont en maternelle.

- ◯ **A.** vrai
- ◯ **B.** faux

3. Comment s'appelle la pièce réservée à la sieste ?

- ◯ **A.** le réfectoire
- ◯ **B.** le dortoir
- ◯ **C.** le parloir

4. Est-ce que toutes les classes ont un dortoir pour la sieste ?

- ◯ **A.** oui
- ◯ **B.** non

5. Est-ce que la présence de l'ATSEM est obligatoire lors de la sieste ?

- ◯ **A.** oui
- ◯ **B.** non

6. Qui installe les lits pour les enfants ?

- ◯ **A.** l'enseignant
- ◯ **B.** l'ATSEM
- ◯ **C.** le personnel d'entretien

7. Comment se passe le coucher ?

- ◯ **A.** l'enseignant récupère les enfants à la cantine et les met au lit
- ◯ **B.** l'ATSEM récupère les enfants dans la cour
- ◯ **C.** l'ATSEM emmène les enfants se laver les mains
- ◯ **D.** l'ATSEM récupère les enfants qui ont déjeuné chez eux

8. Les enfants de votre classe se lèvent les uns après les autres. Que faites-vous ?

- ◯ **A.** vous leur laissez le temps de se réveiller et leur demandez ensuite d'aller mettre leurs chaussures
- ◯ **B.** vous les faites se lever dès qu'ils se réveillent et les emmenez en récréation

9. Qui range le dortoir après la sieste ?

- ◯ **A.** l'enseignant
- ◯ **B.** l'ATSEM
- ◯ **C.** le personnel d'entretien
- ◯ **D.** les animateurs

10. Que faites-vous quand les enfants sont tous levés ?

- ◯ **A.** vous pliez les couvertures
- ◯ **B.** vous refaites les lits
- ◯ **C.** vous ouvrez les fenêtres

Réponses :

1. A **2.** B **3.** B **4.** B **5.** A **6.** B **7.** B, C **8.** A **9.** B **10.** A, C

FICHE 30 LA SORTIE

Le départ des enfants après la classe est un moment qui demande une très grande vigilance.

I. CE QU'IL FAUT SAVOIR

- Le règlement : « Les enfants sont repris à la fin des classes par les parents ou par une personne nommément désignée par eux et présentée au directeur de l'école. »
- Au début de l'année, les parents remettent à la direction un document écrit et signé avec les noms des personnes susceptibles de venir chercher leur enfant – chaque enseignant en affiche une copie dans sa classe (il faut prévoir d'éventuelles absences).
- Les enfants qui restent à l'école sont pris en charge par les animateurs qui viennent les chercher dans la classe.
- La sortie peut se faire dans un local commun – l'idéal est que les parents viennent chercher les enfants dans les classes. La sortie dure environ dix minutes.
- Après la garderie du soir a lieu la dernière sortie (l'idéal est de venir chercher les enfants dans les ateliers).
- En cas de séparation des parents, la copie du jugement qui stipule les jours et heures de garde de chacun est remise à la direction.
- En cas d'insécurité liée à des circonstances nationales, la sortie des enfants est organisée différemment.

II. CE QU'IL FAUT FAIRE

- Aider l'enseignant à maintenir le calme pour tout voir.
- Aider les enfants à s'habiller et à prendre leurs affaires au moment du départ.
- Ne jamais confier un enfant à une personne qui n'y est pas autorisée. S'il y a litige, faire tout de suite intervenir le directeur qui résoudra le problème.
- Si personne n'est venu chercher l'enfant, l'enseignant et le directeur aviseront : l'ATSEM est déchargée de ce problème (des fiches avec les numéros de téléphone travail/maison ont été remises au début de l'année à la direction).

La sortie est un moment crucial où la responsabilité des adultes ne supporte aucune défaillance.

QCM

1. Qui est censé récupérer les enfants à la sortie ?

- ◯ **A.** leurs parents
- ◯ **B.** leur famille
- ◯ **C.** un voisin
- ◯ **D.** toute personne dont le nom est inscrit sur la fiche de renseignement

2. Où l'enseignant conserve-t-il les fiches de renseignement des enfants ?

- ◯ **A.** chez lui
- ◯ **B.** dans la classe
- ◯ **C.** dans le bureau de la direction

3. Juste avant l'heure de la sortie, à quoi veillez-vous ?

- ◯ **A.** à ce que tous les enfants soient habillés
- ◯ **B.** à ce que les enfants aient pris leurs dessins
- ◯ **C.** à ce que les enfants aient repris leur doudou
- ◯ **D.** à ce que tout le monde soit là

4. Que se passe-t-il pour les enfants dont les parents travaillent tard et qui n'ont personne pour venir les chercher ?

- ◯ **A.** ils vont au centre aéré
- ◯ **B.** l'enseignant les garde jusqu'à ce que leurs parents viennent
- ◯ **C.** un animateur vient les chercher et ils vont à la garderie pour attendre leurs parents

5. Les parents d'un enfant de votre classe sont séparés. C'est la maman qui en a la garde. Mais, un soir, le papa vient le chercher sans que vous soyez prévenu. Que devez-vous faire ?

- ◯ **A.** le lui confier ; après tout, c'est son enfant
- ◯ **B.** refuser de lui confier l'enfant
- ◯ **C.** essayer de contacter la maman

6. Que doit-on demander lorsqu'une personne vient chercher un enfant qui n'est pas le sien, son nom étant quand même marqué sur la liste ?

- ◯ **A.** une autorisation écrite par les parents
- ◯ **B.** une pièce d'identité
- ◯ **C.** son permis de conduire

7. Un enfant s'échappe de la classe au moment de la sortie. Qui est responsable de l'enfant ?

- ◯ **A.** l'enseignant
- ◯ **B.** l'ATSEM
- ◯ **C.** le parent qui attend dehors

8. L'enseignant et vous-même avez un doute sur une personne qui vient chercher l'enfant. Que faites-vous ?

- ◯ **A.** vous le lui donnez quand même
- ◯ **B.** vous lui demandez d'attendre pendant que vous allez voir la personne responsable de la direction
- ◯ **C.** vous laissez faire l'enseignant et la direction

9. La garderie est :

- ◯ **A.** un lieu où on garde les enfants toute la journée
- ◯ **B.** un lieu où on garde les enfants le matin avant l'école et le soir après l'école
- ◯ **C.** un autre nom pour le centre aéré

Réponses :

1. A, D 2. B, C 3. A, C, D 4. C 5. B 6. B 7. A 8. C 9. B

FICHE 31 LES DÉPLACEMENTS

Dès que les enfants sortent de l'école (sortie au zoo, expositions...) pendant le temps scolaire, des consignes particulières sont mises en place.

I. CE QU'IL FAUT SAVOIR

- L'ATSEM est mise au courant de la sortie, du déplacement et du projet pédagogique par l'enseignant.
- À l'école maternelle, c'est la direction qui donne l'autorisation du déplacement (avec la responsabilité de l'enseignant).
- L'ATSEM ne peut pas refuser une activité organisée pendant le temps scolaire.
- Les déplacements peuvent avoir lieu à pied, en car...
- On demande un adulte pour huit enfants, mais aucun groupe (même réduit) ne peut sortir sans la présence de deux adultes.
- Il est conseillé de se déplacer avec un adulte en tête et un adulte derrière le groupe afin de voir ce qui se passe.

II. CE QU'IL FAUT FAIRE

- Faire respecter les consignes aux enfants (par exemple : « Tu ne t'éloignes pas de ton groupe ; tu regardes devant toi si on se déplace à pied. Dans le car, tu restes bien assis et tu ne changes pas de place. »).
- Veiller au comportement des enfants avec les personnes rencontrées (par exemple : si on croise une personne connue, un « bonjour » suffira ; pas de bruit exagéré pour se faire remarquer).
- Attention aux chiens.
- Aider les enfants à trouver leurs repères (par exemple : « Quand tu viens à l'école, passes-tu devant cette boulangerie ? Quelle rue traverses-tu avec maman ? »).
- Intervenir si un enfant fait des remarques désobligeantes à une personne extérieure à l'école et l'engager à s'excuser.
- Emporter des vêtements de rechange et une trousse de secours vérifiée par l'infirmière.
- Sur le trottoir, marcher du côté de la circulation.

IMPORTANT : Attention aux enfants qui se sentent investis d'un grand pouvoir de « liberté » dès qu'on sort de l'école.

Pour la sécurité, voir FICHE 56.

QCM

1. Qui décide d'une sortie scolaire ?

- ◯ **A.** l'enseignant
- ◯ **B.** l'ATSEM
- ◯ **C.** la direction

2. Qui donne l'autorisation à l'enseignant de faire une sortie ?

- ◯ **A.** la mairie
- ◯ **B.** la direction de l'école

3. Est-ce que l'ATSEM est obligée de participer à la sortie scolaire de sa classe ?

- ◯ **A.** oui
- ◯ **B.** non

4. L'ATSEM sait-elle où va se passer la sortie scolaire ?

- ◯ **A.** oui
- ◯ **B.** non

5. En règle générale, les sorties scolaires sont-elles à visées pédagogiques ?

- ◯ **A.** oui
- ◯ **B.** non

6. Combien faut-il d'adultes au minimum pour pouvoir faire une sortie ?

- ◯ **A.** 4
- ◯ **B.** 6
- ◯ **C.** 2

7. Que doit-on emporter lors d'une sortie ?

- ◯ **A.** trousse de secours
- ◯ **B.** cahiers
- ◯ **C.** stylos
- ◯ **D.** papier toilette

8. Quels genres de sorties peut-on faire avec une classe de maternelle ?

- ◯ **A.** visite d'un zoo
- ◯ **B.** visite d'un camping
- ◯ **C.** parcours d'accrobranche
- ◯ **D.** visite d'un musée

9. Lors d'une sortie scolaire, qui s'occupe de préparer le sac pour la sortie ?

- ◯ **A.** l'ATSEM
- ◯ **B.** l'enseignant
- ◯ **C.** la direction

Réponses :

1. A **2.** B **3.** A **4.** A **5.** A **6.** C **7.** A, D **8.** A, D **9.** A

FICHE 32 LES ACTIVITÉS AQUATIQUES

L'eau est un élément naturel que les enfants retrouvent en général avec plaisir.

I. CE QU'IL FAUT SAVOIR

- À l'école maternelle, ce sont les enfants de grande section qui vont à la piscine.
- On peut se rendre à la piscine à pied ou en car (avec l'ATSEM bien sûr et souvent avec quelques parents bénévoles).
- On n'apprend pas à nager à l'école maternelle mais le moment dans l'eau n'est pas un moment récréatif (c'est un moment d'apprentissage).
- Les enfants restent entre vingt et trente minutes dans l'eau.
- Ce sont les maîtres-nageurs qui encadrent les activités aquatiques.
- L'ATSEM ne se baigne pas : elle est au bord du bassin sans chaussures.
- L'enseignant peut être dans l'eau avec les enfants.

II. CE QU'IL FAUT FAIRE

- Emporter des petits biscuits pour le retour.
- Dans les vestiaires, aider les enfants à se déshabiller et à ranger leurs vêtements.
- Renforcer la surveillance (par exemple : s'apercevoir qu'un enfant a froid et qu'on doit le faire sortir, qu'un autre a besoin d'aller aux toilettes, etc.).
- Après la séance dans l'eau, aider les enfants à s'essuyer, à se sécher le plus vite possible ; les aider à se rhabiller (c'est souvent difficile quand on est encore un peu mouillé) ; sécher les cheveux.
- Veiller à ce qu'il ne reste rien dans les vestiaires.

IMPORTANT : Même si tous les enfants ont besoin de l'aide de l'ATSEM, sa présence est particulièrement indispensable et sécurisante pour les plus vulnérables qui pourraient ressentir une petite appréhension face à l'eau.

QCM

1. À la maternelle, quelle section va à la piscine ?

○ **A.** petite
○ **B.** moyenne
○ **C.** grande

2. L'enseignant est obligé d'être dans l'eau avec les enfants.

○ **A.** vrai
○ **B.** faux

3. Combien de temps les enfants restent-ils dans l'eau lors de l'activité piscine ?

○ **A.** 40 minutes
○ **B.** 20 minutes
○ **C.** 50 minutes

4. Qui encadre les enfants quand ils sont dans la piscine ?

○ **A.** l'enseignant
○ **B.** l'ATSEM
○ **C.** le maître-nageur
○ **D.** le chauffeur du car

5. Est-ce que l'ATSEM a le droit d'être dans la piscine avec les enfants ?

○ **A.** oui
○ **B.** non

6. Lorsqu'il y a des parents accompagnateurs, ont-ils le droit d'aller dans le bassin avec les enfants ?

○ **A.** non, au même titre que l'ATSEM
○ **B.** oui, s'ils ont passé un petit examen, organisé par les maîtres-nageurs, et qu'ils l'ont réussi

7. Quel est le rôle de l'ATSEM durant cette activité ?

○ **A.** un rôle de surveillance
○ **B.** un rôle d'aide à l'habillage, au déshabillage
○ **C.** un rôle de direction
○ **D.** un rôle d'enseignement

8. Qu'est-il important d'apporter lorsque les enfants vont à la piscine ?

○ **A.** du café
○ **B.** de l'eau
○ **C.** une collation

9. Est-ce que les enfants apprennent à nager pendant les séances de piscine ?

○ **A.** oui
○ **B.** non

10. À quoi servent les bonnets de bain de couleur que doivent porter les enfants pendant une activité piscine ?

○ **A.** à les reconnaître
○ **B.** à les empêcher de se noyer

Réponses :

1. C **2.** B **3.** B **4.** A, C **5.** B **6.** B **7.** A, B **8.** B, C **9.** B **10.** A

FICHE 33 LES VISITES

L'école maternelle ayant pour mission d'entraîner les enfants à la découverte et à l'observation, elle utilise les moyens qui lui sont offerts dès que cela est possible.

I. CE QU'IL FAUT SAVOIR

- On peut tout à fait emmener des enfants dans un musée, les faire profiter d'expositions intéressantes pour eux, les éveiller à l'art, leur faire visiter un monument (ce qui leur permet de mieux connaître leur environnement et d'aborder la chronologie).
- Ces lieux étant ouverts au public, une surveillance particulière s'impose afin d'empêcher la dispersion des enfants.
- L'ATSEM est associée à la démarche pédagogique (l'enseignant l'a mise au courant auparavant).
- Il est bon que l'ATSEM puisse anticiper les réponses à donner aux enfants si ceux-ci la sollicitent pendant la visite.
- L'ATSEM se charge du petit matériel que les enfants pourront utiliser sur place (par exemple : crayons, papier, etc.).

II. CE QU'IL FAUT FAIRE

- Aider à bien regrouper les enfants autour de l'enseignant (quelquefois, on les fait asseoir par terre devant une œuvre pendant que l'enseignant donne des explications ; l'ATSEM, un peu en arrière, veille au bon comportement des enfants).
- Distribuer le matériel nécessaire (par exemple : crayons, papier).
- Les aider dans les repérages demandés (par exemple : dans une exposition, rechercher les tableaux où il y a un enfant).
- Conduire un enfant aux toilettes s'il en a besoin.
- Attirer l'attention de l'enseignant à propos de la fatigue de certains enfants.
- Prévoir de l'eau et des biscuits.

L'ATSEM sera toujours associée aux réalisations (dessins, fabrications…) qui suivront ces visites.

Lorsque des circonstances nationales ne permettent pas des visites dans les musées et lieux publics, des consignes sont données par le ministère de l'Éducation nationale et la préfecture.

QCM

1. Dans quel but un enseignant emmène-t-il sa classe en visite dans un musée ?

- ◯ **A.** pour entraîner les enfants à la découverte et l'observation
- ◯ **B.** pour leur faire prendre l'air

2. Quel est le rôle de l'ATSEM durant ces visites ?

- ◯ **A.** la surveillance
- ◯ **B.** l'aide à l'enseignant
- ◯ **C.** l'enseignement

3. L'ATSEM est-elle au courant du programme de la journée ?

- ◯ **A.** oui
- ◯ **B.** non

4. Votre classe part visiter un musée. Une personne est présente pour vous servir de guide et expliquer certaines choses aux enfants. Les enfants vous posent des questions sur ce qu'a dit ce guide. Que faites-vous ?

- ◯ **A.** vous leur répondez, car cela fait aussi partie de votre rôle
- ◯ **B.** vous leur dites d'aller plutôt demander à l'enseignant

5. Vous allez voir l'exposition d'un sculpteur avec votre classe. Qu'emportez-vous ?

- ◯ **A.** des feuilles, gommes et crayons
- ◯ **B.** des jumelles
- ◯ **C.** des pinceaux et pots de peinture

6. Pendant une visite, lors d'une explication, que devez-vous faire ?

- ◯ **A.** regrouper tous les enfants
- ◯ **B.** veiller à ce qu'ils écoutent
- ◯ **C.** regarder tout le musée, pour que cela vous apporte quelque chose

7. Pendant la visite, un enfant a envie d'aller aux toilettes. Que faites-vous ?

- ◯ **A.** vous lui dites qu'il doit attendre la fin
- ◯ **B.** vous l'emmenez et si d'autres enfants ont envie, ils iront après
- ◯ **C.** vous demandez aux enfants qui veut aller aux toilettes et emmenez tous ceux qui veulent

8. Que se passe-t-il souvent lors d'une visite ?

- ◯ **A.** il faut faire une pause, car les enfants se fatiguent vite
- ◯ **B.** il faut mener l'activité sans s'arrêter

9. En général, l'enseignant considère que l'ATSEM n'est pas capable d'intervenir dans une visite.

- ◯ **A.** vrai
- ◯ **B.** faux

10. À quoi peuvent servir feuilles et crayons lors d'une visite ?

- ◯ **A.** dessiner
- ◯ **B.** écrire

Réponses :

1. A 2. A, B 3. A 4. A 5. A 6. A, B 7. C 8. A 9. B 10. A

FICHE 34 LA BIBLIOTHÈQUE

Conduire les enfants à la bibliothèque municipale peut entraîner les parents à s'y inscrire et à y retourner en famille.

I. CE QU'IL FAUT SAVOIR

▪ On peut très vite proposer un livre à un enfant et lui en faire comprendre le sens.

▪ La bibliothèque municipale est un lieu très riche où l'on peut apprendre à faire des recherches.

▪ Les enfants apprennent à « respecter » les livres qui sont là pour tout le monde.

▪ C'est un lieu qui regroupe divers supports d'écrits et où l'on apprend à connaître leurs différences. On y trouve :
– des livres ;
– des revues ;
– des journaux ;
– des affiches ;
– des dictionnaires.

▪ C'est un endroit où on est toujours bien accueilli.

▪ Il y a souvent un moment prévu pour écouter une « conteuse » lire une histoire.

II. CE QU'IL FAUT FAIRE

▪ Ne pas oublier d'emporter des mouchoirs et de quoi « changer » éventuellement un enfant.

▪ Aider l'enseignant à rassembler les livres empruntés pour les rendre à la bibliothèque.

▪ À l'arrivée, aider les enfants à quitter les manteaux et à les placer sans faire de bruit (dans une bibliothèque, on apprend à parler tout doucement pour ne pas déranger les autres).

▪ Aider à la surveillance des enfants pour leur faire respecter les livres mis à disposition (par exemple : un enfant va d'une étagère à l'autre et déplace les livres n'importe comment).

▪ Aider les enfants à faire leurs recherches en respectant les consignes de l'enseignant qui peut confier un groupe à l'ATSEM (par exemple : recherche de livres concernant les animaux sauvages qui vivent dans la jungle).

▪ Engager les enfants à poser des questions à la bibliothécaire (par exemple : « Ce livre n'a pas beaucoup d'images. J'en cherche un avec de belles photographies… »).

▪ Aider l'enseignant à rapporter les livres empruntés jusqu'à la prochaine visite.

Les enfants aiment beaucoup aller à la bibliothèque : ils se sentent considérés comme des « grands ».

QCM

1. Dans quelle section commencez-vous à proposer des livres aux enfants ?

- ◯ **A.** petite section
- ◯ **B.** moyenne section
- ◯ **C.** grande section

2. Quel est le rapport de l'enfant au livre, quand il arrive en maternelle, en règle générale ?

- ◯ **A.** il ne sait pas vraiment ce que c'est
- ◯ **B.** il sait à quoi sert un livre
- ◯ **C.** il s'en sert comme d'un jouet
- ◯ **D.** il n'en prend pas soin
- ◯ **E.** il en prend soin

3. À la bibliothèque municipale, quelle activité plaît particulièrement aux enfants ?

- ◯ **A.** la présence d'une conteuse
- ◯ **B.** la présence des livres
- ◯ **C.** un conte qu'on leur raconte

4. À quoi devez-vous faire attention quand les enfants sont à la bibliothèque municipale ?

- ◯ **A.** à ce que les enfants parlent doucement
- ◯ **B.** à ce que les enfants ne touchent pas les livres
- ◯ **C.** à ce que les enfants respectent les livres

5. En général, y a-t-il une bibliothèque dans une école maternelle ?

- ◯ **A.** oui
- ◯ **B.** non

6. Comment s'appelle la bibliothèque de l'école ?

- ◯ **A.** l'ABC
- ◯ **B.** la BCD
- ◯ **C.** la DEF

7. Que signifie ce sigle ?

- ◯ **A.** bibliothèque, centre de documentation
- ◯ **B.** bibliothèque, centre documentaire
- ◯ **C.** bibliothèque, centre documenté

8. Quand les enfants se rendent à la bibliothèque, ils n'ont pas de but.

- ◯ **A.** vrai, ils y vont pour visiter
- ◯ **B.** faux, il y a toujours une visée pédagogique

9. Faut-il laisser les enfants choisir leurs livres seuls ?

- ◯ **A.** oui, mais en les orientant vers les livres concernant leur âge
- ◯ **B.** non, l'adulte doit toujours décider du choix

10. Qu'est-ce que les enfants vont trouver dans une bibliothèque ?

- ◯ **A.** des livres
- ◯ **B.** des DVD
- ◯ **C.** des dictionnaires

Réponses :

1. A **2.** A, C, D **3.** A, C **4.** A, C **5.** A **6.** B **7.** B **8.** B **9.** A **10.** A, B, C

FICHE 35 LE PIQUE-NIQUE (1)

L'organisation d'un pique-nique se prévoit longtemps à l'avance et l'ATSEM y est complètement associée. En général, des parents bénévoles accompagnent également le groupe.

I. CE QU'IL FAUT SAVOIR

- Pour les enfants, partir en promenade pour toute la journée et savoir qu'on va pique-niquer est une véritable fête.
- Les parents ont toujours beaucoup de recommandations à faire à l'ATSEM.
- Les repas sont préparés par la société de restauration et le menu est donc le même pour tout le monde.
- L'enseignant et l'ATSEM restent avec les enfants pendant le temps du repas et déjeunent avec eux, ce qui facilite le rapport adultes/enfants.
- Le pique-nique est en général prévu lors des sorties ayant pour objectifs la découverte de l'environnement et la prise de conscience de la nature.

II. CE QU'IL FAUT FAIRE

- Aider l'enseignant à rassembler les enfants et à les compter.
- Vérifier que chacun a bien les vêtements demandés (par exemple : vêtements de pluie et casquette ou chapeau pour le soleil).
- Rassurer les parents (en les informant du programme de la journée).
- Vérifier qu'il ne manque rien (trousse de secours, changes, mouchoirs, eau).
- Stocker les repas dans un endroit frais (par exemple : glacières dans la soute du car).
- Emporter plusieurs sacs-poubelle.
- Emporter des petits sacs pour rapporter les « trésors » trouvés par les enfants.
- Veiller à ce que les enfants respectent la nature (par exemple : on ne s'installe pas n'importe où ; on n'arrache pas les plantes ; on jette les déchets du repas dans un sac apporté de l'école).

Le soutien de l'ATSEM contribue à rendre la vie en groupe plus harmonieuse.

QCM

1. Quand, en général, la classe va-t-elle pique-niquer ?

◯ **A.** pendant la semaine, pour changer de la cantine

◯ **B.** lors de sorties éducatives

2. Est-ce que le repas est toujours préparé par une société de restauration ?

◯ **A.** oui

◯ **B.** non

3. Est-ce que l'ATSEM doit s'occuper de l'organisation du pique-nique ?

◯ **A.** oui

◯ **B.** non

4. Qui, en général, accompagne la classe ?

◯ **A.** des parents bénévoles

◯ **B.** le directeur

◯ **C.** le maire

5. Les parents sont souvent inquiets lorsque leurs enfants partent en sortie. Devez-vous tenir compte de leurs recommandations ?

◯ **A.** oui

◯ **B.** non

6. Les adultes mangent-ils en même temps que les enfants lors d'un pique-nique ?

◯ **A.** oui

◯ **B.** non

7. Que devez-vous faire avant de partir pique-niquer ?

◯ **A.** vérifier que chaque enfant ait bien son repas

◯ **B.** vérifier que vous avez votre repas

◯ **C.** regarder si tous les enfants ont un repas équilibré

8. Devez-vous emporter des sacs-poubelle ?

◯ **A.** oui

◯ **B.** non

9. Que devez-vous emporter lors d'un pique-nique ?

◯ **A.** une tente

◯ **B.** une trousse de secours

◯ **C.** une bouteille d'eau

10. Arrive-t-il souvent à la classe d'aller pique-niquer ?

◯ **A.** oui

◯ **B.** non

Réponses :

1. B **2.** B **3.** A **4.** A **5.** A **6.** A **7.** A **8.** A **9.** B, C **10.** A

FICHE 36 LES BESOINS DE L'ENFANT

Les besoins alimentaires des enfants doivent être satisfaits pour leur développement énergétique, leur croissance et le bon fonctionnement de leur organisme.

I. CE QU'IL FAUT SAVOIR

▪ Les apports quotidiens de nutriments doivent correspondre aux besoins en considérant les pertes dues au fonctionnement physiologique.

▪ Les besoins doivent être satisfaits pour :
- être maintenu dans un bon état de santé ;
- vivre la croissance ;
- permettre l'activité.

▪ Les besoins des enfants sont accrus par l'énergie utilisée pour la croissance.

▪ Les nutriments énergétiques comprennent :
- les lipides (lait et produits laitiers, poissons, œufs, viandes, huiles végétales) ;
- les glucides (sucre des fruits, des céréales, du lait) ;
- les protéines (d'origines animale et végétale ; des céréales).

▪ Les nutriments « de fond » sont :
- les sels minéraux ;
- les vitamines ;
- les fibres ;
- l'eau.

▪ Les besoins énergétiques d'un enfant scolarisé en école maternelle, par jour : 1 gramme de protéines par kilogramme de poids corporel, 800 grammes de calcium (1 bol de lait ou 2 yaourts nature).

▪ Les besoins énergétiques d'un enfant de trois ans dont le poids est de 15 kilogrammes environ sont de 1 400 kilocalories par jour.

II. CE QU'IL FAUT FAIRE

▪ Observer le comportement des enfants et leurs réactions (par exemple : il n'est pas normal qu'un enfant de quatre ou cinq ans n'ait pas envie de jouer).

▪ Signaler à l'enseignant un enfant que l'on trouve particulièrement pâle et fatigué au moment du repas, par exemple.

▪ Pendant le repas, veiller à ce que les enfants prennent bien les différents nutriments.

▪ Tenir compte des recommandations des parents.

QCM

1. Qu'appelle-t-on les nutriments énergétiques ?

- ◯ **A.** le sel
- ◯ **B.** les lipides
- ◯ **C.** les protéines
- ◯ **D.** l'eau

2. Qu'appelle-t-on les nutriments de « fond » ?

- ◯ **A.** les glucides
- ◯ **B.** les vitamines
- ◯ **C.** les lipides
- ◯ **D.** les fibres

3. Quels aliments sont classés comme lipides ?

- ◯ **A.** le beurre
- ◯ **B.** la viande
- ◯ **C.** l'huile
- ◯ **D.** la salade

4. Quels aliments sont classés dans les protéines ?

- ◯ **A.** les œufs
- ◯ **B.** les crustacés
- ◯ **C.** les légumes
- ◯ **D.** l'huile

5. Quels aliments sont classés dans les glucides ?

- ◯ **A.** les céréales
- ◯ **B.** le sucre
- ◯ **C.** la viande
- ◯ **D.** le beurre

6. Qu'est-ce qui augmente les besoins nutritionnels chez l'enfant ?

- ◯ **A.** la croissance
- ◯ **B.** l'activité
- ◯ **C.** le sommeil

7. Quels sont les besoins journaliers d'un enfant scolarisé en maternelle au niveau des protéines ?

- ◯ **A.** 10 g de protéine par kg de poids corporel
- ◯ **B.** 7 g de protéine par kg de poids corporel
- ◯ **C.** 1 g de protéine par kg de poids corporel

8. Quels sont les besoins énergétiques journaliers d'un enfant de trois ans, dont le poids est d'environ 15 kg ?

- ◯ **A.** 1 500 kcal
- ◯ **B.** 1 400 kcal
- ◯ **C.** 2 000 kcal

9. Quels sont les signes qu'un enfant ne mange pas assez ?

- ◯ **A.** difficultés à se concentrer
- ◯ **B.** fatigue
- ◯ **C.** énervement
- ◯ **D.** hyperactivité

10. L'eau est très importante pour le corps, il faut veiller à ce que les enfants boivent souvent.

- ◯ **A.** vrai
- ◯ **B.** faux

Réponses :

1. B, C **2.** B, D **3.** A, B, C **4.** A, B **5.** A, B **6.** A, B **7.** C **8.** B **9.** A, B **10.** A

FICHE 37 L'ÉQUILIBRE ALIMENTAIRE

Pour pouvoir grandir et avoir une croissance harmonieuse, les enfants doivent bénéficier d'une alimentation équilibrée, c'est-à-dire d'une alimentation composée des nutriments de chaque groupe.

I. CE QU'IL FAUT SAVOIR

▪ Une commission se réunit régulièrement dans la commune pour réfléchir et élaborer des menus qui apporteront les éléments indispensables tout en variant les plats de façon à stimuler l'appétit des enfants (les menus sont en général mis en place pour un mois).

▪ Pour la croissance, l'énergie et l'hydratation, l'équilibre alimentaire doit être établi pour une durée de vingt-quatre heures. Il est donc réparti sur les quatre repas :
- le petit-déjeuner du matin ;
- le repas de midi ;
- le goûter ;
- le dîner.

▪ Exemple pour un repas de midi à l'école :
- une entrée (légumes cuits ou crus : 50 à 100 grammes) ;
- un plat (viande ou poisson ou œufs : 50 à 60 grammes) avec des légumes cuits ou des féculents (100 à 150 grammes) ;
- un fromage ou un yaourt ;
- un fruit ;
- du pain ;
- de l'eau.

▪ Les enfants doivent manger des légumes et des fruits crus tous les jours.

II. CE QU'IL FAUT FAIRE

▪ Lorsqu'il est à table, orienter l'enfant vers tous les aliments (par exemple : un enfant qui ne mange pas de pain ; un autre qui, en revanche, a tendance à en manger trop et à refuser les légumes).

▪ Ne jamais empêcher un enfant de boire (ses besoins sont supérieurs à ceux de l'adulte).

▪ Ne pas distribuer de sucreries n'importe comment au cours de la journée.

▪ Noter ce que les enfants apprécient le plus et ce qui ne leur plaît pas du tout (la commission des menus avisera).

▪ Afficher les menus dans la classe afin que les parents puissent en tenir compte pour le repas du soir.

QCM

1. Combien faut-il de repas pour un enfant de maternelle ?

- ◯ **A.** trois
- ◯ **B.** quatre
- ◯ **C.** cinq

2. Qu'est-ce qu'une alimentation équilibrée ?

- ◯ **A.** une alimentation donnée à heure fixe
- ◯ **B.** une alimentation qui comprend des aliments de chaque groupe
- ◯ **C.** une alimentation où il y a autant de quantité (en g) d'aliments d'un groupe que d'un autre

3. Comment se passe l'élaboration des menus de la cantine ?

- ◯ **A.** le directeur ou la directrice décide des menus
- ◯ **B.** c'est une personne de l'Éducation nationale qui élabore les menus
- ◯ **C.** c'est une commission, composée de personnes appartenant à la mairie qui décide des menus

4. Les menus sont élaborés en général tous les ?

- ◯ **A.** 90 jours
- ◯ **B.** 30 jours
- ◯ **C.** 120 jours

5. Sur quelle durée doit être établi l'équilibre alimentaire ?

- ◯ **A.** 32 heures
- ◯ **B.** 18 heures
- ◯ **C.** 24 heures
- ◯ **D.** 20 heures

6. Que doit-on en général servir pour le repas de midi à l'école ?

- ◯ **A.** une entrée
- ◯ **B.** un gâteau
- ◯ **C.** une viande
- ◯ **D.** une glace

7. Qu'est-ce qui est indispensable dans l'alimentation d'un enfant au quotidien ?

- ◯ **A.** sucre rapide
- ◯ **B.** légumes
- ◯ **C.** laitage
- ◯ **D.** fruit

8. Les parents sont-ils au courant des menus de la cantine ?

- ◯ **A.** oui
- ◯ **B.** non

9. Un enfant de votre table vous réclame de l'eau pendant le repas.

- ◯ **A.** vous ne lui en servez pas, car boire va lui couper l'appétit
- ◯ **B.** vous lui donnez de l'eau, car les enfants doivent boire beaucoup

10. Un enfant de votre table n'aime pas ce qui lui est servi, même après avoir goûté. Il veut, par contre, manger du pain. Que faites-vous ?

- ◯ **A.** vous lui interdisez, ce sera sa punition
- ◯ **B.** vous le laissez en manger, car au moins il aura quelque chose dans l'estomac
- ◯ **C.** vous trouvez que de ne manger que du pain n'est pas bon pour sa santé, alors vous ne lui en donnez pas

Réponses :

1. B 2. B 3. C 4. B 5. C 6. A, C 7. B, C, D 8. A 9. B 10. B

FICHE 38 LES RÉGIMES PARTICULIERS

Tout régime alimentaire doit être prescrit par un médecin (ou un diététicien). Il fait partie d'une action thérapeutique et s'étend sur vingt-quatre heures.

I. CE QU'IL FAUT SAVOIR

- Les médecins diagnostiquent de plus en plus d'allergies depuis plusieurs années ; les causes en sont multiples (par exemple : augmentation de l'utilisation de produits courants à base de produits chimiques, modification des habitudes alimentaires, hausse de la pollution...).
- L'école accueille les enfants qui ont un régime particulier et s'engage donc à le faire respecter de façon rigoureuse.
- Un double de la prescription médicale peut être confié à la direction (il faut toujours prévoir d'éventuelles absences de personnel).
- Le régime peut consister à réduire les quantités de certains aliments et même quelquefois à les supprimer.
- Un enfant qui souffre d'une intolérance au gluten, par exemple, peut apporter son repas de la maison (celui-ci sera conservé dans les conditions de température exigées).
- Mis à part les problèmes d'intolérance à certains aliments, les régimes peuvent être prescrits à un enfant obèse ou à un enfant diabétique.
- Pendant le repas, l'ATSEM et l'animateur sont seuls face à une éventuelle erreur.

II. CE QU'IL FAUT FAIRE

- Veiller à ce que l'enfant ne consomme pas un aliment qui lui est interdit.
- Pour un enfant souffrant de diarrhées :
  - le faire boire beaucoup (il se peut que le médecin ait fait supprimer le lait) ;
  - diminuer les fruits, les légumes verts ;
  - donner des carottes, du riz.
- Pour un enfant obèse :
  - réduire la quantité des aliments ;
  - donner ce qui correspond aux besoins nécessaires à la croissance de l'organisme ;
  - diminuer les sucreries.
- Pour un enfant diabétique : ne pas donner trop de graisses ni de sucres simples.

La prévention à laquelle contribue activement l'ATSEM est bien sûr mise en place avec les parents.

QCM

1. Qui prescrit un régime alimentaire ?

◯ **A.** un médecin

◯ **B.** un parent

◯ **C.** une diététicienne

2. Lorsqu'un enfant doit suivre un régime alimentaire qui proscrit un aliment de ses repas, qui doit en être informé ?

◯ **A.** toutes les personnes qui côtoient l'enfant pendant le repas

◯ **B.** l'ATSEM

◯ **C.** la direction

◯ **D.** la personne qui s'occupe de l'entretien

3. Dans quels cas demande-t-on de proscrire certains aliments ?

◯ **A.** lorsque l'enfant a une angine

◯ **B.** lorsque l'enfant est allergique à l'aliment

◯ **C.** lorsque l'enfant est allergique aux acariens

4. Lorsqu'un enfant a un régime alimentaire particulier, il ne doit pas manger avec ses camarades.

◯ **A.** vrai

◯ **B.** faux

5. Dans le cas d'un enfant avec un régime alimentaire particulier, où ce régime alimentaire doit-il être affiché ?

◯ **A.** dans le bureau de la direction

◯ **B.** dans le réfectoire

◯ **C.** dans la classe

◯ **D.** dans la tisanerie

6. Un enfant de votre groupe a un problème de poids. Lorsqu'il vous demande de le resservir, que faites-vous ?

◯ **A.** vous lui dites tout fort qu'il ne faut pas parce qu'il est trop gros

◯ **B.** vous refusez catégoriquement

◯ **C.** vous lui expliquez gentiment qu'il vaut mieux qu'il attende le dessert, car sinon il n'aura plus faim

7. Un enfant de votre groupe est allergique au gluten. Comment cela se passe-t-il ?

◯ **A.** vous demandez qu'on ne lui mette pas de gluten dans son repas

◯ **B.** vous demandez que les parents apportent son repas, car le gluten est présent dans trop d'aliments

8. Un enfant a eu une gastro-entérite récemment. Que faites-vous ?

◯ **A.** vous ne le laissez pas manger

◯ **B.** vous le faites boire régulièrement

◯ **C.** vous demandez aux parents de le garder

◯ **D.** vous surveillez qu'il ne boive pas de lait

9. Est-ce qu'avoir dans son service un enfant avec une allergie alimentaire est une grande responsabilité ?

◯ **A.** oui

◯ **B.** non

10. Un enfant qui a une allergie alimentaire peut-il être en danger s'il mange l'aliment interdit ?

◯ **A.** oui

◯ **B.** non

Réponses :

1. A, C **2.** A, B, C **3.** B **4.** B **5.** A, B, C **6.** C **7.** B **8.** B, D **9.** A **10.** A

FICHE 39 INSTALLATION DU COUVERT ET PRÉPARATION DES PLATS

Chacun sait que l'appétit est stimulé lorsqu'un plat est bien présenté et que son odeur est agréable.

I. CE QU'IL FAUT SAVOIR

- Pour que les enfants prennent leurs repas dans de bonnes conditions, l'école propose souvent plusieurs services.
- Six à dix couverts sont installés par table (plus rarement quatre).
- Les tables sont réparties entre animateurs et ATSEM.
- Les ATSEM sollicitées sont en général celles des moyennes et grandes sections (les ATSEM des petites sections viendront pour le rangement pendant la sieste).
- Le service est généralement établi par roulement.
- L'installation du couvert a lieu pendant le temps de classe (ce sont les ATSEM qui en sont chargées).
- Les cheveux doivent être cachés par une « charlotte ». On doit porter des gants à usage unique dès que l'on touche à la nourriture ainsi qu'une blouse.
- Beaucoup d'écoles ne proposent un couteau qu'à partir de la moyenne section mais il est tout à fait possible d'en donner aux enfants de petite section si l'on a auparavant mis en place une éducation en coopération avec les parents.
- Le potage est servi dans une assiette creuse ou dans un bol.
- Les plats chauds (présentés dans des grands plats de service) sont posés au milieu de la table.
- Les fromages et les desserts doivent être servis dans de petites assiettes.
- Les carafes d'eau sont posées sur la table.

II. CE QU'IL FAUT FAIRE

- Changer les assiettes entre les entrées et le plat principal, etc.
- Donner les serviettes (de préférence en tissu), ou des bavoirs pour les plus petits, qui seront ensuite récupérées dans un grand panier à la fin du repas afin d'être lavées.
- Ne pas forcer un enfant : pas de chantage, pas de punition ; attention à ce que l'on dit.
- Expliquer de quoi est composé un plat nouvellement présenté (des aliments nouveaux peuvent engendrer une appréhension).

QCM

1. La préparation et la présentation du repas ont-elles leur importance ?

- ◯ **A.** oui
- ◯ **B.** non

2. Dans un réfectoire, en général, combien y a-t-il d'enfants par table ?

- ◯ **A.** quatre
- ◯ **B.** six
- ◯ **C.** huit
- ◯ **D.** douze

3. Qui s'occupe du service à la cantine ?

- ◯ **A.** la diététicienne
- ◯ **B.** les ATSEM
- ◯ **C.** les enseignants
- ◯ **D.** les animateurs

4. Dans une école qui compte environ 300 enfants, il n'y a qu'un service de cantine.

- ◯ **A.** vrai
- ◯ **B.** faux

5. Que doivent porter les personnes qui mettent le couvert ?

- ◯ **A.** un tablier
- ◯ **B.** une charlotte
- ◯ **C.** une blouse

6. Dans quoi sont présentés les fromages ?

- ◯ **A.** un grand plat
- ◯ **B.** une cocotte
- ◯ **C.** de petites assiettes

7. On a le droit de manipuler la nourriture avec les mains, du moment qu'on les a lavées.

- ◯ **A.** vrai
- ◯ **B.** faux

8. Que donnez-vous en général aux enfants de petite section pour s'essuyer les mains ?

- ◯ **A.** des serviettes en papier
- ◯ **B.** des bavoirs en tissu
- ◯ **C.** des serviettes en tissu

9. Les enfants ont pour obligation de manger tout ce que vous leur avez servi.

- ◯ **A.** vrai
- ◯ **B.** faux

10. L'ATSEM fait le service, mais elle ne sert que les desserts et les fromages.

- ◯ **A.** vrai
- ◯ **B.** faux

Réponses :

1. A **2.** B, C **3.** B, D **4.** B **5.** B, C **6.** C **7.** B **8.** B **9.** B **10.** B

FICHE 40 LES INTOXICATIONS

Une des grandes préoccupations des responsables de la nourriture des enfants est d'éviter tout risque d'intoxication alimentaire.

I. CE QU'IL FAUT SAVOIR

- Les intoxications alimentaires sont surtout provoquées par des bactéries qui, en se multipliant très rapidement, deviennent dangereuses.
- Il s'agit alors d'une TIAC (toxi-infection alimentaire de collectivité).
- On peut dire qu'il y a intoxication alimentaire dans une école quand il y a au moins deux cas identiques.
- Dès qu'un aliment est maintenu entre 11 °C et 62 °C, les bactéries doublent. Leur développement se ralentit en dessous de 10 °C et s'arrête à partir de 63 °C. La plupart des bactéries sont détruites au-delà de 63 °C.
- Les bactéries peuvent être :
  - des salmonelles (affectent l'intestin) ;
  - des staphylocoques (affectent la gorge et le nez, provoquent des plaies) ;
  - le clostridium (affecte l'intestin) ;
  - les coliformes (affectent l'intestin) ;
  - l'escherichia coli (affecte l'intestin).
- L'école est alertée par les familles ou les médecins traitants.
- Une enquête est menée par les services vétérinaires (analyse des échantillons des plats).

II. CE QU'IL FAUT FAIRE

- Prévenir les familles.
- Dans le cas d'une TIAC, prévenir tout le personnel de l'école et faire effectuer des visites médicales (la listéria et la toxoplasmose sont des maladies à risques pour les femmes enceintes).
- Désinfecter les matériels et si nécessaire les locaux.
- Supprimer les marchandises.
- Laver et désinfecter les mains.
- Être très vigilant si un enfant a des douleurs abdominales, des nausées ou s'il vomit (prévenir tout de suite les parents pour qu'ils conduisent l'enfant chez le médecin).

IMPORTANT : Une intoxication alimentaire peut quelquefois nécessiter une hospitalisation. C'est pour cela qu'il faut la prendre très au sérieux dès qu'on a un doute.

QCM

1. D'où viennent les intoxications ?

- ◯ **A.** d'une multiplication de virus
- ◯ **B.** d'une multiplication bactérienne
- ◯ **C.** d'une multiplication de microbes

2. Comment s'appelle une intoxication alimentaire dans une collectivité ?

- ◯ **A.** une toxi-infection alimentaire de collectivité
- ◯ **B.** une toxi-infection alimentaire scolaire
- ◯ **C.** une infection alimentaire scolaire

3. À partir de quelle température les bactéries se multiplient-elles ?

- ◯ **A.** 9 °C
- ◯ **B.** 20 °C
- ◯ **C.** 11 °C

4. À quelle température les bactéries sont-elles détruites ?

- ◯ **A.** 43 °C
- ◯ **B.** 63 °C
- ◯ **C.** 64 °C et plus

5. Quelles peuvent être les bactéries ?

- ◯ **A.** des salmonelles
- ◯ **B.** des escherichia coli
- ◯ **C.** des streptocoques
- ◯ **D.** des pneumocoques

6. Qui mène l'enquête en cas d'intoxication alimentaire en collectivité ?

- ◯ **A.** les services sociaux
- ◯ **B.** la PMI
- ◯ **C.** les services vétérinaires

7. En cas d'intoxication alimentaire, qui doit-on prévenir ?

- ◯ **A.** les familles
- ◯ **B.** le maire
- ◯ **C.** le personnel de l'école
- ◯ **D.** l'Éducation nationale

8. Dans le cas d'une TIAC, quelles sont les précautions à prendre ?

- ◯ **A.** laver et désinfecter les mains
- ◯ **B.** changer les assiettes
- ◯ **C.** supprimer les marchandises

9. Un enfant de votre classe se plaint de nausées et de maux de ventre après le repas. Que faites-vous ?

- ◯ **A.** vérifier qu'il n'y ait pas d'autres enfants dans ce cas
- ◯ **B.** le coucher
- ◯ **C.** appeler ses parents

10. Combien faut-il de cas pour parler de TIAC ?

- ◯ **A.** quatre
- ◯ **B.** six
- ◯ **C.** deux
- ◯ **D.** huit

Réponses :

1. B **2.** A **3.** C **4.** C **5.** A, B **6.** C **7.** A, C **8.** A, C **9.** A, C **10.** C

FICHE 41 LA COLLATION DU MATIN

Depuis quelques années, les médecins émettent quelques réserves en ce qui concerne la collation du matin.

I. CE QU'IL FAUT SAVOIR

- Attention au petit-déjeuner à des heures trop tardives : cela peut perturber l'équilibre alimentaire mis en place pour la journée et freiner l'appétit pour le repas de midi.
- La collation ne doit pas être systématique.
- Elle peut être proposée à l'arrivée (certains enfants n'ont pas bien pris leur petit-déjeuner à la maison à cause d'un rythme un peu « bousculé » le matin).
- La collation doit être légère (lait ; fruits).
- De toute façon, il est préférable de ne pas la situer après 9 h 30.
- Il faut veiller à ne pas entraîner les enfants vers une habitude de grignotage qui deviendrait à la longue néfaste pour leur santé (pas de sucreries).

II. CE QU'IL FAUT FAIRE

- Réserver un endroit dans la classe pour la petite collation (lorsqu'elle a lieu à l'arrivée des enfants).
- Préparer le matériel (petites tasses ou verres, petites serviettes jetables) ; en vérifier la propreté.
- Faire d'abord se laver les mains aux enfants.
- Bien les installer (on ne prend pas un verre de lait en se promenant dans la classe) ; les enfants concernés sont en général ceux qui sont arrivés le plus tôt à l'école.
- Lorsque l'enseignant juge nécessaire de mettre la collation en place pour toute la classe, les enfants (après lavage des mains) aident l'ATSEM pour le service, et ceci par roulement.
- L'ATSEM épluche les fruits (par exemple : des clémentines).
- Elle range et nettoie.
- Expliquer aux parents que le petit-déjeuner doit être pris à la maison, en famille, et rappeler ce qu'il doit comporter : une boisson, un produit laitier, des féculents (céréales ou pain), du beurre, un produit sucré (confiture ou miel).

L'ATSEM ne doit jamais oublier qu'elle est là pour aider l'enfant à construire son avenir.

QCM

1. À l'école maternelle, quand les enfants prennent-ils une collation ?

- ◯ **A.** l'après-midi, après la sieste
- ◯ **B.** le matin, avant la récréation

2. Qui fournit, en général, cette collation ?

- ◯ **A.** l'école
- ◯ **B.** les parents
- ◯ **C.** la cantine

3. Pourquoi la collation est-elle peu appréciée par les médecins ?

- ◯ **A.** à cause des problèmes d'obésité chez les enfants
- ◯ **B.** car les enfants viennent de déjeuner

4. Que doit-on proposer de préférence lors de la collation du matin ?

- ◯ **A.** des gâteaux
- ◯ **B.** du pain et de la confiture
- ◯ **C.** des fruits

5. Comment se passe le moment de la collation en classe ?

- ◯ **A.** les enfants jouent et mangent en même temps
- ◯ **B.** les enfants sont regroupés dans un coin de la classe
- ◯ **C.** ils sont servis les uns après les autres

6. Que doit comporter un petit-déjeuner équilibré ?

- ◯ **A.** de la viande
- ◯ **B.** un laitage
- ◯ **C.** un féculent
- ◯ **D.** des sucreries

7. Qui prépare la collation du matin ?

- ◯ **A.** l'ATSEM
- ◯ **B.** l'enseignant
- ◯ **C.** la dame d'entretien

8. Les enfants doivent-ils boire lors de la collation du matin ?

- ◯ **A.** oui
- ◯ **B.** non

9. Vous servez aux enfants de votre classe une collation tous les matins. Souvent certains enfants ne le veulent pas. Que faites-vous ?

- ◯ **A.** vous leur dites de manger quand même, car ce sera long avant l'heure du repas
- ◯ **B.** vous leur dites que ce n'est pas grave

10. Pourquoi, si ce n'est pas une bonne chose, continue-t-on à servir dans les écoles une collation ?

- ◯ **A.** parce que les enfants aiment ça
- ◯ **B.** pour faire plaisir aux parents
- ◯ **C.** parce que certains enfants ne déjeunent pas le matin

Réponses :

1. B **2.** B **3.** A **4.** C **5.** B, C **6.** B, C **7.** A **8.** A **9.** B **10.** C

FICHE 42 LES ACTIVITÉS AUTOUR DE LA NOURRITURE

À l'école maternelle, on prépare souvent des fêtes et c'est une excellente motivation pour faire agir les enfants : préparation d'un gâteau au yaourt ou d'une pâte à crêpes par exemple.

I. CE QU'IL FAUT SAVOIR

- Les sociétés de restauration organisent souvent des repas de fêtes ou des repas à thèmes.
- Les activités autour de la nourriture peuvent se dérouler dans la classe ou dans la salle de restauration.
- Le matériel utilisé peut être celui de l'école. Souvent, l'enseignant apporte son matériel personnel.
- Les enfants préparent un plat ou un gâteau pour les autres (c'est un partage) et cela les rend heureux.
- Les provisions sont apportées par les familles ou l'enseignant. Quelquefois, elles ont été achetées lors d'une sortie éducative avec l'ATSEM.
- Réaliser une recette est une excellente façon d'aborder les mathématiques et la lecture.
- C'est l'ATSEM qui s'occupe de la cuisson lorsque celle-ci est nécessaire.
- Ce sont des moments très favorables au langage et à la communication.

II. CE QU'IL FAUT FAIRE

- Vérifier la propreté du matériel et le mettre en place.
- Faire se moucher le nez, se laver les mains, se brosser les ongles avant d'entreprendre les activités.
- Éduquer le goût (par exemple : « Cela est trop sucré ; trop fade. »).
- Éveiller la curiosité des enfants en leur donnant envie de goûter des nouvelles saveurs.
- Bien regarder les dates de péremption des produits apportés.
- Garder au réfrigérateur les ingrédients qui ne sont pas utilisés tout de suite et qui doivent rester au frais.
- Utiliser un langage très précis avec les enfants et leur faire verbaliser leurs actions (par exemple : couper des morceaux de pommes, mélanger la farine et les œufs, tartiner une tranche de pain, etc.).
- Si l'ATSEM agit seule, elle commente et explique ce qu'elle fait (par exemple : « Je glisse la spatule sous la crêpe pour la retourner plus facilement. »).

L'ATSEM peut faire des photos qui plus tard rempliront un album ou serviront pour illustrer une exposition destinée à tous.

QCM

1. De quoi parle-t-on lorsque l'on parle d'activités autour de la nourriture ?

- ◯ **A.** de la réalisation d'une recette
- ◯ **B.** du fait de regarder et d'apprendre le nom des aliments
- ◯ **C.** du fait de goûter un aliment nouveau

2. Dans les écoles maternelles, certaines recettes sont privilégiées. Quelles sont-elles ?

- ◯ **A.** les crêpes
- ◯ **B.** le crumble aux pommes
- ◯ **C.** le hachis parmentier
- ◯ **D.** la galette des rois

3. Lors d'une activité cuisine, qui apporte les ingrédients nécessaires ?

- ◯ **A.** l'enseignant
- ◯ **B.** l'ATSEM
- ◯ **C.** les parents

4. Lors d'une activité cuisine, toute la classe réalise l'activité en même temps :

- ◯ **A.** oui
- ◯ **B.** non, l'activité est réalisée groupe par groupe

5. À quoi devez-vous impérativement penser avant que les enfants ne commencent une activité cuisine ?

- ◯ **A.** à ce que les enfants soient tous regroupés
- ◯ **B.** à les faire se laver les mains
- ◯ **C.** à ce que les enfants écoutent

6. Que faites-vous avant de commencer une activité cuisine ?

- ◯ **A.** vous lavez bien les ustensiles
- ◯ **B.** vous vérifiez les dates de péremption des produits
- ◯ **C.** vous laissez l'enseignant tout préparer
- ◯ **D.** vous lavez les tables sur lesquelles aura lieu l'activité

7. Qui se charge de la cuisson du plat ?

- ◯ **A.** l'enseignant
- ◯ **B.** la dame d'entretien
- ◯ **C.** l'ATSEM

8. À quoi va servir aux enfants le fait de leur faire réaliser une recette de cuisine ?

- ◯ **A.** à les occuper
- ◯ **B.** à les amuser
- ◯ **C.** à leur éduquer le goût
- ◯ **D.** à leur faire travailler les mathématiques

9. Menez-vous ce genre d'activité ou n'êtes-vous là que pour la préparation ?

- ◯ **A.** oui, l'ATSEM mène aussi l'activité cuisine
- ◯ **B.** non, l'ATSEM ne mène pas d'activité cuisine

10. Après l'activité, que faites-vous ?

- ◯ **A.** vous goûtez au plat
- ◯ **B.** vous faites la vaisselle
- ◯ **C.** vous rangez le matériel

Réponses :

1. A, C **2.** A, B, D **3.** A **4.** B **5.** B **6.** A, B, D **7.** C **8.** C, D **9.** A **10.** B, C

FICHE 43 ENTRAÎNEMENT À L'AUTONOMIE

Tous les adultes concernés par les enfants à l'école maternelle savent qu'un des objectifs prioritaires est de les entraîner à l'autonomie correspondant à leur âge.

I. CE QU'IL FAUT SAVOIR

- Pendant le repas de midi, on peut laisser les enfants agir de façon autonome à condition de leur donner des conseils et d'être vigilant (par exemple : pour se servir de l'eau, pour se servir dans le plat principal, pour éplucher un fruit).
- Ils doivent pouvoir manger seuls (il n'est pas question de les faire manger pour répondre à un caprice) en prenant des précautions et à leur rythme.
- Chaque enfant peut aller mettre sa serviette dans le grand panier à la fin du repas.
- S'il y a une petite collation le matin, elle peut être servie par les enfants.
- Lorsqu'il y a une animation organisée par une société de restauration, les enfants sont souvent conviés à un self-service : c'est le moment de se servir tout seul avec un plateau et de choisir selon son appétit et ses goûts (donc de prendre des initiatives).

II. CE QU'IL FAUT FAIRE

- Ne jamais agir à la place d'un enfant quand on sait qu'il n'a pas besoin de l'aide d'un adulte.
- Être patient, ne pas s'énerver (pour que l'enfant prenne confiance en lui).
- Expliquer (par exemple : montrer comment on casse un œuf puis encourager l'enfant à le faire).
- Dédramatiser (par exemple : dire à l'enfant que les grandes personnes aussi peuvent quelquefois laisser échapper un morceau de pain par terre sans le faire exprès).
- Solliciter les enfants pour ranger et mettre en place le matériel (qui a été lavé auparavant).

L'ATSEM aura beaucoup de joie quand elle verra un enfant particulièrement timide réussir à verser de l'eau dans les verres de ses amis.

QCM

1. Qu'est-ce que l'entraînement à l'autonomie pendant le repas ?

- ◯ **A.** manger tout seul
- ◯ **B.** se servir tout seul
- ◯ **C.** manger de tout
- ◯ **D.** aimer tout

2. Comment pouvez-vous laisser de l'autonomie aux enfants pendant le repas ?

- ◯ **A.** en restant près d'eux
- ◯ **B.** en ne les aidant jamais
- ◯ **C.** en les stimulant pour qu'ils fassent eux-mêmes

3. Un enfant de votre table ne mange vraiment rien, trop occupé à jouer. Que faites-vous ?

- ◯ **A.** vous le laissez faire, il faut qu'il mange seul
- ◯ **B.** vous l'incitez à manger
- ◯ **C.** si vraiment il ne mange pas, vous l'aidez un peu

4. Les enfants portent des bavoirs en petite section de maternelle. À la fin du repas, vous ramassez tous les bavoirs et les mettez dans le sac de linge sale :

- ◯ **A.** oui
- ◯ **B.** non

5. À votre table, un enfant se propose de servir de l'eau à un camarade. Vous le laissez faire ?

- ◯ **A.** oui
- ◯ **B.** non

6. Lorsque vous débarrassez la table, avant le dessert :

- ◯ **A.** vous ramassez toutes les fourchettes
- ◯ **B.** vous donnez un petit panier aux enfants où ils mettent toutes leurs fourchettes
- ◯ **C.** vous leur demandez de tendre leurs assiettes sales

7. Il arrive qu'un enfant ait envie d'aller aux toilettes pendant le repas. Que faites-vous ?

- ◯ **A.** il attendra la fin du repas
- ◯ **B.** vous le conduisez aux toilettes

8. Que ne devez-vous pas faire ?

- ◯ **A.** donner à manger aux enfants
- ◯ **B.** servir leur repas aux enfants
- ◯ **C.** ne jamais les laisser faire quoi que ce soit
- ◯ **D.** les laisser faire en les surveillant

9. Lorsque les enfants arrivent dans le réfectoire :

- ◯ **A.** vous les placez
- ◯ **B.** vous les laissez s'installer avec leurs copains où ils en ont envie

10. Lorsque les enfants entrent dans le réfectoire, tout est sur les tables mais les enfants finissent de mettre la table.

- ◯ **A.** vrai
- ◯ **B.** faux

Réponses :

1. A, B **2.** A, C **3.** B, C **4.** B **5.** A **6.** B, C **7.** B **8.** A, C **9.** B **10.** B

FICHE 44 RYTHMES

Dès qu'il va être scolarisé à l'école maternelle, l'enfant va être obligé de s'adapter à des contraintes et à un rythme inhabituels pour lui.

I. CE QU'IL FAUT SAVOIR

- La chronobiologie a été mise en évidence vers 1950.
- Le rythme biologique concerne les états de veille et les états de sommeil.
- On distingue trois grandes catégories de groupes :
  - rythme circadien (qui s'étale sur 24 heures). Il touche le système veille-sommeil. Pour l'enfant, il s'étend plutôt sur 25 heures (les sujets ne sont pas adaptables de la même façon) ;
  - rythme ultradien (répété plusieurs fois en 24 heures) ;
  - rythme infradien (il concerne les rythmes hebdomadaires, mensuels, annuels).
- L'enfant est tributaire du rythme que lui impose l'adulte : il est à la merci de facteurs externes (par exemple : obligation de se lever malgré une nuit perturbée par le bruit, impossibilité de rester au calme et de récupérer parce qu'il faut suivre le groupe).

II. CE QU'IL FAUT FAIRE

- Avant tout, s'informer auprès des parents du rythme habituel de l'enfant (par exemple : « À quelle heure prend-il le repas du soir ? Vers quelle heure est-il le plus actif ? »).
- À l'école, observer l'enfant pour voir à quel moment il a besoin d'être au calme, de ne rien faire.
- Laisser l'enfant exécuter une activité à son rythme (la présence de l'ATSEM permet de respecter le rythme plus lent de certains enfants pendant que l'enseignant s'occupe des autres).
- Se poser des questions lorsqu'un enfant manque d'attention, manifeste de l'instabilité ou de l'agressivité (avertir l'enseignant qui organisera une concertation avec les parents pour résoudre le problème ensemble).

IMPORTANT : Par une bonne prise en compte des besoins et des rythmes spécifiques à chaque enfant, l'ATSEM contribue à leur épanouissement.

QCM

1. Qu'est-ce que la chronobiologie ?

- ◯ **A.** une discipline scientifique qui étudie l'organisation temporelle des êtres vivants
- ◯ **B.** une discipline scientifique qui étudie l'organisation intellectuelle des êtres vivants

2. Quand a-t-elle été mise en évidence ?

- ◯ **A.** 1945
- ◯ **B.** 1950
- ◯ **C.** 1970

3. Que concerne le rythme biologique ?

- ◯ **A.** les états de jour et de nuit
- ◯ **B.** les états de veille et de sommeil

4. Combien distingue-t-on de catégories de groupe ?

- ◯ **A.** 4
- ◯ **B.** 5
- ◯ **C.** 7
- ◯ **D.** 3

5. Comment s'appellent-ils ?

- ◯ **A.** rythme circadien
- ◯ **B.** rythme neptunien
- ◯ **C.** rythme infractaire
- ◯ **D.** rythme infradien

6. Sur combien d'heures s'étale le rythme circadien ?

- ◯ **A.** 30 heures
- ◯ **B.** 23 heures
- ◯ **C.** 24 heures

7. Quels rythmes concernent le rythme infradien ?

- ◯ **A.** hebdomadaires
- ◯ **B.** journalier
- ◯ **C.** mensuels
- ◯ **D.** annuels

8. À l'école maternelle l'enfant a-t-il la possibilité de suivre son propre rythme ?

- ◯ **A.** oui
- ◯ **B.** non

9. À l'école, peut-on s'organiser pour suivre le rythme propre à chaque enfant ?

- ◯ **A.** oui
- ◯ **B.** non

10. Quel système touche le rythme circadien ?

- ◯ **A.** le système endormissement-veille
- ◯ **B.** le système veille-sommeil

Réponses :

1. A **2.** B **3.** B **4.** D **5.** A, D **6.** C **7.** A, C, D **8.** B **9.** A **10.** B

FICHE 45 LE SOMMEIL

Le sommeil est un des facteurs déterminants pour un bon état de santé.

I. CE QU'IL FAUT SAVOIR

- Pour un enfant entre 3 et 5 ans, le besoin de sommeil nocturne est de dix heures – à cela s'ajoute le besoin de sieste très variable selon les enfants (qui peut aller de 1 heure à 1 heure 30). On arrive donc à douze heures de sommeil environ (ce qui correspond à la moitié d'une journée).
- Une nuit comporte de 4 à 6 cycles de sommeil, selon sa durée. La première partie de la nuit s'inscrit dans le sommeil léger, puis lent et profond. La seconde partie est le plus souvent constituée d'une alternance de sommeil léger et paradoxal.
Le cycle du sommeil lent, profond est le sommeil réparateur ; il est indispensable pour récupérer de la fatigue physique et permettre le phénomène de croissance. Le cycle du sommeil paradoxal est le sommeil de rêve pendant lequel le cerveau est actif (les rêves sont de moins en moins nombreux avec l'âge).
- La plus grande quantité de sommeil paradoxal est en fin de nuit (les enfants déficients intellectuels ont un taux de sommeil paradoxal inférieur à la normale).

II. CE QU'IL FAUT FAIRE

- Connaître les conditions de vie des enfants à la maison en ce qui concerne leur sommeil (par exemple : savoir si l'enfant est souvent réveillé la nuit par un petit frère ou une petite sœur ; savoir s'il bénéficie d'un endroit isolé des bruits de la maison pour dormir ; savoir combien de temps il dort les jours où il ne va pas à l'école).
- Reconnaître qu'un enfant a absolument besoin de faire une sieste même s'il est en MS ou en GS (ne pas le traiter de « bébé »).
- Prévoir de toute façon pour tous les enfants un moment de mise au calme, de repos au début de l'après-midi.

Le sommeil fait partie des processus d'apprentissage : le respecter, c'est mettre l'enfant dans de bonnes conditions pour sa scolarité.

QCM

1. À quoi sert le sommeil ?

◯ **A.** c'est un moyen de décompresser

◯ **B.** c'est un des facteurs les plus importants pour être en bonne santé

◯ **C.** c'est ce qui permet à un enfant de grandir

2. Quel est le nombre d'heures de sommeil indispensable à un enfant entre 3 et 5 ans ?

◯ **A.** environ 10 heures par jour

◯ **B.** environ 12 heures par jour

◯ **C.** environ 13 heures par jour

3. Quels sont les différents cycles du sommeil ?

◯ **A.** le sommeil long

◯ **B.** le sommeil lent

◯ **C.** le sommeil paradoxal

4. À quoi sert le sommeil profond ?

◯ **A.** à récupérer de la fatigue physique

◯ **B.** à récupérer de l'énervement

◯ **C.** à grandir

5. À quoi sert le sommeil paradoxal ?

◯ **A.** le sommeil paradoxal permet de fabriquer l'hormone de croissance

◯ **B.** c'est le sommeil du rêve

6. Quand les enfants ont-ils la plus grande quantité de sommeil paradoxal ?

◯ **A.** au début de la nuit

◯ **B.** au milieu de la nuit

◯ **C.** à la fin de la nuit

7. Par quelle phase commence le sommeil ?

◯ **A.** le sommeil profond

◯ **B.** le sommeil paradoxal

◯ **C.** le sommeil léger

8. Un enfant présente de grands signes de fatigue. Que faites-vous ?

◯ **A.** vous le laissez attendre l'heure de la sieste, car sinon, cela va déranger la classe

◯ **B.** vous lui installez un lit près de vous et le laissez s'allonger

◯ **C.** vous faites cela tous les jours, car il en a besoin

9. Lorsqu'un enfant présente des signes de fatigue tous les jours, que devez-vous faire ?

◯ **A.** en parler à l'enseignant

◯ **B.** lui permettre de s'allonger un moment tous les jours

◯ **C.** essayer que les parents en tiennent compte

10. Les enfants de grande et moyenne section ne font plus la sieste à l'école.

◯ **A.** vrai

◯ **B.** faux

Réponses :

1. B, C 2. B 3. B, C 4. A, C 5. B 6. C 7. C 8. B 9. A, C 10. B

FICHE 46 LA FATIGUE

À l'école maternelle, on stimule l'enfant, on lui propose de nombreuses activités, mais on doit aussi veiller à tenir compte du développement et des capacités d'adaptation de chacun à la vie collective.

I. CE QU'IL FAUT SAVOIR

- À trois ans, un enfant peut se concentrer sur une activité ou un objet pendant un temps très court : de dix à quinze minutes (par exemple : puzzle, jeu de construction). Les meilleurs moments pour cela se situent entre 9 h 00 et 12 h 00 et de 14 h 00 à 16 h 00.
- Se concentrer demande un effort : écouter, accepter les consignes, exécuter.
- Effort et concentration selon les sections :
  - un enfant de PS doit pouvoir vivre une journée scolaire normale sans signes de fatigue excessifs et être capable de suivre les activités de la classe ;
  - un enfant de MS (sieste régulière ou pas) doit être capable de soutenir un effort ;
  - un enfant de GS doit solliciter l'enseignant pour d'autres activités que celles déjà proposées.
- Le temps du repas est souvent un moment de grande fatigue scolaire.

II. CE QU'IL FAUT FAIRE

- Ne pas faire de comparaisons entre les enfants pour les stimuler.
- Ne pas exiger qu'un enfant termine une activité s'il manifeste un signe de fatigue (il a le temps, on verra plus tard).
- Attention à ne pas générer un sentiment d'échec (par exemple : « Il y a longtemps que tu devrais avoir fini. »).
- Ne pas proposer d'aller se reposer, de faire la sieste comme une punition.
- Ne pas envoyer en récréation un enfant fatigué mais le garder dans un endroit calme afin qu'il puisse être préservé du bruit et des mouvements collectifs.
- Quand un enfant présente une fatigue excessive au moment du repas, avertir l'enseignant.
- Se renseigner pour savoir comment se passent les nuits de l'enfant.

Il est évident que le bruit et la vie en collectivité génèrent une fatigue qui n'est pas ressentie de la même façon par tous les enfants.

QCM

1. Est-ce que la scolarisation en maternelle est quelque chose de fatiguant pour l'enfant ?

- ◯ **A.** oui
- ◯ **B.** non

2. Pourquoi ?

- ◯ **A.** parce que les journées sont rythmées
- ◯ **B.** parce que l'enfant s'est couché tard
- ◯ **C.** parce qu'on lui demande un effort de concentration
- ◯ **D.** parce qu'il doit se lever de bonne heure

3. Pendant combien de temps un enfant de trois ans arrive-t-il à rester concentré en moyenne ?

- ◯ **A.** 10 minutes
- ◯ **B.** 15 minutes
- ◯ **C.** 30 minutes

4. Quels sont les meilleurs créneaux horaires pour engager une activité ?

- ◯ **A.** 8 h 30 à 10 heures
- ◯ **B.** 9 heures à 12 heures
- ◯ **C.** 16 heures à 17 heures
- ◯ **D.** 14 heures à 16 heures

5. Quel est le moment de la journée où les enfants semblent les plus fatigués ?

- ◯ **A.** avant le repas
- ◯ **B.** après le repas
- ◯ **C.** vers seize heures

6. Un enfant n'est pas arrivé à terminer son activité. Que faites-vous ?

- ◯ **A.** tant pis, il reste en classe pour le finir
- ◯ **B.** il n'ira pas en récréation
- ◯ **C.** il la finira plus tard

7. Lorsque les enfants vont à la sieste, doivent-ils tous dormir ?

- ◯ **A.** oui, c'est l'heure
- ◯ **B.** non, ils peuvent simplement se reposer

8. Quels sont les signes de fatigue d'un enfant ?

- ◯ **A.** pleurs
- ◯ **B.** énervement
- ◯ **C.** rire
- ◯ **D.** activité
- ◯ **E.** il s'endort sur la table

9. Dans quelles conditions les enfants doivent-ils être pendant la sieste ?

- ◯ **A.** ils peuvent discuter
- ◯ **B.** les volets sont ouverts
- ◯ **C.** il doit y avoir le calme
- ◯ **D.** ils sont dans la pénombre

10. Lorsque vous mettez une musique douce dans le dortoir, cela aide-t-il les enfants à s'endormir ?

- ◯ **A.** oui
- ◯ **B.** non

Réponses :

1. A **2.** A, C, D **3.** B **4.** B, D **5.** B **6.** C **7.** B **8.** A, B, E **9.** C, D **10.** A

FICHE 47 LES MALADIES CHRONIQUES

Les enfants atteints de maladies chroniques peuvent être scolarisés à condition que les traitements préconisés le permettent.

I. CE QU'IL FAUT SAVOIR

- Les enfants atteints sont accueillis dans le cadre d'un PAI (projet d'accueil individualisé).
- Le traitement préconisé doit être compatible avec la vie scolaire et ne doit pas perturber la scolarisation des autres enfants.
- C'est seulement dans le cadre d'un PAI qu'on peut administrer un médicament à l'école, sinon c'est strictement interdit.
- Le PAI (signé par les parents, l'équipe concernée par l'enfant à l'école, le médecin scolaire et le médecin traitant) prévoit les interventions à mettre en place en cas d'urgence.
- Les maladies chroniques peuvent être par exemple l'asthme, le diabète, l'épilepsie, des problèmes liés à des allergies, la drépanocytose, etc.
- L'ATSEM concernée participe aux réunions d'information.
- Le protocole signé dans le PAI précise le rôle de chacun : tout doit avoir été prévu et les mesures d'urgence précisées dans le PAI doivent être effectuées. Dans le cas d'un enfant diabétique, c'est une personne venant de l'extérieur qui administre le traitement.

Pour les régimes particuliers, voir FICHE 38.

II. CE QU'IL FAUT FAIRE

- Signer le protocole établi dans le PAI en toute connaissance de cause.
- En cas d'urgence, être capable d'agir selon ce qui a été précisé dans le PAI.
- Entreposer les médicaments préconisés dans le cadre d'un PAI hors de portée des enfants, dans un endroit réservé à cet effet.
- Conduire l'enfant dans un endroit calme pour que la personne qui vient de l'extérieur (désignée dans le PAI) puisse administrer le traitement dans les meilleures conditions.
- Penser à emporter les traitements en cas de sorties éducatives.
- Respecter l'obligation de réserve.

IMPORTANT : Ne jamais accepter d'administrer des médicaments à un enfant s'il n'y a pas de PAI signé.

QCM

1. Que signifie le sigle PAI ?

- ◯ **A.** projet d'accueil individuel
- ◯ **B.** projet d'accompagnement individuel
- ◯ **C.** projet d'accueil individualisé

2. À quelles conditions un enfant atteint d'une maladie chronique peut-il être scolarisé ?

- ◯ **A.** s'il y a un médecin dans l'école
- ◯ **B.** si son traitement le permet
- ◯ **C.** si cela ne perturbe pas la vie des autres enfants

3. A-t-on le droit d'administrer des médicaments à l'école ?

- ◯ **A.** oui
- ◯ **B.** non

4. Dans quel cas est-ce autorisé ?

- ◯ **A.** quand un enfant a une allergie
- ◯ **B.** quand un enfant s'est blessé
- ◯ **C.** s'il y a un PAI
- ◯ **D.** si un enfant a une forte fièvre

5. Qui sont les différentes parties qui signent un PAI ?

- ◯ **A.** l'équipe scolaire
- ◯ **B.** la diététicienne
- ◯ **C.** la cuisinière
- ◯ **D.** les parents
- ◯ **E.** le médecin scolaire

6. Est-ce que l'ATSEM doit être mise au courant en cas de PAI ?

- ◯ **A.** oui
- ◯ **B.** non

7. Est-ce que le diabète peut faire partie des maladies considérées comme chroniques ?

- ◯ **A.** oui
- ◯ **B.** non

8. Dans un PAI, y a-t-il un protocole d'urgence ?

- ◯ **A.** oui
- ◯ **B.** non

9. Un des enfants de votre classe a un PAI. Il a donc un traitement. Comment cela se passe-t-il ?

- ◯ **A.** il apporte tous les jours les médicaments
- ◯ **B.** ses médicaments restent à l'école dans un endroit prévu à cet effet

10. À quoi doit-on faire attention lorsqu'on a des médicaments dans une école ?

- ◯ **A.** à ce qu'ils ne soient pas à la portée des enfants
- ◯ **B.** à ce qu'ils soient bien rangés dans leur boîte

Réponses :

1. C **2.** B, C **3.** B **4.** C **5.** A, D, E **6.** A **7.** A **8.** A **9.** B **10.** A

FICHE 48 DÉTECTION DE LA MALTRAITANCE

Lire l'article 19 des Droits de l'enfant (d'après la convention adoptée par l'Assemblée générale des Nations unies le 20 novembre 1989).

I. CE QU'IL FAUT SAVOIR

▪ Il existe plusieurs sortes de maltraitance :
– la violence physique ;
– la malnutrition ;
– les mauvaises conditions d'hygiène ;
– les mauvaises conditions psychologiques.

▪ On doit toujours accorder de l'importance aux confidences d'un enfant mais on ne doit pas insister pour le faire répéter.

▪ Dès qu'on a un soupçon (l'ATSEM, en habillant, en aidant un enfant, peut faire des constats d'hématomes, de brûlures, de griffures, de morsures), on avertit l'enseignant et la direction.

▪ Un enfant qui subit des violences physiques a un mouvement spontané de recul dès qu'on s'approche trop près de lui.

▪ Un enfant maltraité a souvent des attitudes d'abattement.

▪ L'adulte qui a des soupçons n'a pas le droit de se taire.

II. CE QU'IL FAUT FAIRE

▪ Rester calme, ne pas faire de commentaires lorsque l'enfant se confie.

▪ Observer la façon dont la famille laisse l'enfant à l'école le matin et vient le chercher (par exemple : paroles grossières et déplacées, mouvements brutaux, menaces, etc.).

▪ Être vigilant quand un enfant est fatigué dès le matin (par exemple : un parent très violent a pu mettre la maison sens dessus dessous la nuit et ainsi terroriser la famille).

▪ Prévenir immédiatement l'enseignant et la direction (qui devra sans attendre contacter le médecin scolaire afin qu'il soit présent avant la sortie de l'école : celui-ci aura un entretien avec l'adulte qui viendra chercher l'enfant).

▪ S'il le faut, témoigner à la brigade des mineurs.

IMPORTANT : Tout adulte témoin d'une quelconque maltraitance a le devoir d'agir : le 119 est un numéro disponible vingt-quatre heures sur vingt-quatre.

QCM

1. Quel article parle de détection de la maltraitance ?

- ◯ **A.** l'article 20 des Droits de l'enfant
- ◯ **B.** l'article 19 des Droits de l'enfant
- ◯ **C.** l'article 13 des Droits de l'enfant

2. Quelles sont les différentes sortes de maltraitance ?

- ◯ **A.** physique
- ◯ **B.** mécanique
- ◯ **C.** malnutrition

3. Que doit faire l'ATSEM si elle a un soupçon ?

- ◯ **A.** en parler avec les parents de l'enfant
- ◯ **B.** avertir l'enseignant
- ◯ **C.** avertir la direction
- ◯ **D.** avertir le psychologue

4. Un enfant de votre classe vous parle de son papa en vous disant qu'il est méchant avec lui et le frappe souvent. Que devez-vous faire ?

- ◯ **A.** l'emmener voir l'enseignant et lui demander de répéter ses confidences à l'enseignant
- ◯ **B.** vérifier discrètement la présence d'hématomes, lorsqu'il se déshabille pour aller aux toilettes
- ◯ **C.** avertir le personnel concerné

5. Comment peut réagir un enfant qui subit des maltraitances ?

- ◯ **A.** il a un mouvement de recul lorsqu'on l'approche
- ◯ **B.** il rit facilement
- ◯ **C.** il est agressif

6. Quel est le numéro de téléphone à composer pour un problème de maltraitance ?

- ◯ **A.** 120
- ◯ **B.** 112
- ◯ **C.** 119

7. Un enfant présente des hématomes sur les jambes. Que faites-vous ?

- ◯ **A.** vous prévenez immédiatement la direction
- ◯ **B.** vous vous assurez en premier lieu qu'il s'agit bien d'hématomes dus à des coups et non des hématomes qu'ont souvent les enfants en jouant
- ◯ **C.** vous en parlez aux parents

8. Vous constatez dans votre classe qu'un enfant souffre de maltraitance. Que devez-vous faire ?

- ◯ **A.** le signaler
- ◯ **B.** ne pas le signaler
- ◯ **C.** ne pas le signaler est une faute

9. Un enfant de votre classe est apparemment maltraité. Vous avez vu des hématomes sur son corps. Devez-vous témoigner ?

- ◯ **A.** oui
- ◯ **B.** non

10. Où devez-vous témoigner ?

- ◯ **A.** à la brigade des mœurs
- ◯ **B.** à la brigade des jeux
- ◯ **C.** à la brigade des mineurs

Réponses :

1. B 2. A, C 3. B, C 4. B, C 5. A, C 6. C 7. B 8. A, C 9. A 10. C

FICHE 49 LES ACCIDENTS

I. CE QU'IL FAUT SAVOIR

À l'école maternelle, il n'y a ni médecin ni infirmière sur place. Un enfant ne peut pas être conduit chez un médecin par le personnel de l'école. L'ATSEM doit être capable de porter secours et de pratiquer les premiers soins à un enfant qui se blesse.

1 • Les petits accidents

Il peut s'agir : d'écorchures (souvent aux genoux, aux mains ou au front), de bosses, de griffures, de coups entre enfants, de piqûres d'insectes, de petites chutes.

2 • Les accidents plus graves

Il peut s'agir : des fractures, des traumatismes crâniens, des brûlures, de l'ingestion d'un corps étranger.

II. CE QU'IL FAUT FAIRE

1 • Quelques réflexes à avoir

Avant de soigner l'enfant, il est important de le rassurer en lui parlant, de l'isoler et de le mettre au calme.

Pour les petites plaies, laver à l'eau et au savon, désinfecter (avec un antiseptique autorisé), mettre si besoin un pansement (compresse stérile et micropore). Pour les petites plaies à la bouche, effectuer un rinçage et vérifier l'état des dents. Pour les bosses, appliquer une poche de glace. Pour les brûlures, rincer à l'eau froide et attendre les secours.

2 • En cas de choc violent

Surveiller l'enfant en lui parlant. Appeler les secours : le 15 pour le SAMU, le 18 pour les pompiers ou le 112, numéro d'appel d'urgences commun à toute l'Union européenne. Cet appel est passé sans attendre par l'enseignant ou la direction qui ont tout de suite été avertis de l'accident. Prévenir immédiatement les parents. S'il y a perte de connaissance, mettre l'enfant en PLS (position latérale de sécurité) en attendant les secours : ne pas le manipuler.

3 • La position latérale de sécurité (PLS)

- couché sur le côté ;
- jambe au contact du sol fléchie, autre jambe allongée ;
- tête sur un petit oreiller, bouche ouverte tournée vers le sol (en cas de vomissement), surveiller que l'enfant n'avale pas sa langue ;
- un coussin sous le bras en contact avec le sol, un coussin dans le dos.

IMPORTANT : Prévenir la direction dans tous les cas.

QCM

1. À l'école, y a-t-il du personnel médical ?

- ◯ **A.** oui
- ◯ **B.** non

2. Un enfant de votre classe se blesse assez gravement. Que faites-vous ?

- ◯ **A.** vous l'emmenez chez le médecin
- ◯ **B.** vous faites appeler ses parents
- ◯ **C.** vous faites appeler les secours
- ◯ **D.** vous prévenez la direction

3. L'ATSEM doit pouvoir porter les premiers secours à un enfant qui se blesse.

- ◯ **A.** faux
- ◯ **B.** vrai

4. Comment s'appelle la position dans laquelle on doit mettre un enfant, en cas de blessure grave ?

- ◯ **A.** PLS
- ◯ **B.** PLC
- ◯ **C.** PSL

5. Que signifie ce sigle ?

- ◯ **A.** placement latéral de sécurité
- ◯ **B.** position latérale de sécurité
- ◯ **C.** position latérale sécurisante

6. Que faites-vous en cas de bosse ?

- ◯ **A.** vous appliquez de l'Arnigel
- ◯ **B.** vous appliquez de l'eau froide
- ◯ **C.** vous appliquez une poche de glace
- ◯ **D.** vous appliquez un spray

7. En cas de choc violent, que devez-vous faire ?

- ◯ **A.** surveiller l'enfant
- ◯ **B.** laisser l'enfant au calme
- ◯ **C.** ne pas parler à l'enfant pour qu'il ne se fatigue pas

8. Un enfant de votre classe est blessé. Après avoir appelé les pompiers, vous vous proposez pour partir avec lui dans l'ambulance, jusqu'à l'hôpital, afin qu'il n'ait pas peur. Est-ce possible ?

- ◯ **A.** oui
- ◯ **B.** non

9. Qu'appelle-t-on accident grave ?

- ◯ **A.** fractures
- ◯ **B.** bosses
- ◯ **C.** écorchures
- ◯ **D.** brûlures

10. Est-il conseillé à une ATSEM d'avoir son brevet de secouriste ?

- ◯ **A.** oui
- ◯ **B.** non

Réponses :

1. B **2.** B, C, D **3.** B **4.** A **5.** B **6.** C **7.** A, B **8.** A **9.** A, D **10.** A

FICHE 50 LES HÉMORRAGIES

Dans une école maternelle, il est fréquent d'être confronté à des saignements de nez chez les enfants. Heureusement, les hémorragies importantes sont plus rares.

I. CE QU'IL FAUT SAVOIR

▪ On distingue deux sortes d'hémorragies :
- les hémorragies externes : le sang s'écoule hors du corps ;
- les hémorragies internes : le sang se répand à l'intérieur du corps (ce peut être le cas avec un traumatisme crânien).

▪ Les saignements de nez peuvent subvenir de façon spontanée ou après un choc (ils sont provoqués par la rupture de vaisseaux capillaires).

▪ Lorsque les hémorragies sont importantes, il y a un flux de sang abondant qui s'écoule hors des vaisseaux sanguins (veines ou artères) :
- si l'hémorragie est artérielle, le sang, rouge vermeil, s'écoule par saccades ;
- si l'hémorragie est veineuse, le sang, rouge sombre, s'écoule en continu.

II. CE QU'IL FAUT FAIRE

▪ Tout d'abord, rassurer l'enfant et le consoler (en lui parlant et en gardant soi-même son calme).

▪ Agir rapidement pour éviter la perte de sang.

▪ Mettre des gants à usage unique pour intervenir.

1 • En cas de saignements de nez

▪ Faire pencher la tête en avant à l'enfant et faire avec le doigt une pression régulière sur la narine concernée (si le saignement persiste au-delà de 10 minutes, prévenir l'enseignant ou la direction qui appellera le SAMU).

▪ Faire cracher le sang pour que l'enfant ne l'avale pas.

▪ Mettre des mouchoirs sous le nez de l'enfant pour recueillir le sang.

▪ Dire à l'enfant de bien respirer par la bouche.

▪ Rester près de l'enfant pour le surveiller (pendant 1 heure au moins).

2 • En cas d'hémorragies importantes

▪ Faire immédiatement appeler le SAMU (15).

▪ En attendant l'arrivée des secours, allonger l'enfant, le couvrir, mettre un linge propre sur la plaie. Surélever le membre touché par l'hémorragie au-dessus du cœur.

▪ Surveiller l'enfant (contrôler son pouls).

▪ Faire une compression en appuyant très fort pendant 10 minutes environ et appliquer un pansement compressif sans trop serrer (points de compression : seule une personne formée peut les appliquer).

IMPORTANT : Il faut de toute façon prévenir les parents même dans le cas d'un simple saignement de nez.

QCM

1. Combien y a-t-il de sortes d'hémorragies différentes ?

- ○ **A.** deux
- ○ **B.** trois
- ○ **C.** une

2. Quelles différences y a-t-il entre une hémorragie veineuse et une hémorragie artérielle ?

- ○ **A.** la couleur du sang
- ○ **B.** le débit
- ○ **C.** le nombre de litres de sang
- ○ **D.** la coagulation

3. Qu'est-ce qu'une hémorragie externe ?

- ○ **A.** le sang s'écoule à l'extérieur du corps
- ○ **B.** le sang s'écoule à l'intérieur du corps

4. Un saignement de nez est toujours dû à un choc.

- ○ **A.** vrai
- ○ **B.** faux

5. Que devez-vous faire lors d'un saignement de nez ?

- ○ **A.** faire pencher la tête en arrière
- ○ **B.** faire pencher la tête en avant
- ○ **C.** ne pas appuyer sur la narine qui saigne

6. Lors d'une hémorragie importante, que devez-vous faire ?

- ○ **A.** laisser l'enfant pour appeler le SAMU
- ○ **B.** surélever le membre touché par l'hémorragie au-dessus du cœur
- ○ **C.** ne pas appuyer sur le membre
- ○ **D.** couvrir l'enfant

7. Que devez-vous faire systématiquement dès que vous soignez un enfant qui saigne ?

- ○ **A.** appeler la direction
- ○ **B.** mettre des gants
- ○ **C.** nettoyer la plaie
- ○ **D.** appliquer une poche de glace

8. Un enfant de votre classe saigne du nez. Devez-vous prévenir ses parents ?

- ○ **A.** oui
- ○ **B.** non

9. Un enfant tombe du toboggan. Il a une grosse bosse. Que faites-vous ?

- ○ **A.** mettre de l'eau froide
- ○ **B.** appliquer une poche de glace
- ○ **C.** le faire s'allonger
- ○ **D.** veiller à ce qu'il ne vomisse pas

10. Dans tous les cas, dès que l'enfant a un choc à la tête, devez-vous prévenir les parents ?

- ○ **A.** oui
- ○ **B.** non

Réponses :

1. A **2.** A, B **3.** A **4.** B **5.** B **6.** B, D **7.** A, B, C **8.** A **9.** B, D **10.** A

FICHE 51 LES PANSEMENTS

Le pansement est toujours utilisé pour protéger une blessure des agressions extérieures, mais certaines précautions s'imposent.

I. CE QU'IL FAUT SAVOIR

- À l'école maternelle, on ne soigne pas les enfants dans la durée (sauf dans le cas d'un PAI) mais on peut être amené à poser un pansement ponctuellement dans certaines circonstances.
- Si un enfant s'est blessé, on peut mettre un pansement pour empêcher une surinfection de la plaie.
- Le pansement utilisé est constitué de compresses stériles et il est fixé avec une bande micropore.
- On peut être amené à changer le pansement plusieurs fois dans la journée pour éliminer tout risque de souillure jusqu'à l'arrivée des parents.

II. CE QU'IL FAUT FAIRE

- Bien se laver les mains.
- Laver la plaie très doucement en utilisant une compresse stérile, de l'eau et du savon de Marseille. Vérifier qu'aucun corps étranger ne demeure dans la plaie ; nettoyer en allant du plus propre au plus souillé.
- Désinfecter (par exemple : avec un antiseptique sur une compresse stérile, mais jamais avec de l'alcool à 90 °C).
- Apposer doucement des compresses stériles et les fixer avec une bande micropore.
- Les jours suivants, si l'enfant se plaint, vérifier qu'il n'y a pas de rougeur ou de gonflement.
- Interdire certaines activités particulièrement salissantes à l'enfant pour ne pas souiller le pansement (par exemple : le jardinage).
- Changer le pansement après chaque lavage de mains (si la blessure est située aux mains).
- Poser un léger bandage si la blessure est située aux jambes pour protéger de chocs éventuels.

IMPORTANT : Les enfants éprouvent toujours une petite appréhension quand un adulte va leur prodiguer des soins. Douceur et patience s'imposent donc.

QCM

1. À quoi sert un pansement ?

◯ **A.** à soulager l'enfant
◯ **B.** à protéger une plaie
◯ **C.** à éviter une surinfection
◯ **D.** à faire joli

2. Qu'utilise-t-on comme matériel pour faire un pansement ?

◯ **A.** une bande
◯ **B.** une compresse stérile
◯ **C.** une pince à écharde
◯ **D.** une bande micropore

3. Dans quel sens nettoie-t-on une plaie ?

◯ **A.** du plus souillé au plus propre
◯ **B.** du plus propre au plus souillé

4. Quel désinfectant pouvez-vous utiliser à l'école ?

◯ **A.** un antiseptique acheté en pharmacie
◯ **B.** de l'alcool à 90°
◯ **C.** de l'eau et du savon

5. Que devez-vous faire systématiquement avant de nettoyer une blessure ?

◯ **A.** changer de blouse
◯ **B.** vous laver les mains
◯ **C.** porter des gants à usage unique

6. Un enfant de votre classe tombe dans la cour. Vous nettoyez la plaie et mettez un pansement. Faut-il continuer à surveiller cette plaie pour le reste de la journée ?

◯ **A.** oui
◯ **B.** non

7. Le même enfant perd son pansement dans le courant de la journée. Que faites-vous ?

◯ **A.** vous renettoyez la plaie et lui remettez un pansement neuf
◯ **B.** vous remettez directement un pansement neuf

8. Qu'est-ce que le fait d'avoir un pansement apporte à l'enfant ?

◯ **A.** fierté
◯ **B.** réconfort moral
◯ **C.** sécurité
◯ **D.** il a peur

9. Un enfant tombe dans la cour. Lorsque vous allez pour le soigner, il hurle de terreur. Que faites-vous ?

◯ **A.** vous le laissez hurler et continuez vos soins
◯ **B.** vous le rassurez en lui disant qu'il ne doit pas avoir peur, car vous n'allez pas lui faire mal
◯ **C.** vous le grondez, car il fait du cinéma

10. Que doit-on utiliser si la blessure se trouve sur les jambes ?

◯ **A.** un bandage
◯ **B.** une attelle
◯ **C.** de l'élastoplaste

Réponses :

1. B, C **2.** B, D **3.** B **4.** A, C **5.** B, C **6.** A **7.** A **8.** B, C **9.** B **10.** A

FICHE 52 LA PRISE DE TEMPÉRATURE

À l'école maternelle, on est amené à vérifier la température d'un enfant quand on suspecte une hyperthermie (fièvre) chez un enfant fatigué qui veut s'allonger, avec le visage rouge et les yeux larmoyants. On vérifie également la température d'un enfant qui a mal à la tête et, si le mal persiste, on demande un avis médical.

I. CE QU'IL FAUT SAVOIR

- À l'école maternelle, on n'utilise jamais un thermomètre à placer dans l'anus.
- Les thermomètres utilisés sont généralement ceux que l'on met sous l'aisselle ou sur le front :
  - le thermomètre frontal est une bande en matière plastique noire dont l'échelle de graduation apparaît par des couleurs (le bleu indique une température normale et le rouge révèle qu'il y a de la fièvre). La graduation n'est pas très précise mais, l'enfant n'ayant aucune appréhension face à ce moyen utilisé, on est très vite renseigné ;
  - le thermomètre électronique se place sous l'aisselle de l'enfant (il est prudent de le désinfecter avant de l'utiliser quand on le sort de son étui) ; la température s'affiche en général au bout d'une minute.

II. CE QU'IL FAUT FAIRE

- Quand on suspecte une hyperthermie, il vaut mieux isoler l'enfant dans un endroit calme.
- Avant d'utiliser le thermomètre, expliquer à l'enfant ce que l'on fait et pourquoi on le fait (par exemple : « Si tu as de la fièvre, maman va venir te chercher et te soigner pour que tu sois vite en pleine forme. »).
- Pour entretenir le thermomètre frontal, on utilise de l'eau et du savon.
- Pour le thermomètre électronique, il faut placer l'enfant contre soi afin de bien lui maintenir le bras serré contre le thorax ; désinfecter le thermomètre avant et après son utilisation (quelqu'un peut avoir oublié de le désinfecter à la dernière utilisation) avec le produit indiqué par l'infirmière scolaire.
- En cas de fièvre subite et fulgurante, faire appeler les secours, déshabiller l'enfant en lui enlevant les vêtements trop chauds et lui faire boire de l'eau.
- Faire prévenir les parents pour qu'ils conduisent leur enfant chez le médecin.

IMPORTANT : Penser à bien faire boire un enfant fiévreux.

QCM

1. Dans quel cas doit-on prendre la température ?

- ◯ **A.** en cas d'hyperthermie
- ◯ **B.** en cas d'hypothermie
- ◯ **C.** quand un enfant a mal à la tête

2. Quel(s) type(s) de thermomètre a-t-on le droit d'utiliser à l'école ?

- ◯ **A.** le thermomètre rectal
- ◯ **B.** le thermomètre frontal
- ◯ **C.** le thermomètre électronique

3. Comment se présente un thermomètre frontal ?

- ◯ **A.** comme un thermomètre rectal
- ◯ **B.** c'est une bande en plastique noire

4. Quel genre de thermomètre n'a plus le droit d'être utilisé ?

- ◯ **A.** un thermomètre au mercure
- ◯ **B.** un thermomètre au cyanure

5. Un enfant qui a de la fièvre est souvent apeuré. Que devez-vous faire ?

- ◯ **A.** vous le rassurez avant de prendre sa température
- ◯ **B.** vous lui dites de ne pas pleurer, car vous savez que sinon sa fièvre va encore monter
- ◯ **C.** vous laissez faire et ne dites rien

6. Quels sont les signes d'une hyperthermie ?

- ◯ **A.** les joues sont rouges
- ◯ **B.** l'enfant est énervé
- ◯ **C.** l'enfant est amorphe
- ◯ **D.** les yeux sont larmoyants

7. Que doit-on faire si la fièvre est subite et fulgurante ?

- ◯ **A.** appeler les secours
- ◯ **B.** emmener l'enfant à l'hôpital
- ◯ **C.** lui mettre une poche de glace sur le front
- ◯ **D.** appeler les parents

8. Que doit-on faire, avant et après avoir utilisé un thermomètre électronique ?

- ◯ **A.** le remettre dans son étui
- ◯ **B.** le désinfecter
- ◯ **C.** le ranger dans la pharmacie

9. Que faut-il impérativement faire boire à un enfant qui a de la fièvre ?

- ◯ **A.** du coca
- ◯ **B.** de l'eau
- ◯ **C.** du jus d'orange

Réponses :

1. A, C **2.** B, C **3.** B **4.** A **5.** A **6.** A, C, D **7.** A, C, D **8.** A, B, C **9.** B

FICHE 53 LA PHARMACIE

Toutes les écoles maternelles doivent avoir une armoire à pharmacie placée hors de portée des enfants et fermée à clef (ainsi qu'une ou deux trousses de secours suivant l'importance de l'effectif).

I. CE QU'IL FAUT SAVOIR

▪ L'armoire, dont l'emplacement doit être connu de tout le personnel, est placée dans un endroit frais et sec et à hauteur d'adulte.

▪ Une liste de tous les produits qu'elle contient est collée sur la porte.

▪ On doit y trouver en priorité :
- du savon de Marseille liquide ;
- des antiseptiques autorisés par le protocole national (certains produits comme le Dakin ou l'eau oxygénée par exemple ne peuvent être utilisés que par une infirmière) ;
- une pince à échardes ;
- des gants à usage unique ;
- un thermomètre frontal et un thermomètre électronique (celui-ci étant plus précis) ;
- une paire de ciseaux ;
- de la bande micropore ;
- quelques gobelets jetables ;
- une couverture isotherme ;
- des compresses stériles ;
- du coton ;
- des mouchoirs jetables ;
- des bandages simples et des bandes de gaze ;
- un coussin réfrigérant ;
- de l'alcool pour désinfecter le petit matériel.

II. CE QU'IL FAUT FAIRE

▪ Bien refermer les flacons utilisés.

▪ Vérifier les dates de péremption (y compris des compresses stériles).

▪ Conserver les emballages et notices des produits utilisés.

▪ Ne pas oublier de désinfecter le thermomètre.

▪ Signaler si des produits sont en quantité insuffisante et risquent de manquer.

▪ En cas de sortie, emporter une trousse de premiers secours (avec les produits de première urgence et les médicaments pour les enfants scolarisés dans le cadre d'un PAI).

IMPORTANT : Ne jamais accepter de médicaments sous la pression des parents, c'est interdit.

QCM

1. Dans une école doit-il y avoir une armoire à pharmacie ?

- ◯ **A.** oui
- ◯ **B.** non

2. Où doit-elle se trouver ?

- ◯ **A.** dans un endroit sec
- ◯ **B.** dans la tisanerie
- ◯ **C.** hors de portée des enfants

3. Doit-elle être fermée à clef ?

- ◯ **A.** oui
- ◯ **B.** non

4. Que doit-on trouver quand on ouvre la pharmacie ?

- ◯ **A.** des bonbons
- ◯ **B.** une liste de tous les produits
- ◯ **C.** une bouteille d'eau

5. A-t-on le droit d'avoir un antiseptique à l'école ?

- ◯ **A.** oui
- ◯ **B.** non

6. Si oui, lequel ?

- ◯ **A.** du Dakin
- ◯ **B.** un antiseptique autorisé par le protocole national
- ◯ **C.** de l'eau oxygénée
- ◯ **D.** de l'alcool à 90°

7. À qui va servir une couverture isotherme ?

- ◯ **A.** à couvrir les enfants l'hiver
- ◯ **B.** à réchauffer un enfant qui se trouve en hypothermie
- ◯ **C.** à réchauffer un enfant qui se trouve en hyperthermie

8. Que doit-on trouver en général dans une pharmacie à l'école ?

- ◯ **A.** de l'Arnigel
- ◯ **B.** du savon de Marseille
- ◯ **C.** des gouttes pour le rhume
- ◯ **D.** des gants à usage unique

9. À quoi vont servir les ciseaux contenus dans la pharmacie ?

- ◯ **A.** à faire du découpage
- ◯ **B.** à faire des pansements

10. Que doit-on faire avant d'utiliser un produit quel qu'il soit ?

- ◯ **A.** regarder les dates de péremption
- ◯ **B.** goûter le produit
- ◯ **C.** essayer le produit sur soi

Réponses :

1. A **2.** A, C **3.** A **4.** B **5.** A **6.** B **7.** B **8.** B, D **9.** B **10.** A

FICHE 54 L'ENFANT HANDICAPÉ INTÉGRÉ

Certains enfants handicapés peuvent être scolarisés à l'école maternelle : c'est un droit.

I. CE QU'IL FAUT SAVOIR

▪ Le directeur et toute l'équipe établissent un projet individualisé d'intégration scolaire (PIIS) pour définir les objectifs et le programme pédagogique mis en place pour l'enfant, ainsi que les activités qu'il peut pratiquer.

▪ Ce PIIS est signé par les parents de l'enfant, l'école et toutes les personnes qui s'occupent de lui (pendant le temps scolaire et à l'extérieur).

▪ Ce projet est reconduit chaque année.

▪ Des réunions auxquelles participe l'ATSEM sont régulièrement organisées pour suivre l'évolution et les progrès de l'enfant.

▪ Le handicap peut être :
- moteur : l'appareil locomoteur est atteint de façon plus ou moins grave (par exemple : la myopathie qui atteint le système neuro-musculaire) ;
- sensoriel : déficience visuelle, déficience auditive ;
- intellectuel (par exemple : la trisomie).

II. CE QU'IL FAUT FAIRE

▪ Aider l'enfant à participer aux activités de la classe dans la mesure où il le peut en lui donnant des explications, en lui répétant les informations, en lui tenant la main pour agir s'il le faut.

▪ Aider à mettre en place les appareils nécessaires au déplacement de l'enfant handicapé moteur.

▪ Nouer avec lui des relations sécurisantes en lui souriant, en lui parlant et en l'encourageant, mais en veillant malgré tout à **ne pas le surprotéger** pour que l'enfant se sente le plus possible comme les autres enfants.

IMPORTANT : L'enfant handicapé a les mêmes besoins que les autres enfants mais il est conscient de sa différence.
L'enseignant et l'ATSEM veillent aux réactions des autres enfants et des parents.
Accueillir un enfant handicapé à l'école enrichit les autres, les éduque à la tolérance, au respect de la différence et à la solidarité.

QCM

1. L'école maternelle doit-elle accueillir des enfants handicapés ?

- ◯ **A.** oui, s'ils sont jugés capables de la fréquenter
- ◯ **B.** non

2. Qu'est-ce qui se passe lors de l'intégration d'un enfant handicapé ?

- ◯ **A.** le directeur et l'équipe pédagogique établissent un PAI
- ◯ **B.** le directeur et l'équipe pédagogique établissent un PIIS
- ◯ **C.** le directeur et l'équipe pédagogique établissent un PAIS

3. Que signifie le sigle PIIS ?

- ◯ **A.** projet individuel d'indication scolaire
- ◯ **B.** projet individualisé d'intégration scolaire
- ◯ **C.** projet individuel d'intégration scolaire

4. Que définit ce projet ?

- ◯ **A.** les heures pendant lesquelles l'enfant devra fréquenter l'école maternelle
- ◯ **B.** les activités que l'enfant devra faire
- ◯ **C.** les programmes pédagogiques mis en place pour l'enfant
- ◯ **D.** le déroulement de la journée de l'enfant

5. Ce projet doit être signé. Par qui ?

- ◯ **A.** l'enfant
- ◯ **B.** les parents
- ◯ **C.** la direction
- ◯ **D.** l'agent d'entretien

6. Pendant combien de temps ce projet est-il valable ?

- ◯ **A.** une année scolaire
- ◯ **B.** il est reconduit tous les mois
- ◯ **C.** toute la scolarité de l'enfant

7. Quels genres de handicap pouvez-vous rencontrer à l'école ?

- ◯ **A.** des enfants avec un handicap moteur
- ◯ **B.** des enfants diabétiques
- ◯ **C.** des enfants asthmatiques
- ◯ **D.** des enfants obèses

8. Un enfant handicapé peut-il faire exactement les mêmes activités que les autres ?

- ◯ **A.** oui
- ◯ **B.** non

9. Un enfant handicapé moteur est dans votre classe. Il ne peut pas marcher seul. Les autres enfants sont très présents autour de lui. Que faites-vous ?

- ◯ **A.** vous les laissez faire en surveillant
- ◯ **B.** vous les empêchez de l'approcher car il est plus fragile
- ◯ **C.** vous ne vous en occupez pas

10. La présence d'un enfant handicapé peut apporter beaucoup de choses aux autres enfants. Quoi par exemple ?

- ◯ **A.** apprendre à être tolérant
- ◯ **B.** être égoïste
- ◯ **C.** devenir autonome
- ◯ **D.** aimer partager

Réponses :

1. A **2.** B **3.** B **4.** B, C **5.** B, C **6.** A **7.** A **8.** B **9.** A **10.** A, D

FICHE 55 LES ACTIVITÉS EN CLASSE

À l'école maternelle, par le biais des activités, entre autres, les enfants se déplacent beaucoup dans la classe et dans l'établissement.

I. CE QU'IL FAUT SAVOIR

- À l'école maternelle, l'enfant change plusieurs fois d'activités au cours d'une demi-journée, ce qui veut dire qu'il va manipuler des outils ou des objets très différents selon l'atelier auquel il va participer.
- Quand l'enseignant inaugure un atelier avec un groupe d'enfants, il donne des consignes très précises ; il peut ensuite le confier à l'ATSEM pour le continuer (par exemple : une séance de découpage et de collage pour constituer un « bonhomme »).
- L'enseignant, dans ses consignes, explique ce qu'il faut faire pour ne pas se blesser (par exemple : ne pas se lever brusquement pour ramasser quelque chose, les ciseaux à la main).
- L'ATSEM doit être vigilante pour ne pas autoriser ce qui a été interdit (elle a un rôle d'éducation évident quand elle assiste l'enseignant dans sa classe). Sa présence comme animatrice est très importante.
- Il y a toujours beaucoup de matériel dans les classes.

II. CE QU'IL FAUT FAIRE

- Vérifier que les enfants sont bien installés.
- Être vigilante pour éviter qu'un enfant mette une perle dans son nez ou mâchonne du papier.
- Intervenir si un enfant s'agite et a des gestes qui peuvent devenir dangereux (par exemple : dans le coin des jeux de construction, un enfant frappe un camarade avec un gros cube).
- Vérifier qu'il n'y a pas de jeux abîmés, détériorés qui pourraient blesser et être dangereux.
- Aider l'enseignant à aménager l'espace pour pouvoir circuler facilement.
- Faire attention à ne pas déposer d'objets devant une porte.

Être dans la classe et assister aux découvertes des enfants est très gratifiant : l'ATSEM, avec l'enseignant, sera le premier témoin de leurs réussites.

QCM

1. Dans une journée d'école, un enfant fait-il plusieurs activités ?

◯ **A.** oui
◯ **B.** non

2. Quels genres d'activité peut-on lui proposer ?

◯ **A.** peinture
◯ **B.** découpage
◯ **C.** cinéma
◯ **D.** télévision
◯ **E.** collage

3. Les activités qui sont menées sont-elles choisies au hasard ou ont-elles des buts précis ?

◯ **A.** elles sont choisies au hasard
◯ **B.** elles ont des buts précis

4. Lorsque l'enseignant prépare sa journée de classe, il a plusieurs activités au programme. Comment cela se passe-t-il ?

◯ **A.** toute la classe fait la même activité
◯ **B.** l'activité est programmée en général sur la semaine
◯ **C.** l'activité est réalisée par un groupe différent chaque jour

5. Que devez-vous dès le départ apprendre aux enfants ?

◯ **A.** à travailler dans le calme
◯ **B.** à écrire leur prénom
◯ **C.** à reconnaître leur prénom
◯ **D.** à coller

6. Dans une classe, il y a souvent quatre groupes de six ou sept enfants. Comment en général sont-ils appelés ?

◯ **A.** par un nom d'animal
◯ **B.** par une couleur
◯ **C.** par un chiffre

7. En général, au moment des activités, est-ce que l'enseignant et vous-même menez une activité chacun ?

◯ **A.** oui
◯ **B.** non

8. En général, pendant les activités, à quoi devez-vous faire attention ?

◯ **A.** au déroulement de l'activité
◯ **B.** à ce que les enfants soient contents
◯ **C.** à ce que les enfants réalisent correctement leur activité

9. Quels genres d'outils les enfants vont-ils manipuler pendant les activités ?

◯ **A.** des éponges
◯ **B.** des baguettes
◯ **C.** de petits marteaux
◯ **D.** des tournevis

10. L'enseignant doit-il tenir compte de votre avis, en ce qui concerne les acquisitions des enfants ?

◯ **A.** oui
◯ **B.** non

Réponses :

1. A **2.** A, B, E **3.** B **4.** B, C **5.** A, C, D **6.** B **7.** A **8.** A, C **9.** A, C **10.** A

FICHE 56 LES DÉPLACEMENTS : LA SÉCURITÉ

L'ATSEM doit toujours accompagner les enfants quand les sorties sont prévues sur le temps de classe : ils ont besoin d'elle, sa présence les rassure.

I. CE QU'IL FAUT SAVOIR

- Il doit toujours y avoir deux adultes pour encadrer un groupe en dehors de l'école : il faut prévoir deux adultes par groupe de huit enfants.
- Des parents bénévoles accompagnent généralement les enfants dans les déplacements : ils sont là pour assurer une sécurité supplémentaire et non pour engager une conversation avec l'ATSEM et la détourner de sa mission (ils sont sous la responsabilité de l'enseignant).
- Lorsque le déplacement se fait en car, la première rangée de sièges doit être occupée par les adultes ainsi que la rangée située à la hauteur de la sortie de secours. Aucun enfant ne doit être assis à la place située face au couloir au fond du car.
- Lorsque le déplacement s'effectue à pieds, il faut traverser la rue dans le calme et l'écoute des consignes est un point très important.
- Depuis la mise en place du plan *Vigipirate*, les enfants ne se déplacent pratiquement plus par les transports en commun.

II. CE QU'IL FAUT FAIRE

- Ne jamais détourner son attention du groupe qui vous est confié (surtout des plus lents et des plus agités).
- Faire attention au rythme des pas des adultes lorsqu'on se déplace à pied (on peut très vite laisser un enfant en arrière).
- Compter régulièrement les enfants en faisant des petits arrêts.
- Profiter des déplacements à pied pour rappeler les codes concernant la traversée des rues (« le petit bonhomme » vert ou rouge).
- Dans le car, vérifier que les enfants ont bien mis leurs ceintures de sécurité.
- Exiger que les enfants restent assis et ne se déplacent pas.

IMPORTANT : Ne jamais oublier qu'un déplacement dans la journée avec les enfants est une activité scolaire.

QCM

1. Combien faut-il d'adultes pour un groupe de huit enfants afin de pouvoir faire une sortie ?

- ◯ **A.** deux
- ◯ **B.** trois
- ◯ **C.** quatre

2. Qui, en général, accompagne la classe en sortie scolaire ?

- ◯ **A.** un certain nombre de parents
- ◯ **B.** les enfants de l'école élémentaire
- ◯ **C.** les enseignants
- ◯ **D.** les moniteurs

3. Est-ce que les enfants doivent être attachés dans le car ?

- ◯ **A.** oui
- ◯ **B.** non

4. Qui doit se placer à la place du fond, située au milieu du couloir ?

- ◯ **A.** un enfant
- ◯ **B.** un adulte
- ◯ **C.** l'enseignant

5. Les enfants doivent-ils occuper les sièges à l'avant du car ?

- ◯ **A.** non
- ◯ **B.** oui

6. Que devez-vous surveiller lorsque les enfants sont dans le car ?

- ◯ **A.** qu'ils ne se lèvent pas durant le trajet
- ◯ **B.** qu'ils ne rient pas
- ◯ **C.** qu'ils ne se détachent pas
- ◯ **D.** que le conducteur du car ne roule pas trop vite

7. Lors de déplacements à pied, que devez-vous faire ?

- ◯ **A.** compter les enfants régulièrement
- ◯ **B.** faire attention de respecter les règles de sécurité routière
- ◯ **C.** regarder le paysage
- ◯ **D.** discuter avec les parents

8. Vous avez quatre enfants dans votre groupe. Vous marchez le long d'une route. Que faites-vous ?

- ◯ **A.** vous veillez à ce que tout le monde se donne la main
- ◯ **B.** vous les laissez marcher à côté de vous
- ◯ **C.** vous regardez de l'autre côté

9. Pendant les déplacements à pied :

- ◯ **A.** vous pensez à autre chose
- ◯ **B.** vous en profitez pour initier les enfants aux règles de sécurité routière
- ◯ **C.** vous regardez le paysage

10. Lorsque vous marchez avec les enfants :

- ◯ **A.** ils doivent marcher à votre cadence
- ◯ **B.** vous devez marcher à leur cadence

Réponses :

1. A **2.** A, C **3.** A **4.** B, C **5.** A **6.** A, C, D **7.** A, B **8.** A **9.** B **10.** B

FICHE 57 LES VISITES

I. CE QU'IL FAUT SAVOIR

- Il arrive souvent qu'un accueil particulier ait été prévu par une personne du musée ou du monument en concertation avec l'enseignant, mais le lieu n'est pas seulement réservé à la classe (d'autres personnes, inconnues, circulent également).
- Il est beaucoup plus difficile de surveiller des enfants lorsqu'ils sont soumis à plusieurs centres d'attraction en même temps (voir un grand espace donne souvent aux enfants l'envie de courir).
- La classe est toujours sous la responsabilité de l'enseignant même si l'ATSEM a en charge un petit groupe avec un parent par exemple.
- Lorsque le plan *Vigipirate* est orange, les seules visites autorisées sont celles où il y a peu de public (pas de gares ou de grands musées). Lorsqu'il est rouge, aucune sortie hors de l'école n'est autorisée.

II. CE QU'IL FAUT FAIRE

- Se méfier d'un adulte qui s'approche trop près d'un enfant et engage la conversation avec lui (on ne connaît pas ses intentions mais on agit avec discrétion).
- Repérer les endroits qui peuvent être dangereux (par exemple : quand on descend un escalier un peu raide dans un château).
- Attention aux coups de chaleur ou aux coups de soleil dans les parcs ou les cours attenantes aux monuments : vérifier que les enfants sont bien protégés (casquette, chapeau, crème solaire...).
- Interdire aux enfants de courir dans les lieux visités (ils échapperaient très vite à la surveillance des adultes).
- Avant de repartir du lieu visité, regrouper et compter les enfants à nouveau.

Les visites organisées par l'école avec l'enseignant et l'ATSEM sont très souvent les seules dont l'enfant bénéficie.

QCM

1. Lors d'une sortie scolaire dans un musée, est-ce que l'établissement est fermé pour n'accueillir que la classe ou l'école qui se déplace ?

- ◯ **A.** oui
- ◯ **B.** non

2. En général comment se passe une visite ?

- ◯ **A.** la classe visite le musée en parfaite autonomie
- ◯ **B.** une personne a été mise en contact avec l'enseignant pour intervenir durant la visite

3. Qui est responsable de la classe durant une visite ?

- ◯ **A.** la direction
- ◯ **B.** l'enseignant
- ◯ **C.** le musée

4. Si le plan Vigipirate est rouge, les sorties scolaires sont-elles autorisées ?

- ◯ **A.** oui
- ◯ **B.** non

5. Quelles consignes de sécurité devez-vous suivre lors d'une visite ?

- ◯ **A.** ne pas laisser courir les enfants
- ◯ **B.** laisser les enfants s'éparpiller dans une pièce
- ◯ **C.** compter les enfants fréquemment

6. En été, vous faites une sortie scolaire en extérieur, que devez-vous faire ?

- ◯ **A.** veiller à ce que les enfants aient tous leur casquette
- ◯ **B.** les faire marcher en plein soleil
- ◯ **C.** organiser les activités pendant les temps les moins chauds
- ◯ **D.** les faire boire régulièrement

7. Plan Vigipirate orange. Quelles restrictions apporte-t-il ?

- ◯ **A.** seules les sorties en extérieur sont autorisées
- ◯ **B.** les sorties ne sont pas autorisées
- ◯ **C.** les sorties sont autorisées seulement dans les lieux où il y a peu de public

8. Que devez-vous faire lorsqu'il y a du monde dans un endroit que vous visitez ?

- ◯ **A.** surveiller les adultes autour
- ◯ **B.** surveiller les enfants
- ◯ **C.** profiter à fond de la visite
- ◯ **D.** discuter avec l'enseignant

9. Lors d'une visite, vous devez passer par un endroit dangereux (un escalier long et pentu par exemple). Que faites-vous ?

- ◯ **A.** vous faites passer les enfants un par un pour qu'ils ne risquent rien
- ◯ **B.** vous passez devant, les enfants suivront
- ◯ **C.** vous en profitez pour rester devant avec l'enseignant, afin de parler du déroulement de la journée

10. Lors d'une visite, l'ATSEM ne doit pas surveiller les enfants.

- ◯ **A.** vrai
- ◯ **B.** faux

11. Emmener les enfants en visite dans un lieu fréquenté n'est pas dangereux.

- ◯ **A.** vrai
- ◯ **B.** faux

Réponses :

1. B **2.** B **3.** B **4.** B **5.** A, C **6.** A, C, D **7.** C **8.** A, B **9.** A **10.** B **11.** B

FICHE 58 LE PIQUE-NIQUE (2)

Quand la sortie éducative s'étale sur toute la journée, il faut prévoir un pique-nique et c'est un travail inhabituel auquel est confrontée l'ATSEM.

I. CE QU'IL FAUT SAVOIR

- On ne peut organiser un pique-nique sans l'aide de parents bénévoles à qui les consignes doivent être précisées.
- Au moment du repas, les enfants ont déjà fait un trajet en car et peut-être aussi la visite d'un monument ou d'un site : ils sont donc déjà très fatigués.
- L'endroit du pique-nique a été prévu : les enfants et les adultes qui les encadrent doivent s'installer dans un endroit qui leur est réservé (d'autres écoles peuvent avoir eu la même idée).
- Les enfants ne mangent pas dans les mêmes conditions que d'habitude : il faut donc être très vigilant (par exemple : attention aux noyaux de cerises).

II. CE QU'IL FAUT FAIRE

- Prévoir une installation près d'un point d'eau.
- Installer les petits groupes avec les adultes désignés depuis le matin.
- Si les enfants doivent déjeuner assis dans l'herbe, prévoir des serviettes et des nappes pour déposer la nourriture et mieux rassembler les enfants (ils sont ainsi concentrés sur un espace plus réduit).
- Attention aux piqûres d'insectes qui peuvent rôder autour de la nourriture (s'il y en a trop, prévenir l'enseignant et changer de lieu).
- Surveiller les enfants pour qu'ils ne portent pas à la bouche le fruit de cueillettes imprévisibles.
- Si un parent accompagnateur s'occupe de son enfant et « oublie » un peu trop les autres, il faudra avertir l'enseignant.
- Après le repas et le lavage des mains, compter les enfants.
- Pendant une pause, les enfants se sentent détendus.
- Vérifier qu'ils n'ont pas retiré la petite étiquette fixée à leur vêtement (où sont notés le nom, l'adresse et le numéro de téléphone de l'école), indispensable et obligatoire.

IMPORTANT : Même quand l'ATSEM aura vécu plusieurs fois cette situation, elle ne devra pas oublier que les enfants ne sont jamais les mêmes et peuvent générer des situations différentes d'une fois à l'autre.

QCM

1. Lors d'un pique-nique, que faites-vous ?

◯ **A.** vous installez les enfants en premier

◯ **B.** vous sortez leur repas et le distribuez

◯ **C.** vous mangez en premier

◯ **D.** vous mangez avec l'enseignant

2. Qu'est-ce que les enfants doivent toujours avoir dans leur sac ?

◯ **A.** une bouteille d'eau

◯ **B.** une rechange

◯ **C.** une casquette

◯ **D.** leur repas

3. Des parents vous accompagnent. Ils ont chacun un groupe d'enfants. Doivent-ils s'occuper de les faire manger ?

◯ **A.** oui, ils font manger les enfants de leur groupe

◯ **B.** non, au moment du repas, vous devez vous occuper de tous les enfants

4. Si un enfant ne veut pas manger tout son repas, que faites-vous ?

◯ **A.** vous le forcez, car sinon il va être fatigué

◯ **B.** vous le laisser faire

◯ **C.** vous l'incitez à manger

5. Quel est souvent le repas apporté par les enfants au cours d'un pique-nique ?

◯ **A.** chips

◯ **B.** salade

◯ **C.** sandwich

6. Après un pique-nique, faites-vous s'allonger les enfants pour une petite sieste ?

◯ **A.** oui

◯ **B.** non

7. Lors du pique-nique, une fois que les enfants ont terminé de manger, les laissez-vous s'amuser autour de vous ?

◯ **A.** oui

◯ **B.** non

8. Que devez-vous toujours apporter dans votre sac lors d'un pique-nique ?

◯ **A.** une bouteille d'eau

◯ **B.** un paquet de chips

◯ **C.** un tube de crème solaire

9. Au moment du repas, les enfants sont-ils en général fatigués ?

◯ **A.** oui

◯ **B.** non

Réponses :

1. A, B 2. A 3. A 4. C 5. A, C 6. B 7. A 8. A 9. A

FICHE 59 LES ACTIVITÉS SPORTIVES

À l'école maternelle, tous les enfants bénéficient de plusieurs séances de motricité organisées chaque semaine. Les GS vont quelquefois à la piscine.

I. CE QU'IL FAUT SAVOIR

- De l'installation du matériel dépend la sécurité des enfants.
- Dans ses préparations pédagogiques, l'enseignant parle du matériel utilisé, des objectifs et du déroulement de la séance : il met l'ATSEM au courant afin que celle-ci l'assiste au mieux.
- En général, l'ATSEM se place à un endroit particulièrement à risque (par exemple : un saut sur des tapis après une escalade dans une structure à grimper) pour les encadrer.
- En motricité, on met souvent en place des parcours où les enfants vont tour à tour être obligés de courir, de sauter, de ramper, etc.
- L'ATSEM est indispensable dans ces séances où la vigilance s'impose afin qu'il n'y ait pas d'accidents.

II. CE QU'IL FAUT FAIRE

- Sécuriser tous les points de chute en n'oubliant pas les tapis épais.
- S'assurer que tout le matériel installé est stable et éloigné de ce qui pourrait gêner les mouvements, les élans des enfants.
- Prendre le temps à l'installation : attention à ce qui glisse, à ce qui n'est pas bien calé, à ce qui peut provoquer une mauvaise chute.
- Exiger que les enfants respectent les consignes données par l'enseignant (par exemple : « On monte chacun son tour à l'échelle : tu attends ton tour. »).
- Aider l'enfant à évaluer les risques afin qu'il apprenne à contrôler son corps.
- Veiller à ce que les enfants n'utilisent pas le matériel de façon dangereuse (par exemple : les cordes pour sauter autour du cou).
- À la piscine, intervenir si un enfant court au bord du bassin.

Par son comportement, l'ATSEM doit inciter l'enfant à rester calme et à évoluer en toute sécurité. Son attitude doit être la même que celle de l'enseignant.

QCM

1. À l'école maternelle, tous les enfants font du sport.

- ◯ **A.** vrai
- ◯ **B.** faux

2. Quel nom portent les séances de sport ?

- ◯ **A.** séances de motricité
- ◯ **B.** séances sportives
- ◯ **C.** séances de liberté

3. Qui est en général concerné par l'activité piscine ?

- ◯ **A.** la petite section
- ◯ **B.** la moyenne section
- ◯ **C.** la grande section

4. Les séances de motricité peuvent comporter diverses activités. Lesquelles ?

- ◯ **A.** la danse
- ◯ **B.** le chant
- ◯ **C.** la musique
- ◯ **D.** les jeux de balle

5. Devez-vous participer aux séances de motricité ?

- ◯ **A.** oui, si l'enseignant a besoin de vous
- ◯ **B.** non, jamais

6. L'enseignant vous confie un groupe pendant une séance de motricité. À quoi devez-vous veiller ?

- ◯ **A.** à ce que les enfants suivent bien les consignes
- ◯ **B.** à ce que les enfants s'amusent
- ◯ **C.** à ce qu'il n'y ait pas d'accident

7. Dans une activité sportive, vous pouvez :

- ◯ **A.** inventer un parcours de vélo
- ◯ **B.** leur apprendre à compter
- ◯ **C.** leur apprendre à chanter

8. Que peut-on apprendre aux enfants dans une activité de motricité ?

- ◯ **A.** à faire des roulades
- ◯ **B.** à améliorer la motricité fine
- ◯ **C.** à jeter un ballon dans un cerceau
- ◯ **D.** à grimper sur une structure

9. Lors d'une activité de motricité, vous devez :

- ◯ **A.** installer le matériel
- ◯ **B.** surveiller les enfants
- ◯ **C.** faire du sport
- ◯ **D.** rester sur le côté et regarder

10. Pourquoi fait-on faire aux enfants des séances de motricité ?

- ◯ **A.** pour améliorer leur motricité globale
- ◯ **B.** pour les assouplir
- ◯ **C.** pour les calmer

Réponses :

1. A **2.** A **3.** C **4.** A, D **5.** A **6.** A, C **7.** A **8.** A, C, D **9.** A, B **10.** A

FICHE 60 LES RÉCRÉATIONS : LA SÉCURITÉ

La surveillance des récréations est assurée par les enseignants : ce service est obligatoire et précisé en conseil des maîtres.

I. CE QU'IL FAUT SAVOIR

- La cour de récréation fait souvent peur aux enfants de PS.
- Certains enfants profitent de ce moment pour laisser libre cours à leur agressivité.
- Dans les cours de récréation des écoles maternelles, il y a souvent un toboggan, une cage à grimper, des tricycles, des patinettes.
- Les cours aménagées présentent moins de risques car les enfants ont d'autres choix que de libérer seulement leur énergie en courant. Par contre, c'est une surveillance supplémentaire car ils n'évaluent pas toujours les risques.
- L'ATSEM, associée à l'enseignant, a également des horaires à respecter pour être en place en même temps que les enfants.

II. CE QU'IL FAUT FAIRE

- Se placer à un point « stratégique » (par exemple : près du toboggan) si l'enseignant le demande.
- Intervenir si des enfants se battent.
- Anticiper le danger si l'on voit des enfants énervés courir en bousculant les autres.
- Dans les cours où il y a des arbres, vérifier que les enfants n'aient pas de bouts de bois dans les mains (cela devient très vite dangereux).
- S'inquiéter lorsqu'on voit un enfant pleurer : il arrive qu'un enfant se blesse et ne dise rien parce qu'il pense qu'il a fait une bêtise et qu'il a peur de se faire gronder.
- Prévenir immédiatement si un enfant fait une chute ou se blesse et appliquer les consignes de la fiche 49.
- Ne pas accepter une récréation « prolongée » (c'est toujours à ce moment-là que les enfants s'énervent).
- Ne pas discuter avec un autre adulte pour ne pas relâcher la surveillance.

QCM

1. Dans les cours de recréation, quelles qu'elles soient, il y a toujours des jeux.

- ○ **A.** vrai
- ○ **B.** faux

2. Les jeux de cour sont soumis à une réglementation très stricte au niveau de la sécurité.

- ○ **A.** vrai
- ○ **B.** faux

3. Un enfant dans la cour s'amuse à remonter le toboggan en sens inverse. Que devez-vous faire ?

- ○ **A.** vous le laissez faire
- ○ **B.** vous le faites descendre et lui expliquez que c'est interdit, parce que c'est dangereux
- ○ **C.** vous ne regardez pas de toute façon

4. Par qui est assurée la surveillance des récréations ?

- ○ **A.** par les enseignants
- ○ **B.** par les animateurs
- ○ **C.** par les ATSEM

5. Est-ce que toutes les ATSEM et tous les enseignants surveillent la cour tous les jours ?

- ○ **A.** oui, cela fait partie de leur travail
- ○ **B.** non, il y a un tableau de services

6. En général, est-ce que toute l'école va en récréation en même temps ?

- ○ **A.** oui
- ○ **B.** non
- ○ **C.** cela dépend du nombre d'enfants présents dans l'école

7. La surveillance des toilettes pendant la récréation est-elle un point important ?

- ○ **A.** oui, parce que les toilettes sont un endroit qui peut être vite dangereux
- ○ **B.** non, les enfants y vont seulement pour faire pipi

8. Pourquoi, à votre avis, est-il préférable de ne pas laisser sortir les petits et les grands en récréation au même moment ?

- ○ **A.** parce que les petits embêtent souvent les grands
- ○ **B.** parce que les grands risquent de les bousculer
- ○ **C.** parce que les grands ont besoin de plus d'espace

9. Les jeux de ballon sont-ils autorisés dans une cour d'école maternelle ?

- ○ **A.** en général, oui
- ○ **B.** en général, non

10. Les enfants de votre classe ont trouvé un ballon. Pourquoi le leur enlevez-vous ?

- ○ **A.** parce qu'ils risquent de ne pas faire attention et de faire tomber les autres enfants
- ○ **B.** parce qu'ils risquent d'envoyer le ballon sur le toit de l'école

Réponses :

1. B **2.** A **3.** B **4.** A, C **5.** B **6.** C **7.** A **8.** B **9.** B **10.** A

FICHE 61 LES PRODUITS DANGEREUX

Dans ses attributions professionnelles, l'ATSEM est amenée à utiliser toutes sortes de produits puisqu'elle est chargée de l'entretien des locaux et du matériel des classes.

I. CE QU'IL FAUT SAVOIR

- Un produit dangereux est un produit qui peut nuire à la santé (et même quelquefois à la vie) de celui qui l'utilise s'il ne suit pas les instructions mentionnées pour la sécurité.
- Les produits dangereux doivent être conditionnés dans les emballages d'origine ou dans d'autres également étanches et solides.
- Ils doivent être munis d'une étiquette lisible précisant les précautions à prendre pour protéger la santé de l'utilisateur et lui permettre de travailler en toute sécurité.
- Les étiquettes doivent préciser la date de péremption du produit car les composants chimiques peuvent subir des transformations et produire des vapeurs dangereuses.
- Ces produits doivent être stockés dans un local fermé à clef, et placés sur des étagères en hauteur.
- Le local de stockage doit pouvoir être aéré.

II. CE QU'IL FAUT FAIRE

- Bien lire les conseils donnés par le fabricant avant d'utiliser un produit.
- Ne pas minimiser leur importance.
- Conserver les produits dans leur emballage et ne jamais enlever les étiquettes (en cas de problème, les centres de soins en auront besoin).
- Si l'étiquette n'est pas très lisible, en écrire une plus grande et la coller sur l'emballage.
- Ne jamais transvaser des produits dans des contenants utilisés habituellement pour la boisson ou la nourriture (par exemple : un produit liquide dans une ancienne bouteille d'eau minérale).
- Bien aérer le local régulièrement.
- Ne pas oublier de le fermer à clef.
- Ne jamais manipuler ces produits en présence des enfants.

QCM

1. À quel moment l'ATSEM est-elle amenée à utiliser des produits dangereux ?

- ◯ **A.** lorsqu'elle s'occupe des enfants
- ◯ **B.** lorsqu'elle fait le service à la cantine
- ◯ **C.** lorsqu'elle nettoie sa classe
- ◯ **D.** lorsqu'elle nettoie le matériel

2. Qu'est-ce qu'un produit dangereux ?

- ◯ **A.** un produit qui peut nuire à la santé de la personne qui l'utilise
- ◯ **B.** un produit qui peut marquer la matière sur laquelle il est utilisé

3. Comment doit être conditionné un produit dangereux ?

- ◯ **A.** dans une bouteille plastique
- ◯ **B.** dans un récipient en métal
- ◯ **C.** dans son emballage d'origine

4. Comment doit-on stocker les produits dangereux ?

- ◯ **A.** dans le placard sous l'évier dans la cuisine
- ◯ **B.** dans le placard du hall d'entrée
- ◯ **C.** dans un local de rangement fermé à clef et ventilé

5. Que doit-on trouver obligatoirement sur une bouteille de produit d'entretien ?

- ◯ **A.** une étiquette
- ◯ **B.** un code-barres
- ◯ **C.** le prix

6. Que doit-il y avoir de préciser sur l'étiquette ?

- ◯ **A.** le mode d'emploi
- ◯ **B.** la date de péremption
- ◯ **C.** le matériel qu'il va servir à nettoyer

7. Que devez-vous faire avant d'utiliser un produit quel qu'il soit ?

- ◯ **A.** le sentir
- ◯ **B.** regarder la date de péremption
- ◯ **C.** lire le mode d'emploi

8. Une bouteille de javel a perdu son étiquette. Que faites-vous ?

- ◯ **A.** vous la laissez telle quelle, car l'odeur de la Javel suffit pour la reconnaître
- ◯ **B.** vous refaites une étiquette pour qu'on sache ce qu'il y a dans la bouteille
- ◯ **C.** vous la transvasez dans une bouteille d'eau

9. Les enfants veulent vous aider à transporter un produit d'entretien. Les laissez-vous faire ?

- ◯ **A.** oui
- ◯ **B.** non

10. Quelles conséquences peut avoir le fait de ne pas tenir compte des instructions du fabricant ?

- ◯ **A.** intoxications
- ◯ **B.** décès
- ◯ **C.** éternuement

Réponses :

1. C, D **2.** A **3.** C **4.** C **5.** A **6.** A, B **7.** B, C **8.** B **9.** B **10.** A, B

FICHE 62 LES SYMBOLES

Avant d'utiliser un produit d'entretien, il est très important de lire ce qui le caractérise et les précautions qu'il implique.

- Un symbole est une image dont la représentation a une signification très précise. Il permet à l'utilisateur d'être immédiatement informé de la présence d'un danger et de savoir comment agir en toute sécurité.
- Ceux qui indiquent un danger sont en noir sur fond orange.

Symbole	Nom	Signification	Précautions à prendre
	« Irritant »	Le produit peut irriter la peau, les yeux et les organes respiratoires.	Éviter tout contact avec la peau, les vêtements. Mettre des gants, des lunettes de protection et des vêtements type blouse en coton. Ne pas respirer les vapeurs. En cas de contact, laver à grande eau.
	« Inflammable »	Le produit est inflammable.	Éloignez-le de toute flamme ou des sources de chaleur (barbecue, radiateur, chauffage…). Ne pas laisser le produit au soleil.
	« Corrosif »	Le produit peut détruire les tissus vivants (muqueuses, peau) ou d'autres surfaces.	Éviter tout contact avec la peau, les vêtements. Mettre des gants, des lunettes de protection et des vêtements type blouse en coton. Ne pas respirer les vapeurs.
	« Comburant »	Le produit favorise l'inflammation des produits combustibles.	Tenir éloigner des combustibles, des flammes, des étincelles et des sources de chaleur.
	« Explosif »	Le produit peut exploser dans certaines conditions (flamme, chaleur, choc, frottement).	Éviter les chocs, les frictions, les étincelles et la chaleur.
	« Dangereux pour l'environnement »	Le produit porte atteinte à la faune et la flore.	Ne le jetez ni dans les poubelles, ni dans l'évier, ni dans la nature. L'idéal est d'amener ce produit à la déchetterie la plus proche de chez vous.
	« Toxique »	Le produit peut porter atteinte gravement à la santé par inhalation, ingestion ou contact cutané.	Éviter tout contact direct avec le corps, même par inhalation. Consulter immédiatement un médecin en cas de malaise.
	« Ne pas jeter à la poubelle »	Un des composants du produit est toxique et peut porter atteinte à l'environnement (par exemple : piles usagées).	Ce symbole indique au consommateur qu'il ne doit pas jeter le produit usagé dans une poubelle, mais le rapporter au commerçant ou le déposer dans une borne de collecte spécifique.

QCM

1. Qu'est-ce qu'un symbole ?

- ◯ **A.** une façon d'interpréter un signe ou une couleur
- ◯ **B.** une personne qui a beaucoup marqué l'histoire
- ◯ **C.** une image qui a une signification très précise

2. Que cela signifie-t-il lorsqu'un symbole est dessiné en noir sur fond orange ?

- ◯ **A.** que le produit est difficile à utiliser
- ◯ **B.** qu'il ne faut pas utiliser ce produit sur toutes les matières
- ◯ **C.** que le produit représente un danger

3. Quelles précautions doit-on prendre quand on utilise un produit dangereux ?

- ◯ **A.** mettre des gants
- ◯ **B.** se laver les mains
- ◯ **C.** mettre un masque
- ◯ **D.** bien aérer le local régulièrement

4. Que veut dire ce symbole :  ?

- ◯ **A.** irritant
- ◯ **B.** comburant
- ◯ **C.** inflammable

5. Que veut dire le symbole avec la tête de mort ?

- ◯ **A.** toxique
- ◯ **B.** explosif
- ◯ **C.** corrosif

6. Que faut-il faire en cas d'ingestion d'un produit dangereux ?

- ◯ **A.** faire vomir
- ◯ **B.** contacter le centre antipoison
- ◯ **C.** faire boire du lait

7. Pourquoi certains produits comportent un symbole qui dit « dangereux pour l'environnement » ?

- ◯ **A.** parce que le produit est dangereux pour tout ce qui est autour de sa bouteille
- ◯ **B.** parce que le produit, s'il est jeté dans la nature, porte atteinte à la faune et à la flore
- ◯ **C.** parce que le produit comporte une norme environnementale

8. Que devez-vous faire si vous êtes aspergé par un produit dangereux ?

- ◯ **A.** rien
- ◯ **B.** rincer à grande eau
- ◯ **C.** nettoyer avec un chiffon
- ◯ **D.** consulter un médecin

9. Quelles sortes de produits ne faut-il pas jeter à la poubelle ?

- ◯ **A.** les bouteilles en verre
- ◯ **B.** les piles
- ◯ **C.** les bouteilles de produits d'entretien
- ◯ **D.** les cartouches d'encre

10. Est-il courant, en collectivité, d'utiliser des produits qui peuvent être toxiques ?

- ◯ **A.** oui
- ◯ **B.** non

Réponses :

1. C **2.** C **3.** A, C, D **4.** C **5.** A **6.** B **7.** B **8.** B, D **9.** B, D **10.** A

FICHE 63 LES EXERCICES D'ÉVACUATION

À l'école maternelle, on pratique des exercices d'évacuation trois fois dans l'année. Le premier a lieu obligatoirement dans le courant du mois qui suit la rentrée scolaire.

I. CE QU'IL FAUT SAVOIR

- Tout le personnel de l'école est concerné par les consignes de sécurité : celles-ci sont présentées à tous au début de l'année et le rôle de chacun est précisé.
- Les consignes d'évacuation sont affichées dans les classes, les couloirs, les dortoirs, les salles de jeux, le réfectoire.
- Les plans d'évacuation doivent être affichés à chaque étage.
- Une commission de sécurité vient chaque année pour vérifier les consignes et faire des prescriptions qui doivent être exécutées par la municipalité et la direction – elle vérifie l'état des locaux.
- La direction note sur un registre de sécurité tout ce qui concerne les exercices d'évacuation (effectif concerné, durée de l'évacuation, remarques sur d'éventuels problèmes) : elle montre ce registre aux membres de la commission.

II. CE QU'IL FAUT FAIRE

- Bien connaître les consignes de sécurité.
- L'ATSEM doit bien demander ce que l'on attend d'elle et à quel endroit elle doit conduire les enfants.
- Ne pas encombrer l'accès aux portes afin de pouvoir les ouvrir facilement.
- Être efficace en cas d'évacuation des locaux.
- Se rendre le plus vite possible vers le point de ralliement en gardant son calme.
- Vérifier qu'aucun enfant n'est resté dans un coin de la classe, aux toilettes, au dortoir (l'enseignant prend le registre d'appel : l'ATSEM et celui-ci compteront les enfants à la fin de l'exercice).
- Ne pas courir ; aider au rassemblement des enfants sans crier.
- Ne pas prendre les vêtements.
- Si l'évacuation a lieu pendant la sieste, lever les enfants le plus vite possible et porter ceux qui sont les plus lents (on peut saisir une couverture en vitesse).

Le plan *Vigipirate* a été renforcé, et l'état d'urgence mis en place après les attentats du 13 novembre 2015 impose un renforcement des consignes de sécurité autour des établissements scolaires : ne pas stationner près de l'entrée de l'école, l'identité des personnes étrangères à l'établissement peut être vérifiée... Des consignes spécifiques en cas d'alerte attentat dans l'établissement ont été également communiquées au sein des écoles.

IMPORTANT : Quand l'alarme se déclenche, il faut réagir immédiatement.

QCM

1. À l'école, combien de fois dans l'année procède-t-on à un exercice d'évacuation ?

- ◯ **A.** deux fois
- ◯ **B.** trois fois
- ◯ **C.** quatre fois

2. À quelle période a lieu le premier exercice d'évacuation ?

- ◯ **A.** au mois de décembre
- ◯ **B.** au mois de novembre
- ◯ **C.** au mois d'octobre

3. Lorsqu'on met en place les exercices d'évacuation, le personnel est-il prévenu ?

- ◯ **A.** oui
- ◯ **B.** non

4. Où peut-on voir les consignes à suivre lors d'une évacuation ?

- ◯ **A.** elles sont dans le bureau de la direction uniquement
- ◯ **B.** elles sont affichées un peu partout

5. Quand une évacuation a-t-elle lieu le plus souvent ?

- ◯ **A.** en cas d'inondation
- ◯ **B.** en cas de tornade
- ◯ **C.** en cas d'incendie

6. Une commission de sécurité vient chaque année dans les locaux de l'école. Pour quoi faire ?

- ◯ **A.** pour vérifier que l'école fonctionne bien
- ◯ **B.** pour vérifier les consignes de sécurité
- ◯ **C.** pour saluer le personnel

7. Que ne doit-on pas faire en temps normal ?

- ◯ **A.** boucher l'accès des portes d'évacuation
- ◯ **B.** laisser les enfants dormir au cas où il y aurait un incendie

8. L'alarme incendie se déclenche pendant la sieste. Que devez-vous faire ?

- ◯ **A.** lever les enfants le plus vite possible
- ◯ **B.** leur remettre leurs chaussures
- ◯ **C.** porter les enfants les plus endormis
- ◯ **D.** les faire sortir le plus vite possible

9. Que devez-vous faire pendant une évacuation ?

- ◯ **A.** parler calmement aux enfants
- ◯ **B.** les faire paniquer
- ◯ **C.** les calmer

10. L'évacuation s'est bien passée. Que va-t-il en ressortir ?

- ◯ **A.** la direction va tout noter sur un registre
- ◯ **B.** on le saura pour la prochaine fois
- ◯ **C.** un rapport va être envoyé à l'Éducation nationale

Réponses :

1. B 2. C 3. B 4. B 5. C 6. B 7. A 8. A, C, D 9. A, C 10. A

FICHE 64 L'INCENDIE

Même si ce genre d'incident est rare à l'école maternelle, on doit l'envisager et tout doit être organisé afin de préserver la vie des enfants et du personnel.

I. CE QU'IL FAUT SAVOIR

- Un enfant peut très bien avoir mis des allumettes (de la maison) dans sa poche… et s'en servir.
- Un incendie peut se déclarer parce que des installations électriques sont défectueuses.
- Des extincteurs sont placés à des endroits accessibles dans l'établissement et, normalement, on explique au personnel comment s'en servir.
- Dans les écoles maternelles, les matériaux utilisés doivent être traités contre le feu (par exemple : les tapis, les rideaux, les dalles de plafond…).
- Il est recommandé de ne pas mettre trop d'affichages dans les classes.
- Les portes coupe-feu doivent être munies de dispositifs qui permettent leur fermeture dès qu'il y a alerte à l'incendie – normalement, elles sont en position fermée (sauf celles qui permettent l'accès aux escaliers ou au recoupement des couloirs si on les utilise couramment).

II. CE QU'IL FAUT FAIRE

- Toujours appeler les pompiers en faisant le 18 ou le 112 (le feu se propage très vite).
- Mettre en pratique les consignes qui ont été données et répétées lors des exercices d'évacuation.
- Se servir des extincteurs dans la mesure du possible, en respectant les consignes données par les pompiers lors du passage de la commission de sécurité.
- Si le feu est près, ne pas sortir, tout fermer, y compris les rideaux (anti-feu) et mettre des linges mouillés sous les portes en attendant les secours.
- Rassurer les enfants, organiser des jeux et garder son calme (dans le cas où le danger serait vraiment réel).
- Rester en contact avec l'extérieur (avec un téléphone portable).

IMPORTANT : Il est impératif de respecter les consignes prévues par la commission de sécurité.

QCM

1. Qu'est-ce qui peut déclencher un incendie dans une école ?

- ◯ **A.** un court-circuit
- ◯ **B.** la chaleur
- ◯ **C.** un enfant avec des allumettes

2. Que doit-on trouver dans l'école ?

- ◯ **A.** des boutons pour déclencher l'alarme
- ◯ **B.** des interrupteurs
- ◯ **C.** des extincteurs

3. Une école renferme un grand nombre de matériaux inflammables. Quelles précautions doit-on prendre pour éviter un incendie ?

- ◯ **A.** ne pas mettre trop d'affichage dans les classes
- ◯ **B.** éviter le carton
- ◯ **C.** éviter les tissus
- ◯ **D.** traiter les tapis contre le feu

4. Si un incendie se déclenche, que devez-vous faire ?

- ◯ **A.** vous enfuir
- ◯ **B.** suivre les consignes des exercices
- ◯ **C.** appeler les pompiers

5. Quel est le numéro des pompiers ?

- ◯ **A.** le 17
- ◯ **B.** le 15
- ◯ **C.** le 18
- ◯ **D.** le 112

6. Peut-on toujours se servir des extincteurs ?

- ◯ **A.** oui
- ◯ **B.** non

7. Un incendie se déclare et vous ne pouvez pas sortir. Que faites-vous ?

- ◯ **A.** vous rassurez les enfants
- ◯ **B.** vous paniquez
- ◯ **C.** vous fermez tout

8. Est-ce que les portes coupe-feu doivent se fermer automatiquement lors d'un incendie ?

- ◯ **A.** oui
- ◯ **B.** non

9. Vous sentez une odeur de fumée qui s'intensifie. Que faites-vous ?

- ◯ **A.** vous attendez d'être sûre que c'est un incendie
- ◯ **B.** vous déclenchez l'alarme, tant pis si c'est une fausse alerte
- ◯ **C.** vous attendez de voir les flammes

10. En cas d'incendie, même si personne n'est brûlé, que risquez-vous ?

- ◯ **A.** une intoxication
- ◯ **B.** une interrogation
- ◯ **C.** un manque d'air

Réponses :

1. A, C **2.** A, C **3.** A, D **4.** B, C **5.** C, D **6.** B **7.** A, C **8.** A **9.** B **10.** A

FICHE 65 PRINCIPES DE BASE

L'école est le siège de nombreuses entrées et sorties (parents, prestataires, employés...) et aussi de manipulation et transport de matériel.

I. CE QU'IL FAUT SAVOIR

- De nombreuses particules véhiculées par l'air sont sources de contamination microbienne.
- Les enfants peuvent quelquefois être porteurs des parasites suivants (qui se propagent très vite en collectivité) :
  – les oxyures (dans les selles) ;
  – la gale (sur la peau) ;
  – les poux (dans les cheveux).
  Tous ces parasites provoquent de fortes démangeaisons et l'ATSEM ne manque pas de remarquer très vite les enfants concernés.
- Il faut proscrire l'utilisation d'éponges dont il est très difficile d'éliminer les bactéries.

II. CE QU'IL FAUT FAIRE

- Nettoyer et désinfecter les sols souvent souillés par de la boue et de la terre.
- Nettoyer et désinfecter les sanitaires au moins une fois par jour (de préférence deux fois).
- Laver fréquemment les mains (porteuses de souillures organiques).
- Utiliser des lavettes jetables ou des lavettes qui seront décontaminées à 60 °C en machine.
- Entretenir le matériel manipulé.
- Aérer (le renouvellement de l'air d'une pièce permet d'évacuer le gaz carbonique émis par la respiration des occupants).
- Si l'ATSEM constate qu'un enfant est porteur de parasites, elle prévient l'enseignant qui avertira les parents afin que l'enfant soit soigné et que des précautions soient prises au niveau de l'école.
- Prendre des précautions personnelles : avant d'examiner la chevelure d'un enfant, l'ATSEM met des gants à usage unique.
- Veiller à ce qu'il n'y ait aucun échange de vêtements ou de linge entre les enfants.

Toutes ces règles fondamentales contribuent au confort de l'enfant qui sera scolarisé dans les meilleures conditions pour sa santé.

QCM

1. Quels parasites sont le plus souvent présents dans une école ?

○ **A.** les escherichia coli
○ **B.** les poux
○ **C.** le staphylocoque

2. La collectivité est le siège d'un grand nombre de microbes. Pourquoi ?

○ **A.** parce que beaucoup de personnes passent
○ **B.** parce que les bactéries aiment l'école
○ **C.** parce que les enfants n'ont pas toujours les mains propres

3. L'enseignant en maternelle surveille de près les cheveux des enfants de sa classe.

○ **A.** vrai
○ **B.** faux

4. Le lavage des sols de l'école doit-il être quotidien ?

○ **A.** oui
○ **B.** non

5. Pour éviter la prolifération de bactéries, que devez-vous faire ?

○ **A.** laver les mains des enfants le plus souvent possible
○ **B.** échanger les vêtements des enfants
○ **C.** ne pas laisser boire un enfant dans le verre d'un autre
○ **D.** ne pas échanger les lits durant la sieste

6. Un enfant de votre classe se gratte sans arrêt la tête. Que devez-vous faire ?

○ **A.** le signaler à l'enseignant
○ **B.** le dire à tout le monde à la sortie de la classe
○ **C.** mettre un produit antipoux sur la tête de l'enfant concerné

7. Que doit alors faire l'enseignant ?

○ **A.** mettre un affichage disant que les poux sont de retour
○ **B.** prévenir les parents de l'enfant devant tout le monde
○ **C.** prévenir les parents de l'enfant à l'écart

8. Qui doit s'occuper de traiter l'enfant ?

○ **A.** l'école
○ **B.** les parents
○ **C.** le médecin scolaire

9. La gale est un parasite très agressif. Où se trouve-t-il ?

○ **A.** sur la peau
○ **B.** dans les cheveux
○ **C.** dans les selles

10. Pourquoi faut-il proscrire les éponges et utiliser des lavettes ?

○ **A.** parce que c'est moins cher
○ **B.** parce que l'éponge est très difficile à nettoyer
○ **C.** parce que les lavettes sont colorées

Réponses :

1. B **2.** A, C **3.** A **4.** A **5.** A, C, D **6.** A **7.** A, C **8.** B **9.** A **10.** B

FICHE 66 LE LAVAGE DES MAINS

Les enfants n'étant pas conscients des risques provoqués par le contact direct et ayant besoin de toucher pour connaître et découvrir, les adultes doivent prendre les précautions à leur place et anticiper les problèmes.

I. CE QU'IL FAUT SAVOIR

- L'ATSEM s'occupe des soins corporels et intervient plusieurs fois par jour pour le lavage des mains.
- Elle invite l'enfant à ne pas toucher son visage ni celui des autres si ses mains sont sales (par exemple : de la terre après une séance de jardinage, de la peinture, etc.).
- C'est elle qui va donner aux enfants les bonnes habitudes afin qu'ils la sollicitent eux-mêmes quand ils en ont besoin.
- On doit veiller à la température de l'eau (normalement, selon la réglementation en vigueur, l'eau chaude ne doit pas brûler).
- Les enfants doivent très vite comprendre dans quelles circonstances il faut se laver les mains pour lutter contre les microbes.
- À l'école maternelle, les enfants ont beaucoup d'activités différentes et salissantes.

II. CE QU'IL FAUT FAIRE

- Montrer aux enfants comment il faut faire pour bien se laver les mains : mouiller ses mains, bien faire pénétrer le savon et laver entre les doigts, frotter en douceur pour éliminer les souillures, bien rincer (quelquefois, il faut brosser les ongles).
- Prendre le temps et exiger que les enfants prennent cette activité au sérieux.
- Expliquer pourquoi on se lave les mains (par exemple : « Maintenant on va aller déjeuner et s'il y a de la terre sur tes mains, tu vas en mettre dans l'assiette. »).
- Attention à ne pas utiliser de serviettes humides pour essuyer les mains des enfants : c'est antihygiénique.

Dans la journée, laver les mains des enfants est un des rôles très importants de l'ATSEM.

QCM

1. Quelle est la partie du corps qui est la plus fortement contaminée par des bactéries ?

- ◯ **A.** le dos
- ◯ **B.** le visage
- ◯ **C.** le bras
- ◯ **D.** les mains

2. À quoi sert le lavage des mains ?

- ◯ **A.** à avoir de belles mains
- ◯ **B.** à s'amuser dans l'eau
- ◯ **C.** à éviter la prolifération bactérienne

3. Lorsque les enfants arrivent en petite section de maternelle, savent-ils tous se laver les mains ?

- ◯ **A.** oui
- ◯ **B.** non

4. Y a-t-il une façon précise de se laver les mains ?

- ◯ **A.** oui
- ◯ **B.** non

5. Comment procède-t-on ?

- ◯ **A.** du moins sale au plus sale
- ◯ **B.** du plus sale au moins sale

6. À quelle fréquence faites-vous se laver les mains aux enfants ?

- ◯ **A.** une fois par jour
- ◯ **B.** le plus souvent possible
- ◯ **C.** quatre fois par jour

7. Devez-vous expliquer aux enfants l'intérêt de se laver les mains ?

- ◯ **A.** oui
- ◯ **B.** non

8. Doit-on se laver les mains avant d'aller manger ?

- ◯ **A.** oui
- ◯ **B.** non

9. Pourquoi les mains sont-elles très sollicitées chez un enfant ?

- ◯ **A.** parce qu'il s'en sert pour toucher et donc découvrir
- ◯ **B.** parce qu'elles sont jolies

10. Doit-on utiliser des serviettes humides pour essuyer les mains des enfants ?

- ◯ **A.** oui, ça n'a pas d'importance
- ◯ **B.** non, c'est antihygiénique

Réponses :

1. D **2.** C **3.** B **4.** A **5.** A **6.** B **7.** A **8.** A **9.** A **10.** B

FICHE 67 LA TOILETTE DES ENFANTS

Pour entrer à l'école maternelle, l'enfant doit être propre, capable de contrôler ses sphincters : c'est une des conditions.

I. CE QU'IL FAUT SAVOIR

- L'acquisition de la propreté varie selon chaque enfant, à son propre rythme.
- C'est une étape très importante qui mène l'enfant vers l'autonomie.
- Contrôler ses sphincters est un acte volontaire (l'enfant, par maturité intellectuelle, établit un lien entre ce qu'il ressent et le fait d'aller aux toilettes).
- Il ne s'agit pas d'apprentissage : l'acquisition de la propreté se fait progressivement de façon naturelle.
- Il arrive souvent que les enfants soient propres pendant la journée mais pas encore la nuit : c'est pour cela qu'il y a souvent des « petits accidents » pendant la sieste en petite section.
- Les enfants peuvent régresser quand ils vivent des situations qui les perturbent ou les angoissent (par exemple : séparation des parents, hospitalisation, changement d'environnement et de rythme de vie au début de la scolarité, etc.).

II. CE QU'IL FAUT FAIRE

Prendre de grandes précautions avant de laver l'enfant :

- respecter son intimité ; être très prudent ;
- ne pas procéder à sa toilette en présence d'autres personnes (la douche peut être dans un coin des toilettes mais avec une protection visuelle) ;
- dédramatiser : l'enfant est vexé et, de plus, il est mal à l'aise puisque son corps est sali ;
- ne jamais faire de commentaires qui pourraient l'humilier ;
- le laver avec de l'eau tiède et du savon pour qu'il se sente à nouveau propre et heureux, dans une situation confortable ;
- changer ses vêtements, l'habiller avec beaucoup de délicatesse – l'enfant qui s'est souillé est fragilisé.

IMPORTANT : L'ATSEM, lorsqu'elle fait la toilette d'un enfant, doit se comporter de façon très maternelle.

QCM

1. Quelle est la condition pour qu'un enfant puisse entrer en maternelle ?

- ◯ **A.** qu'il soit bien habillé
- ◯ **B.** qu'il soit propre
- ◯ **C.** qu'il soit grand

2. Que signifie propreté quand on parle d'un enfant de trois ans ?

- ◯ **A.** il arrive à contrôler ses sphincters
- ◯ **B.** il ne fait plus pipi dans sa culotte
- ◯ **C.** ses parents s'occupent bien de lui et il aime être propre

3. En général, quelle est la propreté la plus vite acquise ?

- ◯ **A.** diurne
- ◯ **B.** nocturne

4. En général, tous les enfants à trois ans sont propres.

◯ **A.** vrai ◯ **B.** faux

5. Le contrôle des sphincters est un acte :

- ◯ **A.** mécanique
- ◯ **B.** intellectuel
- ◯ **C.** volontaire

6. En forçant un enfant à aller uriner dans un pot et en lui enlevant la couche, il est propre rapidement.

◯ **A.** vrai ◯ **B.** faux

7. Un enfant de votre classe a oublié d'aller aux toilettes et a fait pipi dans sa culotte. Comment réagissez-vous ?

- ◯ **A.** vous le grondez
- ◯ **B.** vous lui expliquez que ce n'est pas grave
- ◯ **C.** vous l'aidez à se changer

8. Pourquoi les enfants ne sont pas tous propres au même âge ?

- ◯ **A.** parce qu'ils ont chacun leur rythme
- ◯ **B.** parce que les parents ne s'en occupent pas tous de la même façon

9. Y a-t-il souvent des petits accidents pendant la sieste en maternelle ?

- ◯ **A.** oui
- ◯ **B.** non

10. Pourquoi un enfant est-il mal à l'aise, lorsqu'il se salit ?

- ◯ **A.** parce qu'il se considère comme un bébé
- ◯ **B.** parce qu'il a honte
- ◯ **C.** parce qu'il a peur d'être grondé
- ◯ **D.** parce qu'il n'a pas envie qu'on le change
- ◯ **E.** parce qu'il se sent mal à l'aise physiquement

Réponses :

1. B **2.** A, B **3.** A **4.** A **5.** C **6.** B **7.** B, C **8.** A **9.** A **10.** B, C, E

FICHE 68 PENDANT LES ACTIVITÉS

Une classe d'école maternelle est constituée de plusieurs espaces d'activités.

I. CE QU'IL FAUT SAVOIR

- On doit toujours avoir dans la classe de l'eau, des mouchoirs jetables, des serviettes à usage unique.
- Dans le coin peinture, des tabliers sont prévus pour ce seul usage afin que les enfants soient protégés.
- Le coin bibliothèque est en général aménagé avec des coussins sur lesquels les enfants ont plaisir à s'allonger.
- Dans le coffre ou l'armoire à déguisements, on trouve toutes sortes de vêtements, de tissus, de chapeaux, ce qui peut favoriser une contamination par des parasites.
- Dans le coin découverte, le sable peut avoir été mélangé avec de la terre et les manipulations de graines ne sont pas toujours faites avec des mains propres.
- Le coin pour les activités autour de la nourriture doit être installé de façon rigoureuse (ingrédients qui se conservent dans un petit placard réservé à cet usage ; tabliers de cuisine lavés après chaque utilisation ; vaisselle propre).

II. CE QU'IL FAUT FAIRE

- Assister l'enseignant afin que les enfants qui changent d'atelier respectent les consignes de propreté (par exemple : après la peinture, on quitte son tablier, on le range et on va se laver les mains avant d'aller regarder des livres).
- Empêcher les enfants de porter les mains au visage ou de se frotter les yeux lorsqu'ils manipulent la terre, le sable, etc.
- Moucher un enfant enrhumé afin que ses sécrétions ne tombent pas sur la table.
- Vérifier l'état de propreté des coussins du coin bibliothèque (utiliser des housses).
- Laver tout ce qui sert au déguisement et renouveler souvent les vêtements ; ne pas hésiter à jeter.
- Avant les séances de motricité, exiger que les enfants rangent bien leurs chaussures (on ne les pose pas sur la table).
- Veiller à ce que les enfants n'échangent pas un bonbon ou un biscuit déjà sucé.

IMPORTANT : Il est beaucoup plus difficile de faire respecter les règles d'hygiène à l'école qu'à la maison car, en collectivité, les risques sont multipliés.

QCM

1. Que trouve-t-on comme espaces d'activités dans une classe de maternelle ?

- **A.** un coin bibliothèque
- **B.** un coin salon
- **C.** un coin cuisine
- **D.** une entrée

2. En général, y a-t-il un lavabo dans la classe ?

- **A.** oui
- **B.** non

3. Dans votre classe de petite section, qu'utilisez-vous pour moucher les enfants ?

- **A.** des mouchoirs en papier
- **B.** des mouchoirs en tissu

4. Dans votre classe, devez-vous inciter les enfants à suivre des règles d'hygiène ?

- **A.** oui
- **B.** non

5. Vous menez un atelier peinture. À la fin de celui-ci, que faites-vous ?

- **A.** vous emmenez les enfants pour qu'ils se lavent les mains
- **B.** vous les emmenez juste poser leur tablier
- **C.** rien, car les enfants posent seuls leurs tabliers et reviennent directement dans la classe

6. Un enfant de votre classe met constamment les doigts dans son nez, même lorsqu'il mange. Que lui dites-vous ?

- **A.** arrête, il ne faut pas faire ça car c'est très sale
- **B.** tu es très vilain de mettre tes doigts dans ton nez
- **C.** si tu continues, je vais te mettre au coin

7. Les enfants vous demandent souvent pourquoi vous nettoyez les tables, le soir. Que leur répondez-vous ?

- **A.** je nettoie les tables parce que c'est mon travail
- **B.** je nettoie les tables pour vous, pour que vous ne travailliez pas sur des tables sales
- **C.** je nettoie les tables parce que je dois le faire

8. Vous êtes à la cantine. Un enfant croque dans son friand et ne le veut plus, car il n'aime pas cela. Il demande s'il peut le donner à son camarade. Est-ce que vous acceptez ?

- **A.** oui
- **B.** non

9. Un enfant est enrhumé en permanence. Que ne devez-vous pas faire ?

- **A.** ne pas le moucher, parce que cela vous dégoûte
- **B.** le signaler à l'enseignant
- **C.** laisser l'enfant avec le nez sale

10. À quoi sert d'avoir un lavabo dans les classes ?

- **A.** à nettoyer tout le matériel
- **B.** à donner à boire à un enfant qui a soif
- **C.** à arroser les plantes

Réponses :

1. A, C **2.** A **3.** A **4.** A **5.** A **6.** A **7.** B **8.** B **9.** A, C **10.** A, B

FICHE 69 L'HYGIÈNE ALIMENTAIRE

Une réglementation stricte (depuis 1974) régit la restauration scolaire afin de limiter l'apport de bactéries dans la nourriture. Des contrôles sont effectués par les services vétérinaires.

I. CE QU'IL FAUT SAVOIR

▪ L'ATSEM est à la fois concernée par :
- l'état des locaux ;
- la propreté du matériel ;
- la qualité de la nourriture ;
- les précautions à prendre avec les enfants pendant le repas.

▪ Étant donné l'augmentation fulgurante du nombre de repas servis en collectivité pour les enfants, il faut limiter au maximum les risques d'intoxication par manque d'hygiène.

▪ Les repas, généralement élaborés dans une cuisine centrale, peuvent être préparés quelques heures avant la distribution ou plusieurs jours auparavant.

▪ Il existe deux sortes de liaisons pour la nourriture :
- la liaison chaude : les aliments sont conditionnés à 63 °C dès la fin de la cuisson ;
- la liaison froide : les aliments sont réfrigérés à – 10 °C dès la fin de la cuisson. Ils sont ensuite transportés à – 3 °C dans des conteneurs isothermes, puis remis à la température de 63 °C pour la consommation.

▪ Si la température des plats n'est pas respectée, les bactéries se multiplient.

II. CE QU'IL FAUT FAIRE

▪ Respecter les consignes obligatoires données par l'employeur (la collectivité locale) : l'ATSEM en contact avec la nourriture porte une coiffe (charlotte) qui cache ses cheveux et des gants jetables.

▪ Se laver les mains avant toute manipulation.

▪ Ne pas s'approcher du visage de l'enfant en train de manger.

▪ Ne pas tousser.

IMPORTANT : Chacun dans sa fonction doit se sentir responsable et respecter les règles fondamentales.

QCM

1. Une réglementation sur l'hygiène alimentaire a été mise en place pour éviter les intoxications dans les collectivités. En quelle année ?

- ◯ **A.** 1970
- ◯ **B.** 1984
- ◯ **C.** 1974

2. Quel est le but de la réglementation sur l'hygiène dans les collectivités ?

- ◯ **A.** limiter le nombre de repas servis en collectivité
- ◯ **B.** limiter les risques d'intoxication par manque d'hygiène lié à la nourriture
- ◯ **C.** limiter l'embonpoint

3. Qui contrôle la bonne hygiène d'une collectivité ?

- ◯ **A.** la PMI
- ◯ **B.** les services vétérinaires
- ◯ **C.** le conseil général

4. Pour assurer une bonne hygiène, à quoi l'ATSEM doit-elle faire attention ?

- ◯ **A.** l'état des locaux
- ◯ **B.** le lavage des mains
- ◯ **C.** l'habillage des enfants

5. Une ATSEM fait le service à la cantine. Que ne doit-elle pas faire ?

- ◯ **A.** se laver les mains
- ◯ **B.** tousser en direction des enfants
- ◯ **C.** toucher à la nourriture avec les mains
- ◯ **D.** faire en sorte que les enfants mangent proprement

6. Pour une bonne hygiène alimentaire, à quoi doit-on faire attention ?

- ◯ **A.** à ce que le personnel ait une tenue assortie
- ◯ **B.** à ce que les plans de travail et ustensiles de cuisine soient parfaitement propres
- ◯ **C.** à ce que le personnel ait une tenue blanche

7. Quelles consignes l'ATSEM doit-elle respecter pour maintenir une bonne hygiène pendant les repas ?

- ◯ **A.** se laver les mains fréquemment
- ◯ **B.** avoir les cheveux attachés
- ◯ **C.** porter une coiffe
- ◯ **D.** servir les enfants un par un

8. Quels sont les deux types de liaison qui existent en restauration ?

- ◯ **A.** liaison chaude
- ◯ **B.** liaison tiède
- ◯ **C.** liaison froide

9. Dans la liaison chaude, les aliments sont conditionnés à la fin de la cuisson à :

- ◯ **A.** 70 °C
- ◯ **B.** 30 °C
- ◯ **C.** 63 °C
- ◯ **D.** 65 °C

10. À quelle température les aliments réfrigérés sont-ils transportés ?

- ◯ **A.** à 10 °C
- ◯ **B.** à 5 °C
- ◯ **C.** à 3 °C

Réponses :

1. C 2. B 3. B 4. A, B 5. B, C 6. B 7. A, B, C 8. A, C 9. C 10. C

FICHE 70 LES SANITAIRES

Il est évident que les sanitaires sont les lieux les plus exposés aux risques de contamination.

I. CE QU'IL FAUT SAVOIR

- Dans les sanitaires, on utilise le siège des toilettes, les pains de savon et les robinets.
- On y trouve des blocs WC en série et des lave-mains collectifs.
- Les installations doivent correspondre à des normes imposées permettant un entretien et une décontamination facilités.
- Tout doit être adapté à l'âge des enfants d'école maternelle et à leur développement physique (ce qui évite trop de manipulations avec les mains ou d'éclaboussures).
- Il doit y avoir des toilettes spéciales pour handicapés (le siège est surélevé et l'espace autour dégagé pour en faciliter l'accès) : elles seront utilisées dans le cadre d'un PIIS.
- Des petites cloisons doivent être prévues pour préserver l'intimité des enfants et éviter des échanges (de papier, par exemple).

II. CE QU'IL FAUT FAIRE

- Veiller à la bonne installation de l'enfant (selon leur évolution) pour son confort.
- S'organiser, même s'il y a des déplacements collectifs, pour ne conduire aux toilettes que des petits groupes.
- Intervenir pour que les enfants ne posent pas les mains sur les bords du siège et jettent bien le papier dans les toilettes (s'il s'essuie tout seul).
- Les enfants n'éprouvant pas tous en même temps le besoin d'aller aux toilettes, il ne faut imposer aucune obligation (c'est le meilleur moyen pour faire naître des jeux avec l'eau et les serviettes).
- Lorsque l'ATSEM s'occupe d'un enfant qui a des selles liquides, elle porte des gants à usage unique.
- Il est conseillé de nettoyer les sanitaires au moins deux fois par jour (et bien sûr chaque fois que cela est nécessaire).

IMPORTANT : La présence et l'assistance de l'ATSEM contribuent de façon très importante à donner de bonnes habitudes de propreté aux enfants.

QCM

1. De quelle taille doivent être les sanitaires des enfants ?

- ◯ **A.** petits
- ◯ **B.** grands

2. Quelle(s) est (sont) la (les) particularité(s) d'un sanitaire réservé à un enfant handicapé ?

- ◯ **A.** le siège est surélevé
- ◯ **B.** il est à l'écart des autres
- ◯ **C.** il y a plus de place autour

3. Lorsque les toilettes sont sales, devez-vous les nettoyer ?

- ◯ **A.** oui
- ◯ **B.** non

4. Combien de fois par jour les sanitaires doivent-ils être nettoyés ?

- ◯ **A.** au moins deux fois
- ◯ **B.** une fois
- ◯ **C.** au moins trois fois

5. Qu'est-ce qui est préférable ?

- ◯ **A.** des serviettes en papier à usage unique
- ◯ **B.** des serviettes en tissu

6. Qu'y a-t-il entre chaque sanitaire, dans une école maternelle ?

- ◯ **A.** une porte
- ◯ **B.** un mur
- ◯ **C.** une petite cloison

7. En règle générale, est-il préférable de laisser le papier toilette à disposition ou de le distribuer ?

- ◯ **A.** de le laisser à disposition
- ◯ **B.** de le distribuer

8. De nos jours, les toilettes des adultes ont-elles le droit d'être dans les sanitaires des enfants ?

- ◯ **A.** oui
- ◯ **B.** non

9. Un enfant de votre classe fait des selles liquides dans ses vêtements. Que devez-vous faire ?

- ◯ **A.** le doucher si besoin est
- ◯ **B.** mettre des gants avant toute manipulation
- ◯ **C.** ne pas mettre de gants, car cela pourrait le rendre mal à l'aise

10. Les enfants qui vont aux toilettes avec vous sont très jeunes. Que devez-vous faire ?

- ◯ **A.** les aider à se rhabiller
- ◯ **B.** les laisser faire seuls
- ◯ **C.** attendre qu'ils aient fini

Réponses :

1. A **2.** A, C **3.** A **4.** A **5.** A **6.** C **7.** B **8.** B **9.** A, B **10.** A

FICHE 71 LE LINGE

En principe, ce sont les ATSEM qui sont chargées de l'entretien du linge appartenant à l'école maternelle (y compris les vêtements prêtés aux parents).

I. CE QU'IL FAUT SAVOIR

- Le linge utilisé comprend : les serviettes de table, les torchons, les draps du dortoir (et les couvertures), les taies d'oreillers, les housses des coussins installés dans les classes, etc.
- Pour entretenir les matières textiles, il faut connaître les propriétés des tissus.
- Les symboles inscrits sur les étiquettes indiquent le mode d'entretien du textile.

Lavage à la machine, Pressage Permanent	Lavage dans une laveuse domestique; réglage pressage permanent.
Lavage à la machine, Cycle doux ou délicat	Lavage à la machine; réglage cycle doux ou délicat.
Lavage à la main, Délicat	Lavage délicat à la main, à l'eau d'une température maximale de 30 °C.
Ne pas laver	Ne pas laver
Séchage par culbutage, Basse température.	Séchage par culbutage à basse température (maximum de 55 °C); réglage normal.
Séchage par culbutage, Température moyenne	Séchage par culbutage à température moyenne (maximum de 65 °C); réglage normal.
Séchage par culbutage, Température élevée.	Séchage par culbutage à température élevée (maximum de 75 °C); réglage normal.
Séchage par culbutage, Sans chaleur.	Séchage par culbutage sans chaleur/séchage à l'air.

NOTEZ : LE SYSTÈME DE POINTS INDIQUANT LE DEGRÉ DE TEMPÉRATURE EST LE MÊME POUR TOUTES LES INSTRUCTIONS DE SÉCHAGE.

NOTEZ: SI LE REPASSAGE N'EST PAS NÉCESSAIRE, SUIVEZ LES INSTRUCTIONS D'ENTRETIEN.

Repasser à la main, N'importe quelle température	Repasser à la main, à sec ou à la vapeur, à n'importe quelle température
Repasser à la main, Basse température	Repasser à la main, à sec ou à la vapeur, ou presser avec un appareil commercial, à basse température (température maximale de 110 °C). (Température recommandée pour tissus d'acétate, acrylique, modacrylique, nylon, polypropylène et spandex).
Repasser à la main, Température moyenne	Repasser à la main, à sec ou à la vapeur, ou presser avec un appareil commercial, à une température moyenne (température maximale de 150 °C). (Température recommandée pour tissus de polyester, rayonne, soie, triacétate et laine.)
Repasser à la main, Température élevée	Repasser à la main, à sec ou à la vapeur, ou presser avec un appareil commercial, à une température élevée (température maximale de 200 °C). (Température recommandée pour tissus de coton ou de lin.)

II. CE QU'IL FAUT FAIRE

- Bien regarder les étiquettes avant de commencer à laver.
- Regrouper les tissus de même catégorie.
- Charger correctement le tambour de la machine (pas moins de 1/3 ; pas plus de 2/3).
- Doser correctement le produit lessive.
- S'assurer que le rinçage a été suffisant.

QCM

1. Qui est responsable du nettoyage du linge de l'école ?

- ◯ **A.** la mairie
- ◯ **B.** l'ATSEM
- ◯ **C.** la direction
- ◯ **D.** la dame d'entretien

2. Quel genre de linge trouve-on dans une école ?

- ◯ **A.** des nappes
- ◯ **B.** des rideaux
- ◯ **C.** des draps
- ◯ **D.** des serviettes de table

3. Qu'indiquent les symboles inscrits sur les étiquettes ?

- ◯ **A.** le mode d'emploi du textile
- ◯ **B.** la taille
- ◯ **C.** le mode d'entretien du textile

4. Avant de laver du linge, que devez-vous faire ?

- ◯ **A.** bien regarder les étiquettes
- ◯ **B.** mélanger les couleurs
- ◯ **C.** trier les couleurs
- ◯ **D.** mélanger les tissus

5. Lors d'un lavage à la main, à quelle température maximum doit être l'eau ?

- ◯ **A.** 20 °C
- ◯ **B.** 40 °C
- ◯ **C.** 30 °C

6. Que signifie le symbole :  **?**

- ◯ **A.** lavage délicat
- ◯ **B.** lavage à la machine
- ◯ **C.** ne pas laver

7. Que signifie ce symbole :  **?**

- ◯ **A.** repasser à la main, température moyenne
- ◯ **B.** repasser à la main, température élevée
- ◯ **C.** repasser à la main, température basse

8. Y a-t-il une machine à laver dans chaque école ?

- ◯ **A.** oui
- ◯ **B.** non

9. Dans le cas où il n'y a pas de machine à laver dans une école, qui s'occupe de l'entretien du linge ?

- ◯ **A.** la direction
- ◯ **B.** le service lingerie de la mairie
- ◯ **C.** l'enseignant

10. Dans une école, y a-t-il beaucoup de linge à entretenir ?

- ◯ **A.** oui
- ◯ **B.** non

Réponses :

1. B **2.** C, D **3.** C **4.** A, C **5.** C **6.** C **7.** B **8.** B **9.** B **10.** A

EN RESTAURATION

Dans chaque préfecture, ce sont les services vétérinaires qui répertorient les établissements publics où sont manipulées des denrées alimentaires. Ils vérifient que la réglementation en vigueur est respectée et que la santé des enfants est bien préservée (circ. 28 juin 2001, alimentation dans les écoles).

I. CE QU'IL FAUT SAVOIR

▪ En France, le contrôleur des services vétérinaires vérifie la qualité des matières premières.

▪ On conserve au réfrigérateur un échantillon (100 g) de tous les plats préparés pendant au moins cinq jours. Cela permet d'analyser les plats en cas d'intoxication alimentaire et d'identifier la bactérie qui en est la cause.

▪ Les principes de la méthode HACCP (*Hazard Analysis Critical Control Point*) imposent de prendre en compte les risques afin de les écarter : cette méthode ne peut être appliquée qu'en équipe. La méthode HACCP repose sur les sept principes suivants :
- principe 1 : procéder à une analyse des dangers ;
- principe 2 : déterminer les points critiques à maîtriser (CCP) ;
- principe 3 : fixer le ou les seuil(s) critiques(s) ;
- principe 4 : mettre en place un système de surveillance permettant de maîtriser les CCP ;
- principe 5 : déterminer les mesures correctives à prendre lorsque la surveillance révèle qu'un CCP donné n'est pas maîtrisé ;
- principe 6 : appliquer des procédures de vérification afin de confirmer que le système HACCP fonctionne efficacement ;
- principe 7 : constituer un dossier dans lequel figureront toutes les procédures et toutes les blessures ou maladies (par exemple : un cheveu présent dans un aliment est un danger potentiel alors qu'un morceau de verre ou la présence de micro-organismes dangereux comme les salmonelles ou la listeria sont des dangers significatifs).

II. CE QU'IL FAUT FAIRE

▪ Travailler en équipe pour être efficace et ne rien oublier (méthode HACCP).

▪ Éviter l'apport de bactéries par les mains ou le matériel : porter des vêtements en parfait état de propreté, se laver régulièrement les mains et utiliser des gants jetables.

▪ Ranger la vaisselle bien séchée.

▪ Laver et désinfecter les plateaux, les chariots et tout ce qui a servi à la restauration avant de ranger.

▪ Être attentif à la bonne température des plats servis aux enfants.

QCM

1. Dans chaque préfecture, qui vérifie et répertorie les établissements publics où sont manipulées les denrées alimentaires ?

- ○ **A.** les services alimentaires
- ○ **B.** les services vétérinaires
- ○ **C.** la PMI

2. Combien de réseaux ont été créés en France pour contrôler la chaîne alimentaire ?

- ○ **A.** un
- ○ **B.** trois
- ○ **C.** deux

3. Que conserve-t-on au réfrigérateur pendant au moins cinq jours ?

- ○ **A.** un échantillon de tous les plats en sauce
- ○ **B.** un échantillon de 100 g de tous les plats préparés
- ○ **C.** un plat de chaque plat préparé

4. À quoi sert la conservation des échantillons ?

- ○ **A.** à goûter les plats
- ○ **B.** à voir si les plats sont bien préparés
- ○ **C.** à analyser les plats en cas d'intoxication alimentaire
- ○ **D.** à découvrir quelle bactérie en est la cause

5. Que signifie le sigle HACCP ?

- ○ **A.** *Hazard Analysis Critical Control Point*
- ○ **B.** *High Analysis Critical Control Point*
- ○ **C.** *Hard Analysis Critical Control Point*

6. La méthode HACCP repose sur plusieurs principes. Combien ?

- ○ **A.** six
- ○ **B.** sept
- ○ **C.** neuf

7. La méthode HACCP comprend plusieurs principes dont :

- ○ **A.** procéder à une analyse des dangers
- ○ **B.** déterminer les points qu'il faut éviter
- ○ **C.** mettre en place un système de surveillance permettant de maîtriser les AAP
- ○ **D.** déterminer les mesures correctives

8. À quoi faut-il faire attention ?

- ○ **A.** travailler individuellement
- ○ **B.** ranger la vaisselle bien séchée
- ○ **C.** éviter les apports de bactéries par les mains

9. Quel est le principe 6 de la méthode HACCP ?

- ○ **A.** déterminer les points intégrés à maîtriser
- ○ **B.** appliquer les procédures de vérification
- ○ **C.** procéder à une analyse des dangers

10. À quoi va servir l'application de la méthode HACCP ?

- ○ **A.** à éviter les TIAC
- ○ **B.** à éviter les gastro-entérites
- ○ **C.** à faire plaisir aux enfants

Réponses :

1. B **2.** C **3.** B **4.** C, D **5.** A **6.** B **7.** A, D **8.** B, C **9.** B **10.** A

FICHE 73 LES DÉCHETS

L'ATSEM respecte les consignes de protection de l'environnement en participant au tri des déchets.

I. CE QU'IL FAUT SAVOIR

▪ Le local où sont placées les poubelles doit être isolé et donner directement sur l'extérieur.

▪ Les conteneurs qui reçoivent les poubelles pleines d'ordures ménagères doivent être lavés et désinfectés tous les jours.

▪ Respecter le tri des déchets, c'est participer au maintien de l'hygiène de l'environnement :
– recycler le papier, c'est préserver les arbres qui produisent notre oxygène ;
– recycler les bouteilles en plastique, c'est protéger notre environnement ;
– recycler le verre engendre une économie d'énergie ;
– recycler les boîtes en métal permet de réutiliser la matière par la suite.

▪ Il est très important d'éduquer très tôt les enfants pour qu'ils grandissent avec les bons comportements devenus habituels.

▪ Les déchets toxiques (par exemple : avec résidus de solvants) doivent être déposés à un endroit spécial (indiqué par la mairie).

II. CE QU'IL FAUT FAIRE

▪ Prendre de grandes précautions pour éliminer les déchets de l'école.

▪ Mettre des gants jetables et se protéger avec un tablier que l'on mettra pour cela seulement (par-dessus la blouse).

▪ Respecter les consignes concernant le tri : bien savoir où l'on doit jeter les différents contenants.

▪ Ne jamais jeter un contenant de produit toxique dans une poubelle ordinaire.

▪ Assister l'enseignant pour expliquer aux enfants l'importance du tri et organiser un jeu de devinettes avec différents objets.

IMPORTANT : Il est évident que les déchets de nourriture doivent être mis dans des sacs-poubelle le plus vite possible afin d'être éloignés de l'environnement des enfants.

QCM

1. De quelle façon l'ATSEM respecte-t-elle les consignes de protection de l'environnement ?

- ◯ **A.** en ne jetant pas grand-chose
- ◯ **B.** en fermant bien ses sacs poubelles
- ◯ **C.** en participant au tri

2. Qu'y a-t-il comme poubelles dans une école ?

- ◯ **A.** uniquement des poubelles de bureau
- ◯ **B.** poubelles de bureau et conteneurs
- ◯ **C.** uniquement des conteneurs

3. Que doit-on trier ?

- ◯ **A.** les légumes
- ◯ **B.** les plastiques
- ◯ **C.** les déchets de nourriture
- ◯ **D.** les verres

4. Qu'apporte le recyclage du verre ?

- ◯ **A.** cela engendre une économie d'énergie
- ◯ **B.** cela donne du verre aux pays pauvres
- ◯ **C.** c'est bon pour la nature

5. Où doit se trouver le local à poubelles ?

- ◯ **A.** dans la cour de l'école
- ◯ **B.** dans l'école
- ◯ **C.** dans un local isolé qui donne directement sur l'extérieur

6. Dans quelle poubelle de tri doivent être déposés les déchets toxiques ?

- ◯ **A.** la poubelle à plastique
- ◯ **B.** la poubelle à verre
- ◯ **C.** aucune

7. À quel rythme doivent être lavés les conteneurs ?

- ◯ **A.** tous les jours
- ◯ **B.** toutes les semaines
- ◯ **C.** tous les mois

8. À quel âge doit-on parler aux enfants de l'importance du tri ?

- ◯ **A.** dès la première année de maternelle
- ◯ **B.** au collège
- ◯ **C.** au CP

9. Combien de fois par jour devez-vous vider la poubelle de la classe ?

- ◯ **A.** le plus souvent possible
- ◯ **B.** dès qu'elle est pleine
- ◯ **C.** une fois

10. Quelles précautions devez-vous prendre dès que vous manipulez des poubelles ?

- ◯ **A.** aucune
- ◯ **B.** mettre des gants
- ◯ **C.** mettre une charlotte

Réponses :

1. C **2.** B **3.** B, D **4.** A, C **5.** C **6.** C **7.** A **8.** A **9.** A, B **10.** B

FICHE 74 TECHNIQUES DE NETTOYAGE : DÉPOUSSIÉRAGE

Le nettoyage des collectivités est régi par un protocole précis.

I. CE QU'IL FAUT SAVOIR

Il est très important d'utiliser un chariot de ménage pour avoir tout le matériel à portée de main.

II. CE QU'IL FAUT FAIRE

Dépoussiérage des sols avec balai trapèze

- Objectif : collecter la poussière et les déchets répandus sur le sol au moyen d'un balai équipé avec une gaze à usage unique, antistatique et/ou pré-imprégnée. C'est un procédé efficace qui permet d'éliminer 90 % des poussières sur des sols lisses.
- Préparation du matériel : balai trapèze ; gazes à usage unique (une par pièce pour 20 à 30 m^2) ; pelle ; collecteur de déchets.
- Technique : le revêtement de sol doit être sec et débarrassé des gros déchets (verres cassés, par exemple) et des éléments adhérents (chewing-gum).
- Principes à respecter : la gaze doit reposer en permanence sur le sol afin de protéger la semelle du balai et de piéger les déchets à l'avant du balai. Ne pas soulever le balai en cours d'opération, ne pas effectuer de marche arrière car ces actions entraîneraient la redéposition des salissures sur le sol.
- La manipulation du balai peut s'effectuer selon deux méthodes :
  - méthode « à la godille » ; avec cette méthode, le manipulateur fait pivoter le balai en décrivant des « S » sur le sol. Elle se pratique sur des surfaces de moindres dimensions ;
  - méthode « au poussé » ; la méthode dite « au poussé » consiste à faire glisser en bandes parallèles le balai devant soi. Elle se pratique sur des grandes surfaces non encombrées.
- Application :
  - commencer par balayer le long des plinthes, les coins et sous les meubles ;
  - balayer ensuite les surfaces libres ;
  - terminer au niveau de la porte d'entrée ;
  - retirer la gaze du balai ;
  - déposer le balai sur le chariot d'entretien ;
  - à l'intérieur de la pièce, collecter les déchets avec la pelle et la gaze en enfermant les salissures à l'intérieur de la gaze ;
  - évacuer la gaze à usage unique et les déchets dans le collecteur.
- Changer impérativement de gaze pour chaque pièce !

QCM

1. Qu'est-ce qui régit le nettoyage des collectivités ?

○ **A.** un protocole très précis
○ **B.** un mode d'emploi

2. Avec quel matériel exécutez-vous le dépoussiérage des sols ?

○ **A.** avec un balai à frange
○ **B.** avec un balai à sec
○ **C.** avec un balai trapèze

3. Qu'est-ce qui permet d'accrocher la poussière au balai trapèze ?

○ **A.** une compresse
○ **B.** une serpillière
○ **C.** une gaze à usage unique antistatique ou pré-imprégnée

4. Combien ce procédé permet-il d'éliminer de poussière ?

○ **A.** 100 %
○ **B.** 90 %
○ **C.** 60 %

5. Combien de gazes faut-il utiliser pour une pièce de 60 cm² ?

○ **A.** une
○ **B.** deux à trois
○ **C.** quatre

6. De quoi avez-vous besoin en plus du balai et des gazes pour effectuer le dépoussiérage du sol d'une pièce ?

○ **A.** un seau
○ **B.** une gueule-de-loup
○ **C.** une pelle
○ **D.** un collecteur de déchets

7. Que ne devez-vous pas faire lorsque vous effectuez le dépoussiérage d'un sol ?

○ **A.** faire une marche arrière
○ **B.** faire reposer la gaze en permanence sur le sol
○ **C.** soulever le balai

8. Quelles sont les deux méthodes utilisées lors du dépoussiérage du sol ?

○ **A.** la méthode de serpentine
○ **B.** la méthode à la godille
○ **C.** la méthode de poussé
○ **D.** la méthode au poussé

9. En quoi consiste la méthode « à la godille » ?

○ **A.** elle consiste à faire glisser en bandes parallèles le balai devant soi
○ **B.** elle consiste à faire pivoter le balai en décrivant des « S » sur le sol
○ **C.** elle se pratique sur de grandes surfaces non encombrées

10. Par quelle partie de la pièce commence-t-on lorsqu'on effectue un dépoussiérage ?

○ **A.** on balaye d'abord les surfaces libres
○ **B.** on balaye d'abord au niveau de la porte d'entrée
○ **C.** on balaye d'abord le long des plinthes, les coins et sous les meubles

Réponses :

1. A 2. C 3. C 4. B 5. B 6. C, D 7. A, C 8. B, D 9. B 10. C

FICHE 75 TECHNIQUES DE NETTOYAGE : LAVAGE MANUEL DES SOLS

Le lavage s'effectue sur un sol dépoussiéré au préalable.

I. MÉTHODE « CHARIOT DE LAVAGE 2 SEAUX ET BALAI FAUBERT »

1 • Matériel et produit : chariot de lavage, balai faubert, détergent ou détergent désinfectant pour sols et surfaces.

2 • Technique : préparer le matériel : tremper le balai faubert dans la solution de lavage, essorer la frange avec la presse au-dessus du seau de rinçage, laver le sol par bandes régulières en décrivant des « 8 ».

II. MÉTHODE « BALAI APPLICATEUR OU RÉSERVOIR »

1 • Matériel et produit : balai équipé d'un bidon réservoir ou balai avec bac et grille d'égouttage installés sur le chariot d'entretien, bandeaux textiles pour chaque pièce, sac ou seau de recueil des bandeaux textiles sales, détergent ou détergent désinfectant pour sols et surfaces.

2 • Technique : préparer le matériel et la solution de lavage. Poser le premier bandeau sur le sol : faire écouler la solution de lavage sur le devant de la semelle à l'aide du bouton ou du robinet, ou utiliser le bandeau non essoré en provenance du bac. Laver le sol en godillant. Déposer les bandeaux utilisés dans le seau ou le sac de recueil des bandeaux sales et évacuer par le circuit linge sale.

III. MÉTHODE RASANTE AU BALAI DE LAVAGE À PLAT

1 • Matériel et produit : 1 bac, grille d'égouttage, 1 balai rasant, 2 franges par pièce (pas de balayage humide au préalable), détergent ou détergent désinfectant pour sols et surfaces.

2 • Technique : préparer le matériel et la solution de lavage, fixer la frange imprégnée de solution de lavage et égouttée sur le support du balai, laver le sol en godillant, si la solution de lavage contient un détergent désinfectant, laisser agir au minimum 5 minutes pour permettre la désinfection, récupérer les salissures avec la deuxième frange sèche, déposer les franges utilisées dans le sac collecteur.

IV. MÉTHODE DU LAVAGE À PLAT (DÉRIVÉE DE LA MÉTHODE DE LAVAGE RASANT)

Même matériel que pour la technique du lavage rasant, sauf qu'on n'utilise généralement qu'une frange par pièce avec un balayage humide au préalable, détergent ou détergent désinfectant pour sols et surfaces. Utiliser la même technique que la méthode de lavage rasant, mais sans la cinquième étape.

QCM

1. Quels sont les objectifs du nettoyage des sols ?

◯ **A.** éliminer les poussières

◯ **B.** éliminer le maximum de taches

◯ **C.** éliminer des traces

◯ **D.** éliminer les bactéries

2. Le lavage du sol s'effectue directement sans dépoussiérage préalable.

◯ **A.** vrai

◯ **B.** faux

3. Quelles méthodes de lavage des sols utilise-t-on en collectivité ?

◯ **A.** méthode deux seaux

◯ **B.** méthode chariot de lavage deux seaux

◯ **C.** méthode balai espagnol

◯ **D.** méthode balai faubert

4. Quels matériels utilise-t-on pour cette méthode ?

◯ **A.** chariot de lavage

◯ **B.** balai à frange

◯ **C.** balai trapèze

◯ **D.** détergent

5. Avec quoi essore-t-on la frange du balai ?

◯ **A.** avec les mains

◯ **B.** avec un seau

◯ **C.** avec une presse

6. Qu'est-ce que le balai applicateur ?

◯ **A.** un balai avec application d'un produit

◯ **B.** un balai équipé d'un bidon réservoir

◯ **C.** un balai équipé d'une pelle au bout du manche

7. Que doit-on utiliser avec le balai réservoir ?

◯ **A.** des bandes

◯ **B.** des bandeaux

◯ **C.** des lingettes

8. Quelles sont les différentes méthodes de lavage des sols ?

◯ **A.** la méthode rasante au balai de lavage à plat

◯ **B.** la méthode à la godille

◯ **C.** la méthode du lavage à plat

◯ **D.** la méthode au détergent

9. Qu'utilise-t-on comme matériel pour effectuer la méthode rasante au balai de lavage à plat ?

◯ **A.** un bac

◯ **B.** une pelle

◯ **C.** un bandeau textile

◯ **D.** un balai rasant

10. Doit-on utiliser un produit détergent ou détergent-désinfectant pour laver les sols ?

◯ **A.** les deux

◯ **B.** l'un ou l'autre

◯ **C.** le détergent seulement

Réponses :

1. B, C, D **2.** B **3.** B, D **4.** A, D **5.** C **6.** B **7.** B **8.** A, C **9.** A, D **10.** B

FICHE 76 PRODUITS D'ENTRETIEN

Une bonne connaissance des produits d'entretien permet de bien les doser et de les utiliser au mieux en toute sécurité.

I. CE QU'IL FAUT SAVOIR

- Plusieurs critères définissent l'efficacité d'un produit :
  - son dosage ;
  - son temps d'action ;
  - son action chimique ;
  - la température de l'eau pour le diluer.
- Le pH d'un produit (« potentiel hydrogène ») détermine sa valeur acide, neutre ou basique. On l'évalue sur une échelle allant de 0 à 14 :
  - les produits dont le pH est situé entre 0 et 3 sont très acides et corrosifs (ce sont les produits détartrants) ;
  - les produits dont le pH est situé entre 11 et 14 sont très alcalins (ce sont les décapants et les détergents).
- On distingue :
  - les produits détergents (pour dissoudre les souillures, les salissures et les graisses) ;
  - les produits détartrants (pour enlever le tartre) ;
  - les produits détergents et désinfectants (pour nettoyer et détruire les germes) ;
  - les produits antiseptiques (pour détruire certains germes installés sur la peau, par exemple) ;
  - les produits bactéricides (pour éliminer les bactéries) ;
  - l'eau de Javel, diluée dans l'eau froide ou tiède, est désinfectante.
- Pour des raisons pratiques (et aussi de sécurité), les ATSEM utilisent en général des produits qui sont à la fois nettoyants et désinfectants.

II. CE QU'IL FAUT FAIRE

- Lire très attentivement les étiquettes mises sur les contenants.
- Respecter les consignes de sécurité (porter un masque, des lunettes, etc.).
- Ne jamais mélanger les produits (cela peut créer des vapeurs très dangereuses).
- À l'office, utiliser uniquement un produit qui peut être en contact alimentaire (cela est mentionné sur l'étiquette).

IMPORTANT : Des organismes sont chargés de vérifier l'exactitude des informations données par le fabriquant et leur conformité à des normes définies. Par exemple :
- « NF72 » : le produit est un désinfectant ;
- « EN » avec un chiffre : norme européenne.

QCM

1. Quels critères définissent l'efficacité d'un produit d'entretien ?

- ◯ **A.** son temps d'exposition
- ◯ **B.** son dosage
- ◯ **C.** son action chimique

2. Qu'apporte la bonne utilisation d'un produit ?

- ◯ **A.** son utilisation en toute sécurité
- ◯ **B.** un meilleur nettoyage
- ◯ **C.** l'autosatisfaction

3. Qu'est-ce que le « pH » d'un produit ?

- ◯ **A.** son potentiel hydroélectrique
- ◯ **B.** son potentiel haut
- ◯ **C.** son potentiel hydrogène

4. Qu'est-ce qui détermine le « pH » d'un produit ?

- ◯ **A.** sa valeur acidité
- ◯ **B.** sa valeur neutre
- ◯ **C.** sa valeur de base
- ◯ **D.** sa valeur acide

5. L'échelle sur laquelle un pH est évalué va de :

- ◯ **A.** 0 à 16
- ◯ **B.** 1 à 20
- ◯ **C.** 0 à 14
- ◯ **D.** 0 à 15

6. Le pH d'un produit est très acide lorsque sa valeur est comprise entre :

- ◯ **A.** 0 à 6
- ◯ **B.** 0 à 5
- ◯ **C.** 0 à 3

7. Comment sont les produits dont le pH est situé entre 11 et 14 ?

- ◯ **A.** alcalins
- ◯ **B.** très alcalins
- ◯ **C.** acides
- ◯ **D.** corrosifs

8. Quelles sortes de produits distingue-t-on ?

- ◯ **A.** les produits détergents
- ◯ **B.** les produits arrangeants
- ◯ **C.** les produits bactéricides
- ◯ **D.** les produits désinfectants

9. À quoi servent les produits antiseptiques ?

- ◯ **A.** à éliminer les germes
- ◯ **B.** à détruire certains germes installés sur la peau
- ◯ **C.** à dissoudre les souillures

10. Que devez-vous faire quand vous utilisez des produits d'entretien ?

- ◯ **A.** respecter les consignes de sécurité
- ◯ **B.** mélanger les produits
- ◯ **C.** lire les étiquettes

Réponses :

1. B, C **2.** A, B **3.** C **4.** B, D **5.** C **6.** C **7.** B **8.** A, C, D **9.** B **10.** A, C

FICHE 77 MATÉRIEL ET JOUETS

L'ATSEM est chargée de l'entretien du matériel et des jouets des classes.

I. CE QU'IL FAUT SAVOIR

▪ Le matériel comprend :
- les tables ;
- les chaises ;
- les casiers ;
- les tiroirs ;
- les outils utilisés par les enfants (pinceaux, bâtons de colle, crayons, etc.) ;
- les jouets ;
- les jeux éducatifs ;
- les plans inclinés (pour la peinture) ;
- les tableaux ;
- les bacs (coin découverte).

▪ Il est recommandé d'établir un planning pour entretenir régulièrement les jouets les plus utilisés par les enfants afin que ceux-ci restent propres en permanence.

▪ Les tables doivent être désinfectées tous les jours, détachées à chaque fois que cela est nécessaire et lavées à fond une fois par semaine.

▪ Il est évident que les casiers, les tiroirs, les étagères et les boîtes doivent être vidés de leur contenu avant d'être nettoyés (avec un détergent/désinfectant).

▪ Il faut toujours procéder de la même façon : nettoyer, rincer, essuyer, ranger :
- nettoyer : avec des lavettes (jetables ou lavables à 60 °C) ;
- rincer : avec un seau et de l'eau ;
- essuyer, sécher : avec des serviettes jetables.

II. CE QU'IL FAUT FAIRE

▪ Bien s'organiser afin d'établir un plan de travail sur la semaine pour le nettoyage (par exemple : le lundi le coin peinture, le mardi les jeux de construction, etc.).

▪ Travailler en série pour ne pas perdre de temps (par exemple : toutes les chaises).

▪ Toujours nettoyer en commençant par le plus propre.

▪ Si l'on désinfecte des jouets avec de l'eau javellisée, il faut d'abord laver puis rincer, nettoyer avec l'eau javellisée, attendre puis rincer.

▪ Bien sécher les objets manipulés par les enfants.

IMPORTANT : Les enfants n'ont pas toujours les mains propres et un bon entretien permet d'éviter les contaminations.

QCM

1. Que trouve-t-on dans le matériel d'une classe ?

- ◯ **A.** des tables
- ◯ **B.** des toilettes
- ◯ **C.** des chaises
- ◯ **D.** des tiroirs

2. Combien de fois dans l'année devez-vous nettoyer le matériel de la classe ?

- ◯ **A.** le plus souvent possible
- ◯ **B.** une fois
- ◯ **C.** jamais

3. Pourquoi nettoyez-vous le matériel de la classe ?

- ◯ **A.** pour que ce soit plus joli
- ◯ **B.** pour avoir une belle classe
- ◯ **C.** pour l'hygiène
- ◯ **D.** pour la santé des enfants

4. Combien de fois par semaine devez-vous nettoyer les tables ?

- ◯ **A.** quatre fois
- ◯ **B.** une fois
- ◯ **C.** deux fois

5. Comment faut-il faire le nettoyage ?

- ◯ **A.** nettoyer, essuyer, ranger
- ◯ **B.** nettoyer, rincer, ranger
- ◯ **C.** nettoyer, rincer, essuyer, ranger

6. Avec quoi nettoyez-vous le matériel de la classe ?

- ◯ **A.** une serpillière
- ◯ **B.** une éponge
- ◯ **C.** une lavette
- ◯ **D.** un torchon

7. Lorsque vous nettoyez le matériel, par où commencez-vous ?

- ◯ **A.** par le plus sale
- ◯ **B.** par le plus propre

8. Doit-on rincer les jouets, après les avoir lavés avec de la Javel ?

- ◯ **A.** oui
- ◯ **B.** non

9. Y a-t-il des tableaux à nettoyer dans une classe ?

- ◯ **A.** oui
- ◯ **B.** non

10. Avec quoi devez-vous essuyer le matériel que vous avez lavé ?

- ◯ **A.** un torchon
- ◯ **B.** on ne l'essuie pas
- ◯ **C.** avec des serviettes jetables

Réponses :

1. A, C, D **2.** A **3.** C, D **4.** A **5.** C **6.** C **7.** B **8.** A **9.** A **10.** C

FICHE 78 LA COUR

La cour de récréation, occupée plusieurs fois par jour par tous les enfants de l'école, est un lieu d'évolutions libres : un mauvais entretien peut entraîner des chutes et même des accidents graves.

I. CE QU'IL FAUT SAVOIR

- Lorsqu'il y a des arbres dans la cour, des feuilles et de petites branches peuvent régulièrement joncher le sol. À l'automne, les feuilles tombées sont très glissantes.
- L'ATSEM doit simplement entretenir la propreté du lieu ; ce n'est pas à elle de réparer ce qui est détérioré (elle doit le signaler).
- Lorsqu'il a plu, les flaques d'eau attirent les enfants qui peuvent jouer à s'éclabousser et être vite trempés.
- Le toboggan peut salir les enfants s'il n'est pas bien entretenu (mains et vêtements).
- Nettoyer la cour est un travail d'équipe.
- Une poubelle doit être mise à la disposition de tous.
- Les vélos et les patinettes sont entreposés dans un abri.

II. CE QU'IL FAUT FAIRE

- Utiliser une raclette pour ne pas soulever la poussière, et pousser l'eau vers la grille d'évacuation.
- Ramasser les feuilles à chaque fois que cela est nécessaire, les petites branches, les petits débris de toutes sortes qui peuvent avoir été jetés par les enfants (par exemple : morceaux de jouets apportés de la maison, épluchures de clémentines, papiers, etc.).
- Exiger que les enfants utilisent la poubelle extérieure (par exemple : après s'être mouché, bien jeter le mouchoir).
- Essuyer les jeux d'extérieur avant que les enfants ne les utilisent.
- Vérifier que le local à vélos est propre et n'abrite pas des objets inutiles.
- Laver la cour à grand jet une fois par semaine afin d'éliminer des détritus apportés par le vent.

IMPORTANT : Vérifier l'état de la cour (sans oublier les coins) avant et après le passage des enfants.

QCM

1. Pourquoi faut-il nettoyer la cour ?

○ **A.** pour qu'elle soit belle
○ **B.** pour éviter les accidents
○ **C.** pour faire plaisir aux parents

2. Que trouve-t-on dans une cour d'école qui puisse être dangereux ?

○ **A.** de la poussière
○ **B.** de la terre
○ **C.** des branches
○ **D.** toutes sortes de déchets apportés par le vent

3. Il a plu et la cour est remplie de flaques. Que devez-vous faire ?

○ **A.** les laisser, elles s'évaporent
○ **B.** les éliminer
○ **C.** sauter dedans

4. La cour d'une école doit-elle être nettoyée tous les jours ?

○ **A.** oui
○ **B.** non

5. Dans une cour d'école, il y a souvent des arbres. Un arbre est cassé et risque de tomber sur les enfants. Que devez-vous faire ?

○ **A.** finir de le couper
○ **B.** empêcher les enfants de jouer à côté
○ **C.** établir un périmètre de sécurité
○ **D.** prévenir la direction

6. C'est l'automne, les arbres perdent leurs feuilles. Devez-vous les ramasser ?

○ **A.** oui
○ **B.** non

7. Il a plu et les jeux de la cour sont mouillés. Devez-vous laisser les enfants jouer dans les jeux ?

○ **A.** oui
○ **B.** non

8. Un jeu de la cour s'est abîmé. Que devez-vous faire ?

○ **A.** le réparer
○ **B.** prévenir le service qui doit s'en occuper
○ **C.** faire prévenir le service qui doit s'en occuper

9. Y a-t-il une benne à ordure dans une cour d'école ?

○ **A.** oui
○ **B.** non

10. Qu'utilisez-vous comme outil pour éliminer les flaques ?

○ **A.** un balai
○ **B.** une raclette
○ **C.** une pelle

Réponses :

1. B **2.** C, D **3.** B **4.** A **5.** B, C, D **6.** A **7.** B **8.** C **9.** A **10.** B

FICHE 79 SALLE DE MOTRICITÉ

La salle de motricité est bien sûr un lieu essentiellement utilisé pour le mouvement, ce qui engendre beaucoup de poussière !

I. CE QU'IL FAUT SAVOIR

- Plusieurs classes peuvent se succéder dans une même demi-journée.
- Les mouvements des enfants et l'utilisation du matériel « remuent » les substances suspendues dans l'air.
- Les enfants crient, respirent plus vite, transpirent.
- Ils quittent leurs chaussures et se mettent à l'aise.
- Le petit matériel (cerceaux de plusieurs tailles, balles, ballons, quilles, bâtons, cordes, caissettes, etc.) passe de main en main.
- Les tapis de sécurité installés pour certains exercices sont recouverts de toile plastifiée.
- Le nettoyage de la salle de motricité doit se faire en équipe.

II. CE QU'IL FAUT FAIRE

- Aérer entre chaque séance pour éliminer l'air vicié.
- Nettoyer chaque jour la salle comme une classe en suivant un déroulement logique :
  - aérer ;
  - ramasser ce qui est tombé par terre (ranger et jeter) ;
  - enlever les poussières des meubles de rangement en commençant par ce qui est le plus haut ;
  - enlever les poussières des plinthes ;
  - faire un balayage humide du sol ;
  - terminer par le lavage du sol en commençant toujours par le fond du local ;
  - une fois par semaine, il faut procéder à un très grand nettoyage du matériel et des tapis pour lesquels il faut bien respecter les consignes d'entretien.
- L'ATSEM peut participer au grand nettoyage de fin d'année qui concerne les surfaces murales, le sol, le matériel.
- Le matériel utilisé est un matériel de professionnel :
  - une monobrosse (avec des disques amovibles qui s'adaptent sur une brosse) ;
  - l'autolaveuse (lave, frotte, aspire) ;
  - la vapeur d'eau (entre 120 et 160 °C) projetée avec pressions variables. Ce procédé très économique (sans produits) est très bon pour l'environnement.

QCM

1. Il y a une salle de motricité par classe.

- ◯ **A.** vrai
- ◯ **B.** faux

2. La même salle de motricité est utilisée par plusieurs classes dans la même journée.

- ◯ **A.** vrai
- ◯ **B.** faux

3. La salle de motricité est un lieu où l'on bouge.

- ◯ **A.** vrai
- ◯ **B.** faux

4. Quel matériel trouve-t-on dans une salle de motricité ?

- ◯ **A.** des tapis
- ◯ **B.** des ciseaux
- ◯ **C.** des ballons
- ◯ **D.** de la colle

5. La salle de motricité est une pièce où il y a vite de la poussière.

- ◯ **A.** vrai
- ◯ **B.** faux

6. Que devez-vous faire après chaque séance de motricité ?

- ◯ **A.** laver la salle en entier
- ◯ **B.** aérer la salle
- ◯ **C.** faire la poussière

7. Que devez-vous faire chaque jour dans la salle de motricité ?

- ◯ **A.** un balayage humide du sol
- ◯ **B.** ramasser ce qui est tombé par terre
- ◯ **C.** laver les vitres

8. Quel matériel utilise-t-on en général lors du grand nettoyage du sol d'une salle de motricité ?

- ◯ **A.** une monobrosse
- ◯ **B.** une autolaveuse
- ◯ **C.** un rouleau

9. Que nettoyez-vous lors du grand nettoyage de fin d'année ?

- ◯ **A.** uniquement les sols
- ◯ **B.** uniquement les murs
- ◯ **C.** tout

10. À quelle température doit être la vapeur d'eau ?

- ◯ **A.** entre 80 et 90 °C
- ◯ **B.** entre 120 et 160 °C
- ◯ **C.** entre 110 et 140 °C

Réponses :

1. B **2.** A **3.** A **4.** A, C **5.** A **6.** B **7.** A, B **8.** A, B **9.** C **10.** B

FICHE 80 LES SANITAIRES

À l'école maternelle, les sanitaires collectifs comprennent une série de lavabos et une série de WC, ceux-ci étant séparés par de petites cloisons.

I. CE QU'IL FAUT SAVOIR

▪ Les sanitaires doivent être nettoyés au moins une fois par jour ; ils le sont en général deux fois (et chaque fois que cela est nécessaire).

▪ Il faut utiliser un matériel uniquement réservé au nettoyage des sanitaires.

▪ On n'utilise pas simplement un désinfectant (ce genre de produit n'atteint pas les germes).

▪ On effectue le nettoyage avec des chiffonnettes imprégnées de détergent/désinfectant.

▪ On peut commencer par les lavabos pour finir avec les cuvettes des WC.

▪ Pour les WC :
- on commence par tirer la chasse d'eau ;
- on projette le produit à récurer ;
- on frotte avec la balayette (réservée exclusivement à cet usage) ;
- on nettoie le siège, la chasse d'eau, le dessous de la cuvette avec une chiffonnette imprégnée de détergent/désinfectant ;
- on tire la chasse d'eau pour rincer la balayette.

▪ On utilise un détartrant (pour décoller le tartre) une ou deux fois par semaine pour nettoyer les surfaces émaillées (les produits détartrants ont un pH entre 0 et 3).

II. CE QU'IL FAUT FAIRE

▪ Toujours nettoyer en commençant par le plus propre pour finir par le plus sale.

▪ Utiliser un chariot uniquement pour les sanitaires (avec tampon à récurer, brosses, matériel pour effectuer un balayage humide, balai faubert, crème à récurer, détergent/désinfectant, détartrant, gants).

▪ Nettoyer tous les jours les poignées des portes (risques très importants de contamination).

▪ Approvisionner régulièrement les distributeurs de savon liquide, de papier toilettes et de serviettes essuie-mains.

Le rôle de l'ATSEM est d'évaluer l'importance et la fréquence des nettoyages au cours de la journée avec bon sens.

QCM

1. Combien de fois par jour les sanitaires doivent-ils être nettoyés ?

- ◯ **A.** au moins une fois
- ◯ **B.** au moins deux fois
- ◯ **C.** au moins trois fois

2. Doit-on utiliser seulement un désinfectant pour nettoyer les sanitaires ?

- ◯ **A.** oui
- ◯ **B.** non

3. Par quoi commence-t-on lors du nettoyage des sanitaires ?

- ◯ **A.** par projeter le produit à récurer
- ◯ **B.** par frotter avec la balayette
- ◯ **C.** par tirer la chasse

4. Quel produit utilise-t-on pour entretenir les sanitaires ?

- ◯ **A.** un détartrant
- ◯ **B.** un antiseptique
- ◯ **C.** un antistatique

5. Dans quelle échelle se situe le pH d'un produit détartrant ?

- ◯ **A.** entre 4 et 6
- ◯ **B.** entre 0 et 3
- ◯ **C.** entre 11 et 14

6. Les lavettes des sanitaires servent à nettoyer toute l'école.

- ◯ **A.** vrai
- ◯ **B.** faux

7. Que devez-vous faire après chaque passage de votre classe aux toilettes ?

- ◯ **A.** tirer les chasses
- ◯ **B.** nettoyer les sanitaires sales
- ◯ **C.** rien, l'agent d'entretien s'en chargera

8. Pourquoi devez-vous nettoyer tous les jours les poignées de porte ?

- ◯ **A.** elles sont toujours très contaminées
- ◯ **B.** il faut qu'elles brillent

9. Y a-t-il normalement un code de couleur sur les lavettes ?

- ◯ **A.** oui
- ◯ **B.** non

10. Quelle est la couleur des lavettes destinées aux sanitaires en général ?

- ◯ **A.** le rouge
- ◯ **B.** le vert
- ◯ **C.** le bleu

Réponses :

1. A **2.** B **3.** C **4.** A **5.** B **6.** B **7.** A, B **8.** A **9.** A **10.** A

FICHE 81 LE COVID-19 ET L'ÉCOLE MATERNELLE

La crise sanitaire déclenchée suite à la récente apparition du Coronavirus n'épargne pas le milieu scolaire qui s'en trouve fortement impacté.

I. CE QU'IL FAUT SAVOIR

- Le coronavirus Covid-19 est un virus dont la propagation fort rapide a amené l'Organisation mondiale de la santé à déclarer l'état de pandémie le 11 mars 2020.
- En France, comme dans d'autres États du monde, des périodes de confinement de la population, assorties de règles strictes sont mises en œuvre dans les espaces privés et publics.
- Dans le cadre de leur exercice professionnel, tous les professionnels exerçant en écoles, collèges et lycées sont donc amenés à connaître ces règles et recommandations et à les appliquer.

II. CE QU'IL FAUT FAIRE

- Quelle que soit la profession exercée au sein des écoles de France, les professionnels doivent prendre connaissance des documents cadres rédigés par les ministères de l'Éducation nationale et de la Santé. Il s'agit d'intégrer les conditions de sécurité qui peuvent être déclinées de manière graduée en fonction des contextes d'exercice. Elles concernent prioritairement les modalités d'accueil et de sortie des enfants, d'organisation des circulations et de restauration scolaire.
- Parmi les grands principes édictés, on retrouve les thématiques suivantes déclinées en règles que chacun des professionnels doit connaître :
  - respect des gestes barrière ;
  - port du masque pour les adultes et les élèves dès le CP ;
  - hygiène des mains ;
  - nettoyage et aération régulière des locaux ;
  - limitation du brassage.
- Au-delà de ces premières règles, il est aussi du devoir des ATSEM et enseignants des écoles maternelles de connaître les recommandations définies pour les parents d'élèves et de les faire appliquer sur les temps scolaires et périscolaires.

IMPORTANT : Les protocoles pour un accueil sécurisé des élèves et personnels évoluent fréquemment. Il convient donc de consulter régulièrement les sites des ministères concernés.

QCM

1. Comment caractériser le coronavirus Covid-19 ?

- ◯ **A.** c'est un virus bénin
- ◯ **B.** c'est un virus qui peut être mortel
- ◯ **C.** c'est un virus qui n'affecte que les animaux

2. Une pandémie est une épidémie qui touche une partie importante de la population mondiale.

- ◯ **A.** vrai
- ◯ **B.** faux

3. Quels espaces concernent les règles prescrites pour lutter contre le Covid-19 ?

- ◯ **A.** uniquement les espaces privés
- ◯ **B.** uniquement les espaces publics
- ◯ **C.** les espaces privés et publics

4. Tous les établissements scolaires sont-ils concernés par la mise en œuvre des mesures anti-Covid ?

- ◯ **A.** oui
- ◯ **B.** non
- ◯ **C.** seulement à partir du collège

5. Par qui sont édictées les consignes contre le Covid-19 relatives aux écoles ?

- ◯ **A.** les maires, responsables des locaux
- ◯ **B.** les ministères de l'Éducation nationale et de la Santé

6. Les règles à appliquer visent également la restauration scolaire et les centres de loisirs.

- ◯ **A.** vrai
- ◯ **B.** faux

7. Les parents d'élèves sont-ils concernés par les règles à connaître ?

- ◯ **A.** oui
- ◯ **B.** non

8. Comment les protocoles sanitaires évoluent-ils ?

- ◯ **A.** selon les territoires
- ◯ **B.** au 1er janvier de chaque année
- ◯ **C.** en fonction de la gravité de la situation épidémique

9. Dans les écoles maternelles, qui doit obligatoirement porter un masque ?

- ◯ **A.** les enseignants
- ◯ **B.** les élèves
- ◯ **C.** les parents
- ◯ **D.** les ATSEM

10. Quelle est la fréquence de l'aération des locaux à l'école maternelle pendant la pandémie ?

- ◯ **A.** une fois par jour
- ◯ **B.** une fois le matin et une fois l'après-midi
- ◯ **C.** le plus souvent possible

Réponses :

1. B **2.** A **3.** C **4.** A **5.** B **6.** A **7.** A **8.** A, C **9.** A, C, D **10.** C

FICHE 82 L'ATSEM FACE AU COVID-19

Les ATSEM exerçant en écoles maternelles sont tout particulièrement concernés par les mesures à mettre en œuvre pour lutter contre la pandémie en milieu scolaire.

I. CE QU'IL FAUT SAVOIR

▪ Depuis la rentrée de septembre 2020, le retour des enfants à l'école et l'accueil en centre de loisirs sont conditionnés au respect des règles précisées par les ministères de la Santé et de l'Éducation nationale et de la jeunesse. Le document de référence, intitulé « *Covid 19 ouverture des écoles : modalités pratiques et protocole sanitaire* » est régulièrement mis à jour à destination des professionnels et parents d'élèves. Il décline un nombre important de mesures visant à « protéger tous les élèves et les adultes et assurer l'éducation pour tous ».

▪ Depuis le premier déconfinement, les ATSEM ont dû modifier leurs approches dans la relation aux enfants, aux familles, et aux collègues de travail. Ils ont également à appliquer des procédures de nettoyage et de gestion des locaux et matériels qui n'existaient pas auparavant de manière si précise.

II. CE QU'IL FAUT FAIRE

▪ Chaque agent doit connaître et mettre en œuvre les règles qui permettent de respecter les distanciations physiques, gestes barrières et une bonne hygiène des locaux :

- porter un masque sur tous les temps de la journée (périscolaire et scolaire) ;
- se laver les mains régulièrement à l'eau et au savon ou se désinfecter avec du gel hydroalcoolique ;
- nettoyer plusieurs fois par jour les surfaces contact et les surfaces de travail (interrupteurs, poignées de portes, tables...) ;
- n'utiliser que des mouchoirs à usage unique et les jeter après utilisation dans des poubelles fermées ;
- aérer les espaces de travail avant l'arrivée des enfants, à chaque récréation et pendant la pause méridienne, après le départ des enfants.

▪ Au-delà de ces règles prioritaires, il convient d'intégrer également les recommandations issues des agences régionales de santé (ARS). Elles sont directement applicables par les ATSEM et enseignants de maternelle.

IMPORTANT : Il s'agit autant d'appliquer les règles que d'éduquer les jeunes enfants de l'école à intégrer progressivement ces principes afin qu'ils deviennent réflexes.

QCM

1. Qui la lutte contre le COVID-19 concerne-t-elle en maternelle ?

- ◯ **A.** les enseignants et les ATSEM
- ◯ **B.** les enseignants seulement car ils sont responsables des élèves

2. Que doivent faire les ATSEM depuis l'entrée en vigueur des protocoles sanitaires ?

- ◯ **A.** ils doivent modifier leurs approches dans les relations aux familles et collègues
- ◯ **B.** ils doivent rester à l'extérieur des classes
- ◯ **C.** ils doivent modifier la manière d'assurer le nettoyage des classes

3. Que doit-on faire désormais à l'école maternelle ?

- ◯ **A.** utiliser des aérateurs pour purifier l'air
- ◯ **B.** utiliser des mouchoirs à usage unique
- ◯ **C.** jeter les mouchoirs dans des poubelles obligatoirement fermées

4. À quel moment les locaux doivent-ils être aérés à l'école maternelle ?

- ◯ **A.** avant l'arrivée des enfants
- ◯ **B.** à chaque récréation
- ◯ **C.** durant 3 heures au moins la nuit

5. Les ATSEM doivent aider les enfants à intégrer les règles et gestes barrière.

- ◯ **A.** vrai, cela fait partie de leur mission
- ◯ **B.** faux, c'est du ressort des enseignants uniquement

6. Seuls les directeurs d'école doivent connaître les recommandations issues des agences régionales de santé.

- ◯ **A.** vrai
- ◯ **B.** faux

7. Les ATSEM et les enseignants ne sont pas obligés de porter un masque dans la cour de l'école.

- ◯ **A.** vrai
- ◯ **B.** faux

8. L'utilisation de gel hydroalcoolique est-elle obligatoire après lavage des mains à l'eau et au savon ?

- ◯ **A.** oui
- ◯ **B.** non

9. À quelle fréquence les surfaces contact et les surfaces de travail doivent-elles être nettoyées ?

- ◯ **A.** une fois par semaine
- ◯ **B.** une fois par jour avant l'arrivée des enfants
- ◯ **C.** plusieurs fois par jour

Réponses :

1. A 2. A, C 3. B, C 4. A, B 5. A 6. B 7. B 8. B 9. C

FICHE 83

LES COLLECTIVITÉS TERRITORIALES : DÉFINITION

I. DÉFINITION

Les collectivités territoriales sont des subdivisions administratives du territoire français. Ce sont des structures créées pour prendre en charge les intérêts de la population sur un territoire déterminé.

Une collectivité territoriale est définie par trois critères :

- Elle est dotée d'une personnalité morale, ce qui lui permet de disposer d'un budget propre, de son propre personnel et d'agir en justice.
- Elle détient des compétences propres.
- Elle exerce un pouvoir de décision : prises par les délibérations des conseils élus, ces décisions sont ensuite appliquées par l'exécutif.

II. LES DIFFÉRENTES COLLECTIVITÉS TERRITORIALES

La révision constitutionnelle de 2015 a créé 12 régions en métropole. La région Corse conserve son statut particulier de collectivité territoriale, avec les mêmes rôles qu'une région. La Nouvelle-Calédonie est dotée d'un statut transitoire et devrait rapidement se déterminer entre l'indépendance et un gouvernement autonome. Des institutions spécifiques lui ont été accordées, une nouvelle répartition des compétences avec l'État a été définie.

Les régions sont divisées en départements, eux-mêmes divisés en communes. Les départements ont des compétences en matière :

- d'actions sociales comme la gestion des services de protection maternelle et infantile (PMI), l'aide aux personnes handicapées avec la création des maisons départementales des personnes handicapées (MDPH) ou aux mineurs étrangers isolés… ;
- de grands équipements et voirie ;
- de gestion des collèges ;
- d'aménagement rural et de secours et d'incendie.

III. LE FONCTIONNEMENT DES COLLECTIVITÉS TERRITORIALES

Les collectivités territoriales ne suivent pas toutes les mêmes règles de fonctionnement et n'ont pas toutes le même statut. La définition et l'organisation des collectivités territoriales sont déterminées par des articles de la Constitution, des lois et des décrets.

Toutes ces réglementations se trouvent dans le code général des collectivités territoriales.

Un projet de loi prévoit des modifications telles que la création des conseillers territoriaux et de nouveaux modes d'élection, ainsi que la réforme des finances locales. Un autre projet prévoit une évolution vers le « Grand Paris ».

QCM

1. Les collectivités territoriales sont :

- ◯ **A.** des subdivisions administratives du territoire
- ◯ **B.** des structures de prise en charge des intérêts de la population
- ◯ **C.** des entreprises
- ◯ **D.** des associations

2. Les collectivités territoriales sont créées pour :

- ◯ **A.** prendre en charge les intérêts de tous les citoyens français
- ◯ **B.** prendre en charge les intérêts de la population d'un territoire délimité
- ◯ **C.** prendre en charge les intérêts des étrangers
- ◯ **D.** prendre en charge les intérêts des enfants

3. Les collectivités territoriales ont :

- ◯ **A.** une personnalité juridique
- ◯ **B.** un budget propre
- ◯ **C.** le droit de rendre la justice
- ◯ **D.** des compétences propres

4. Les collectivités territoriales :

- ◯ **A.** n'ont aucune compétence
- ◯ **B.** ont des compétences propres
- ◯ **C.** n'ont aucun pouvoir
- ◯ **D.** ont un pouvoir de décision

5. Les collectivités territoriales :

- ◯ **A.** peuvent prendre des décisions sans délibération
- ◯ **B.** peuvent prendre des décisions après délibération des conseils élus
- ◯ **C.** peuvent appliquer leurs décisions
- ◯ **D.** peuvent faire appliquer leurs décisions par l'exécutif

6. Au 1er janvier 2016, en France :

- ◯ **A.** on compte 96 régions
- ◯ **B.** on compte 13 régions, hors outre-mer
- ◯ **C.** on compte 13 régions, outre-mer compris
- ◯ **D.** toutes les régions sont supprimées

7. Les collectivités territoriales :

- ◯ **A.** suivent toutes les mêmes règles de fonctionnement
- ◯ **B.** ont toutes le même statut
- ◯ **C.** la Corse a un statut particulier
- ◯ **D.** la Nouvelle-Calédonie a un statut transitoire

8. L'organisation des collectivités territoriales est déterminée par :

- ◯ **A.** la Constitution
- ◯ **B.** le Code civil
- ◯ **C.** les lois et décrets
- ◯ **D.** le code des impôts

Réponses :

1. A, B **2.** B **3.** A, B, D **4.** B, D **5.** B, D **6.** B **7.** C, D **8.** A, C

FICHE 84 LA COMMUNE : GÉNÉRALITÉS

I. LA COMMUNE

La commune est la plus petite subdivision du territoire. Il y a 35 885 communes, dont environ 25 000 ont moins de 700 habitants et seulement 400 en ont plus de 20 000.

La commune est administrée par le maire, qui agit sous le contrôle du préfet. Elle est gérée par un conseil municipal, élu au suffrage universel direct.

Les ATSEM sont des agents communaux chargés d'aider les enseignants dans les écoles maternelles. Elles sont donc placées à la fois sous l'autorité du maire et sous celle des directeurs d'école.

II. LES REGROUPEMENTS DE COMMUNES

Pour élaborer des projets communs, les communes peuvent se regrouper de différentes façons :

- L'association de communes sous la forme d'un syndicat à vocation unique (SIVU) : sa compétence concerne l'adduction et la distribution d'eau.
- Le syndicat à vocation multiple (les SIVOM) : sa compétence concerne l'assainissement, la collecte et l'élimination des ordures ménagères, les activités scolaires et périscolaires, le tourisme et les équipements publics.
- Le syndicat mixte : il permet l'association de communes avec des départements, des régions ou des établissements publics.
- Les établissements publics de coopération intercommunale (EPCI).
- La communauté d'agglomérations qui regroupe plusieurs communes formant un ensemble de plus de 50 000 habitants pour le développement et l'aménagement économique, social et culturel.
- La communauté de communes, plutôt rurale, pour l'aménagement de l'espace, le développement économique, l'environnement, le logement et la construction, l'entretien et le fonctionnement d'équipements culturels, sportifs et scolaires.

III. LE CENTRE COMMUNAL D'ACTION SOCIALE (CCAS)

Le centre communal d'action sociale (CCAS) est un établissement public communal qui intervient dans les domaines de l'aide sociale. Sa compétence s'exerce uniquement sur le territoire de la commune.

QCM

1. La France compte :

- ◯ **A.** plus de 35 000 communes
- ◯ **B.** 25 000 communes de moins de 1 000 habitants
- ◯ **C.** 400 communes de plus 100 000 habitants
- ◯ **D.** 400 communes de plus 20 000 habitants

2. La commune est :

- ◯ **A.** la plus petite subdivision du territoire
- ◯ **B.** administrée par le préfet
- ◯ **C.** gérée par le maire
- ◯ **D.** gérée par le conseil municipal

3. Les communes se regroupent :

- ◯ **A.** pour élaborer des projets communs de développement
- ◯ **B.** pour s'enrichir
- ◯ **C.** en SIVOM
- ◯ **D.** en partis politiques

4. Les SIVOM :

- ◯ **A.** ont pour seul but l'élimination des ordures ménagères
- ◯ **B.** permettent l'association avec des départements
- ◯ **C.** gèrent, entre autres, les activités périscolaires
- ◯ **D.** gèrent le budget des communes

5. Les syndicats mixtes permettent :

- ◯ **A.** l'association avec les départements
- ◯ **B.** l'association avec les régions
- ◯ **C.** l'association avec les entreprises
- ◯ **D.** l'association avec des associations

6. Les communautés urbaines :

- ◯ **A.** sont plutôt rurales
- ◯ **B.** permettent l'association avec les départements
- ◯ **C.** ont pour rôle unique l'entretien des équipements sportifs
- ◯ **D.** sont créées pour, entre autres, l'aménagement de l'espace

7. Le CCAS :

- ◯ **A.** est le centre communal d'action sociale
- ◯ **B.** intervient dans le domaine de l'aide sociale
- ◯ **C.** exerce ses compétences sur tout le département
- ◯ **D.** exerce ses compétences sur tout le pays

8. Dans les communes :

- ◯ **A.** les actes du maire ne sont jamais contrôlés
- ◯ **B.** les actes du maire sont contrôlés par le préfet
- ◯ **C.** les SIVU ont pour objet l'adduction d'eau
- ◯ **D.** les SIVU ont pour objet la construction des lycées

Réponses :

1. A, D **2.** A, D **3.** A, C **4.** C **5.** A, B **6.** A, D **7.** A, B **8.** B, C

FICHE 85 L'ÉCOLE MATERNELLE

L'école maternelle en France accueille les enfants à partir de la scolarité obligatoire qui débute à 3 ans (depuis l'adoption de la loi pour une École de la confiance en 2019). La scolarité en école maternelle s'organise en trois temps : petite, moyenne et grande section, en fonction de l'âge des enfants. Les locaux des écoles maternelles appartiennent aux communes, qui ont la charge de leur entretien. On dénombre en France plus de 2 557 000 élèves scolarisés en école maternelle dans 15 435 écoles maternelles publiques et 123 écoles maternelles privées.

I. LE RÔLE DE L'ÉCOLE MATERNELLE

L'école maternelle est le lieu où l'enfant développe ses **compétences fondamentales, perfectionne son langage et commence notamment à découvrir l'univers de l'écrit et celui des chiffres**.

La loi de refondation de l'École crée un cycle unique pour l'école maternelle. Ce temps de scolarité établit les fondements éducatifs et pédagogiques très utiles aux élèves pour l'ensemble de leur scolarité.

La mission principale de l'école maternelle est de donner envie aux enfants d'aller à l'école pour apprendre, affirmer et épanouir leur personnalité. Elle s'appuie sur un principe fondamental : tous les enfants sont capables d'apprendre et de progresser. En manifestant sa confiance à l'égard de chaque enfant, l'école maternelle l'engage à avoir confiance dans son propre pouvoir d'agir et de penser, dans sa capacité à apprendre et réussir sa scolarité et au-delà.

II. LE FONCTIONNEMENT DE L'ÉCOLE MATERNELLE

On parle d'école maternelle ou d'école primaire. L'école maternelle ne comprend que les classes de maternelle de la petite à la grande section. L'école primaire comprend les classes de maternelle et les classes de l'élémentaire : de la petite section au CM2.

1 • Le directeur d'école : il **exerce des responsabilités administratives, pédagogiques et représente l'institution** auprès de la commune et des parents d'élèves.

2 • Le conseil des maîtres : il réunit le directeur et les maîtres affectés à l'école. Il se réunit deux fois par mois.

3 • Le conseil des maîtres de cycle : il permet notamment de **faire le point sur la progression des élèves** et d'**élaborer le projet pédagogique** de chacun des trois cycles (cycle des apprentissages premiers, cycle des apprentissages fondamentaux, cycle des approfondissements) de la scolarité primaire.

4 • Le conseil d'école : le directeur réunit le maire ou son représentant (parfois aussi le maire d'arrondissement), les professeurs de chaque classe, les représentants des parents d'élèves, les représentants des agents, un représentant du temps périscolaire, le délégué départemental de l'éducation et l'inspecteur de l'Éducation nationale. Il se réunit au moins une fois par trimestre et **vote le règlement intérieur de l'école et informe les participants sur le fonctionnement de l'école et les projets pédagogiques**.

QCM

1. À qui appartiennent les locaux des écoles maternelles ?

- ◯ **A.** aux communes
- ◯ **B.** à l'État
- ◯ **C.** aux régions

2. L'école maternelle existe dans tous les pays européens :

- ◯ **A.** oui
- ◯ **B.** non

3. La majorité des enfants de 2 ans sont scolarisés en école maternelle :

- ◯ **A.** oui
- ◯ **B.** non, ils ne sont qu'environ 12 %
- ◯ **C.** non, l'école maternelle n'est accessible qu'à partir de 3 ans

4. Le cycle des apprentissages premiers désigne :

- ◯ **A.** la petite section
- ◯ **B.** la moyenne section
- ◯ **C.** la grande section
- ◯ **D.** la petite et la moyenne sections

5. Le cycle des apprentissages fondamentaux désigne :

- ◯ **A.** la moyenne et la grande sections
- ◯ **B.** la grande section
- ◯ **C.** le CP, le CE1 et le CE2
- ◯ **D.** la moyenne section

6. Qui est responsable de l'entretien des écoles maternelles ?

- ◯ **A.** le directeur ou la directrice de l'école
- ◯ **B.** la commune
- ◯ **C.** le département
- ◯ **D.** le président du conseil régional

7. À quel âge débute en France l'instruction obligatoire ?

- ◯ **A.** 3 ans
- ◯ **B.** 5 ans
- ◯ **C.** 6 ans

8. Les représentants de parents d'élèves assistent au conseil d'école :

- ◯ **A.** oui
- ◯ **B.** non

9. Le conseil d'école se réunit :

- ◯ **A.** tous les mois
- ◯ **B.** au moins deux fois par an
- ◯ **C.** au moins une fois par trimestre
- ◯ **D.** tous les ans au moment de la rentrée scolaire

Réponses :

1. A **2.** B **3.** B **4.** A, B, C **5.** C **6.** B **7.** A **8.** A **9.** C

FICHE 86

LE STATUT JURIDIQUE DE L'ENFANT ET DE SA FAMILLE

Les droits de l'enfant ont été reconnus en 1989 par l'ONU selon la convention internationale.

En droit français, l'enfant mineur dispose d'une personnalité juridique et de sa capacité de jouissance.

I. LA PERSONNALITÉ JURIDIQUE DE L'ENFANT

La personnalité juridique est l'aptitude à être titulaire de droits et d'obligations. On distingue la capacité de jouissance et la capacité d'exercice de ces droits. Les enfants ont la capacité de jouissance de leur patrimoine, ainsi que les attributs de la personnalité : le nom, le domicile et la nationalité.

Pour la capacité d'exercice, il s'agit de déterminer l'âge où l'enfant est capable de discernement.

- Dès treize ans, les poursuites pénales sont possibles.
- Quinze ans est l'âge de la majorité sexuelle.
- Seize ans donne l'aptitude au travail par la fin de l'obligation scolaire.
- Dix-huit ans est l'âge de la majorité.

II. LA RESPONSABILITÉ CIVILE DE L'ENFANT

Les parents supportent les conséquences des actes dommageables commis par leur enfant. Ceci découle de l'autorité dont ils disposent et de la mission éducative qu'ils assurent. Le plus souvent, ces faits sont indemnisés par l'assurance. Les parents peuvent établir qu'ils n'ont pas commis de faute dans l'éducation ou dans la surveillance de leur enfant.

III. LA RESPONSABILITÉ PÉNALE DE L'ENFANT

Aucune sanction pénale ne peut être prononcée à l'encontre d'un enfant pour des faits commis avant l'âge de treize ans. Seules des mesures dites éducatives sont ouvertes **avant** cet âge : admonestation, liberté surveillée, remise au père ou à la mère, placement en institution.

QCM

1. Les droits de l'enfant :

- ◯ **A.** sont repris dans la convention internationale des droits de l'enfant reconnue par l'ONU
- ◯ **B.** sont repris dans le Préambule de la Constitution française
- ◯ **C.** sont présents dans le Code pénal
- ◯ **D.** sont indiqués dans le Code du travail

2. Les droits de l'enfant stipulent :

- ◯ **A.** que l'enfant a tous les droits
- ◯ **B.** que l'enfant dispose de la pleine personnalité juridique
- ◯ **C.** que l'enfant mineur ne dispose pas de la capacité d'exercice
- ◯ **D.** que l'enfant mineur dispose de la capacité de jouissance de son patrimoine

3. La personnalité juridique :

- ◯ **A.** est l'aptitude à être titulaire de droits et d'obligations
- ◯ **B.** confère toujours la capacité juridique de jouissance et d'exercice
- ◯ **C.** confère toujours les attributs de la personnalité : le nom, le domicile et la nationalité
- ◯ **D.** confère toujours la capacité de jouissance

4. Les enfants mineurs :

- ◯ **A.** ne peuvent jamais être l'objet de poursuites pénales
- ◯ **B.** ont la majorité sexuelle à partir de quinze ans
- ◯ **C.** peuvent occuper un emploi à partir de douze ans
- ◯ **D.** sont soumis à l'obligation scolaire de six à seize ans

5. Lorsqu'un enfant mineur a commis un acte dommageable, ses parents :

- ◯ **A.** ne sont jamais responsables
- ◯ **B.** peuvent prouver qu'ils n'ont pas commis de faute
- ◯ **C.** peuvent, le plus souvent, faire indemniser les dommages par leur assurance
- ◯ **D.** ne peuvent jamais faire indemniser les dommages par leur assurance

6. Les parents d'enfants mineurs :

- ◯ **A.** disposent de l'autorité sur leurs enfants
- ◯ **B.** ne disposent d'aucune autorité sur leurs enfants
- ◯ **C.** ont une mission d'éducation envers leurs enfants
- ◯ **D.** n'ont pas de mission d'éducation envers leurs enfants

7. L'enfant délinquant de moins de treize ans :

- ◯ **A.** ne peut subir aucune sanction pénale
- ◯ **B.** peut faire l'objet de mesures éducatives comme la liberté surveillée
- ◯ **C.** ne peut pas être placé en institution par un juge
- ◯ **D.** peut être placé en détention par un juge

8. L'enfant délinquant de moins de treize ans :

- ◯ **A.** peut faire l'objet d'une admonestation du juge
- ◯ **B.** peut être condamné, par un juge, à payer une amende
- ◯ **C.** peut être condamné, par un juge, à des travaux d'intérêt général
- ◯ **D.** peut faire l'objet d'une remise au père ou à la mère de la part d'un juge

Réponses :

1. A **2.** C, D **3.** A, C, D **4.** B, D **5.** B, C **6.** A, C **7.** A, B **8.** A, D

FICHE 87 LA PROTECTION SANITAIRE DES ENFANTS

La protection sanitaire des enfants résulte de la mise en place d'une politique de santé.

I. LA PRÉVENTION

La prévention comprend :

- les actions de communication concernant la pollution, les vaccinations obligatoires et conseillées, l'amélioration du mode vie ;
- la promotion de la santé en faveur des élèves par l'Éducation nationale ;
- la protection contre la maltraitance : un enfant maltraité est celui dont l'entretien, la santé, la sécurité, la moralité ou l'éducation sont compromis par la famille. Toute personne a le devoir de faire un signalement au procureur de la République en cas de suspicion de maltraitance.

II. LA PROTECTION MATERNELLE ET INFANTILE (PMI)

Les centres de PMI sont gérés par les conseils généraux. Leurs missions sont :

- les examens médicaux : visites prénatales obligatoires, visites familiales des enfants de la naissance à six ans (20 visites dont 9 la première année), visites médicales à l'école maternelle ;
- les vaccinations : obligatoires avant dix-huit mois contre la diphtérie, le tétanos et la poliomyélite ;
- la prévention et le dépistage du handicap avant six ans ;
- l'agrément et le contrôle des assistantes maternelles ;
- le conseil génétique : maîtrise de la fécondité et interruptions volontaires de grossesse.

III. LE CARNET DE SANTÉ

Il est délivré au moment de la naissance et recueille toutes les informations médicales des six premières années de la vie de l'enfant.

Il précise en particulier les dates des vaccinations, ainsi que toutes les étapes de son développement : le poids et la taille. Il sert de lien entre les différents intervenants chargés de l'enfant.

QCM

1. La prévention sanitaire des enfants :
- ◯ **A.** comprend les actions contre la pollution
- ◯ **B.** ne comprend que les actions sur les vaccins
- ◯ **C.** ne comprend pas d'actions sur le mode de vie
- ◯ **D.** comprend les vaccinations obligatoires et conseillées

2. La protection sanitaire des enfants :
- ◯ **A.** fait partie de la politique de santé
- ◯ **B.** comprend les vaccinations
- ◯ **C.** ne comprend pas la protection contre la maltraitance
- ◯ **D.** est mise en place par l'Éducation nationale pour les enfants scolarisés

3. Un enfant est maltraité :
- ◯ **A.** uniquement s'il est battu
- ◯ **B.** si son entretien est compromis
- ◯ **C.** si sa moralité est compromise
- ◯ **D.** uniquement si sa santé est compromise

4. La maltraitance d'enfant :
- ◯ **A.** doit être signalée par toute personne qui suspecte un cas
- ◯ **B.** doit être signalée seulement par les policiers
- ◯ **C.** doit être obligatoirement signalée par les instituteurs
- ◯ **D.** ne doit pas être signalée par les médecins

5. Les centres de PMI :
- ◯ **A.** sont gérés par les conseils généraux
- ◯ **B.** sont gérés par les mairies
- ◯ **C.** assurent les visites prénatales obligatoires
- ◯ **D.** n'assurent jamais les visites prénatales

6. Les visites médicales des enfants :
- ◯ **A.** sont assurées par les centres de PMI pour les moins de 18 ans
- ◯ **B.** sont obligatoires et au nombre de six de la naissance à 6 ans
- ◯ **C.** sont obligatoires et au nombre de vingt de la naissance à 6 ans
- ◯ **D.** sont assurées par les centres de PMI pour les moins de 6 ans

7. Les vaccinations :
- ◯ **A.** ne sont jamais obligatoires
- ◯ **B.** contre la diphtérie, le tétanos et la poliomyélite sont obligatoires avant dix-huit mois
- ◯ **C.** contre le tétanos sont les seules obligatoires
- ◯ **D.** contre l'hépatite sont obligatoires

8. Les centres de PMI :
- ◯ **A.** ne sont pas chargés du dépistage du handicap des enfants
- ◯ **B.** assurent le contrôle des assistantes maternelles
- ◯ **C.** assurent le conseil génétique
- ◯ **D.** n'assurent jamais les IVG

9. Le carnet de santé :
- ◯ **A.** est délivré au moment de la naissance
- ◯ **B.** ne recueille les informations que pendant les six premiers mois
- ◯ **C.** indique uniquement les vaccinations
- ◯ **D.** indique les vaccinations, le poids et la taille

10. Le carnet de santé :
- ◯ **A.** sert de lien entre les différents intervenants chargés de l'enfant
- ◯ **B.** indique les étapes du développement de l'enfant pendant six mois
- ◯ **C.** indique les étapes du développement de l'enfant pendant six ans
- ◯ **D.** indique les étapes du développement de l'enfant jusqu'à dix-huit ans

Réponses :

1. A, D **2.** A, B, D **3.** B, C **4.** A, C **5.** A, C **6.** C, D **7.** B **8.** B, C **9.** A, D **10.** A, C

FICHE 88 LA PROTECTION SOCIALE DES ENFANTS

I. L'ENFANT AYANT DROIT

L'enfant, jusqu'à dix-huit ans, bénéficie de la protection sociale de ses (ou son) parents : Sécurité sociale, mutuelles et allocations familiales. Il est « ayant droit ».

II. L'ENFANT PRIVÉ DE SOUTIEN FAMILIAL

Il bénéficie de l'ASE, « aide sociale à l'enfance ». Il s'agit d'un service du département dont la mission est de venir en aide aux enfants et à leurs familles par des actions de prévention individuelle ou collective et de protection contre la maltraitance.

Le service de l'aide sociale à l'enfance peut devenir le tuteur de l'enfant. Pour accomplir ses fonctions, il est doté d'un personnel administratif et de travailleurs sociaux, et il fait appel à des organismes publics ou à des institutions privées.

III. LES MISSIONS DE L'ASE

Les missions de l'ASE sont :

- le soutien matériel, éducatif et psychologique aux mineurs et à leurs familles, confrontés à des difficultés sociales graves ;
- des actions de protection en faveur des mineurs en difficulté ;
- des actions de prévention des mauvais traitements à l'égard des mineurs ;
- le placement de l'enfant en famille d'accueil ou en institution.

IV. LES MOYENS DE L'ASE

Le service de l'aide sociale à l'enfance propose :

- une aide financière (allocation mensuelle) ;
- les interventions à domicile d'un(e) travailleur(se) familial(e) ;
- un service d'action éducative.

Dans sa mission de protection, l'ASE signale au procureur de la République ou au juge des enfants les cas d'urgence dont il a connaissance.

Le défenseur des enfants informe le président du conseil général compétent des affaires susceptibles de justifier une intervention du service de l'ASE.

QCM

1. L'enfant :

- ◯ **A.** dispose dès sa naissance de sa propre Sécurité sociale
- ◯ **B.** dispose jusqu'à dix-huit ans de la Sécurité sociale de ses (ou son) parent(s)
- ◯ **C.** est ayant cause de ses (ou son) parent(s)
- ◯ **D.** est ayant droit de ses (ou son) parent(s)

2. L'ASE, « aide sociale à l'enfance » :

- ◯ **A.** est un service du département
- ◯ **B.** a pour mission d'aider tous les enfants et toutes les familles
- ◯ **C.** a pour mission de prendre en charge l'enfant mineur privé de famille
- ◯ **D.** est un service national

3. L'ASE :

- ◯ **A.** ne peut agir que de manière individuelle
- ◯ **B.** ne peut agir que de manière juridique
- ◯ **C.** ne peut agir que de manière collective
- ◯ **D.** peut agir de manière individuelle ou collective

4. L'ASE se charge :

- ◯ **A.** de l'ensemble des enfants mineurs
- ◯ **B.** de l'enfant mineur confronté à des difficultés sociales graves
- ◯ **C.** de l'enfant privé de soutien familial
- ◯ **D.** des enfants malades

5. La mission de l'ASE est :

- ◯ **A.** d'agir uniquement pour le soutien psychologique de l'enfant mineur et de sa famille
- ◯ **B.** d'agir uniquement pour le soutien matériel de l'enfant mineur et de sa famille
- ◯ **C.** d'agir uniquement pour le soutien juridique de l'enfant mineur et de sa famille
- ◯ **D.** d'agir pour le soutien matériel, éducatif et psychologique de l'enfant mineur et de sa famille

6. L'ASE peut :

- ◯ **A.** devenir le tuteur de l'enfant mineur en difficulté
- ◯ **B.** faire appel à du personnel administratif et des travailleurs sociaux
- ◯ **C.** faire appel à des organismes publics ou à des institutions privées
- ◯ **D.** adopter l'enfant mineur en difficulté

7. L'ASE peut agir :

- ◯ **A.** pour protéger l'enfant mineur en difficulté
- ◯ **B.** pour prévenir les mauvais traitements à l'égard des mineurs
- ◯ **C.** pour placer un enfant, à la demande du juge, exclusivement en famille d'accueil
- ◯ **D.** pour placer un enfant, à la demande du juge, en famille d'accueil ou en institution

8. L'ASE propose pour l'enfant en difficulté ou sa famille :

- ◯ **A.** une aide financière sous forme de capital
- ◯ **B.** les interventions à domicile d'un travailleur familial
- ◯ **C.** un service d'action éducative
- ◯ **D.** une aide financière sous forme d'allocation mensuelle

Réponses :

1. B, D **2.** A, C **3.** D **4.** B, C **5.** D **6.** A, B, C **7.** A, B, D **8.** B, C, D

FICHE 89 LE CADRE JURIDIQUE DES STRUCTURES D'ACCUEIL EN FAVEUR DES ENFANTS

Les structures d'accueil pour enfants de moins de 6 ans doivent répondre aux caractéristiques prévues dans le décret du 1er août 2000. Elles comprennent des institutions publiques et privées.

I. LES ÉTABLISSEMENTS D'ACCUEIL

1 • Les établissements à caractère sanitaire

Les établissements à caractère sanitaire sont destinés aux enfants malades qui ne peuvent bénéficier de soins dans le cadre familial, ce sont les pouponnières pour les moins de 3 ans et les maisons d'enfants (ou internats) à caractère sanitaire.

2 • Les établissements à caractère social

Les établissements à caractère social sont destinés à recevoir les enfants orphelins ou souffrant, dans leur milieu familial, de carence éducative. On distingue :

- les foyers départementaux de l'enfance pour l'accueil d'urgence ;
- les maisons d'enfants pour les jeunes en situation difficile ;
- les familles d'accueil qui offrent à l'enfant un cadre structurant et de nouveaux repères.

II. LES ÉTABLISSEMENTS D'ACCUEIL COLLECTIF OU FAMILIAL

Les enfants sont confiés aux établissements d'accueil par les parents pendant leur temps de travail ou de recherche d'emploi. Les conditions d'accueil sont réglementées.

On distingue les crèches collectives ou familiales, les haltes-garderies et les assistantes maternelles agréées par la DDASS.

III. L'ÉCOLE MATERNELLE

L'inscription à l'école maternelle est facultative, l'école est gratuite dans le secteur public.

Elle est destinée aux enfants de 2 ans et demi à 6 ans. Elle a pour but à la fois la socialisation de l'enfant et certains apprentissages.

IV. LES CENTRES DE LOISIRS

Les centres de loisirs ont pour but d'offrir aux enfants scolarisés des loisirs les mercredis après-midi et pendant les congés scolaires. Leurs structures sont réglementées. Ils sont accessibles à tous les élèves de maternelle et de primaire. Les tarifs varient en fonction d'un quotient familial déterminé par « la caisses des écoles ».

QCM

1. Toutes les structures d'accueil pour jeunes enfants :
- ◯ **A.** sont publiques
- ◯ **B.** sont privées
- ◯ **C.** sont publiques ou privées
- ◯ **D.** doivent répondre aux obligations du décret d'août 2000

2. Les établissements d'accueil de jeunes enfants sont destinés :
- ◯ **A.** aux moins de 3 ans
- ◯ **B.** aux moins de 6 ans
- ◯ **C.** à tous les enfants d'âge scolaire
- ◯ **D.** à tous les enfants

3. Les établissements d'accueil de jeunes enfants sont :
- ◯ **A.** tous à caractère sanitaire
- ◯ **B.** tous à caractère social
- ◯ **C.** destinés à tous les enfants malades
- ◯ **D.** soit à caractère sanitaire, soit à caractère social

4. Les établissements d'accueil de jeunes enfants sont :
- ◯ **A.** tous des pouponnières
- ◯ **B.** des pouponnières pour les moins de 3 ans
- ◯ **C.** des maisons d'enfants pour les plus de 3 ans
- ◯ **D.** tous des maisons d'enfants

5. Les établissements à caractère sanitaire sont destinés :
- ◯ **A.** à tous les enfants
- ◯ **B.** à tous les enfants malades
- ◯ **C.** aux enfants malades dépourvus de cadre familial
- ◯ **D.** aux nourrissons malades

6. Les établissements à caractère social sont destinés :
- ◯ **A.** seulement aux enfants souffrant de carences éducatives
- ◯ **B.** à tous les enfants
- ◯ **C.** aux enfants orphelins et à ceux qui souffrent de carences éducatives
- ◯ **D.** aux enfants ayant des difficultés scolaires

7. Les établissements à caractère social comprennent :
- ◯ **A.** des foyers départementaux de l'enfance pour l'accueil d'urgence
- ◯ **B.** des maisons d'enfants pour les jeunes en situation difficile
- ◯ **C.** des familles d'accueil
- ◯ **D.** des pensionnats

8. Les établissements d'accueil collectif ou familial pour les enfants :
- ◯ **A.** ont des conditions d'accueil réglementées
- ◯ **B.** s'occupent des enfants pendant les week-ends
- ◯ **C.** comprennent uniquement les crèches collectives
- ◯ **D.** comprennent des crèches, des haltes-garderies et des assistantes maternelles agréées

9. L'école maternelle est :
- ◯ **A.** facultative et gratuite dans le secteur public
- ◯ **B.** destinée aux enfants de 2 ans et demi à 6 ans
- ◯ **C.** organisée uniquement dans le but de socialiser l'enfant
- ◯ **D.** organisée dans le but de socialiser et d'acquérir certains apprentissages

10. Les centres de loisirs :
- ◯ **A.** offrent des loisirs à tous les jeunes
- ◯ **B.** fonctionnent pendant les congés scolaires
- ◯ **C.** ont des structures réglementées
- ◯ **D.** fonctionnent tous les jours de l'année

Réponses :

1. C, D **2.** B **3.** D **4.** B, C **5.** C **6.** C **7.** A, B, C **8.** A, D **9.** A, B, D **10.** B, C

3

Partie

L'ÉPREUVE ORALE

L'ENTRETIEN

L'entretien permet au jury d'apprécier la motivation du candidat et sa faculté à exercer les missions incombant à l'ATSEM. À l'issue de l'épreuve, le jury arrête une liste de candidats admis dans la limite des places disponibles.

Le jury comprend généralement deux personnes issues d'élus représentant la fonction publique et/ou de professionnels du milieu scolaire.

1 • Soignez votre communication

Il faut tout d'abord prendre conscience du fait que certes votre communication passe par la parole, par le verbe, mais également par votre corps. Il faudra donc veiller à :

- votre présentation vestimentaire (ni trop stricte ni trop décontractée, elle doit surtout correspondre à votre personnalité tout en respectant le jury) ;
- votre hygiène corporelle qui doit être impeccable (ongles, coiffure) ;
- sourire de temps à autre ;
- la posture de votre corps, la position de vos jambes, bras, mains ;
- votre regard (il ne doit être ni fuyant ni arrogant, vous devez regarder tous les membres du jury, même si l'un deux ne vous pose pas de questions...).

Pour ce qui est du discours, le choix du vocabulaire utilisé est fondamental : il doit être précis, correct. Toute familiarité est à bannir. Évitez également les digressions : le jury pourrait se lasser et son niveau d'écoute pourrait baisser. Évitez d'utiliser trop de possessifs lorsque vous expliquez votre activité actuelle.

Ne parlez ni trop bas ni trop fort. Ne parlez pas trop vite non plus, cela traduirait votre stress et votre émotivité. En résumé, pour être compris par le jury, il faut se mettre à sa place : quel est son rôle, son niveau d'écoute, qu'attend-il de nous ?

2 • Préparez l'entretien

Il faut préparer les questions potentielles : essayez d'imaginer les questions qu'on pourra vous poser, notez-les sur un brouillon et répondez-y par écrit ; puis entraînez-vous à parler devant une glace.

Vous pouvez également vous entraîner avec une autre personne : elle pourra ainsi vous poser des questions et aura un effet de premier miroir. Elle vous permettra également de constater si votre discours est clair ou non.

Les questions porteront sur les quatre thèmes suivants : présentation, motivation, connaissances institutionnelles et professionnelles.

➥ La présentation

- État civil (nom, prénom, âge...).
- Parcours scolaire : le cursus scolaire n'est pas le plus important. Sachez être bref et insister sur ce qui peut vous valoriser et vos particularités.
- Parcours professionnel et situation actuelle : la présentation du parcours professionnel est plus importante, il faudra pouvoir montrer ce qui est en rapport avec le métier d'ATSEM et ce qui peut souligner votre capacité à vous adapter à ce métier.

➥ Les motivations

L'important est d'être cohérent et d'éviter les stéréotypes : vocation, amour des enfants... Vos motivations doivent apparaître effectives, réelles et donc argumentées. Pour aborder ce thème, il faut tenir compte de trois aspects :

- ce qui vous pousse à agir, ce qui vous motive, ce qui vous fait envie : par exemple travailler en collectivité, exercer un métier utile... ;
- ce qui peut vous gêner compte tenu de votre situation personnelle, votre personnalité, vos goûts, c'est-à-dire vos contraintes : par exemple, vous devez être libérée à telle heure pour aller chercher vos enfants... ;
- prendre conscience des réalités positives et négatives du métier : le partage avec les enfants, le bruit, les maux de dos...

Il ne s'agit bien sûr pas de souligner les contraintes, mais pendant l'entretien, les examinateurs vont jauger votre connaissance de ces dernières. Si vous ne les avez pas identifiées, ils risquent de douter de votre capacité à les dépasser. Si vous en avez conscience, vous pourrez alors démontrer que vous pouvez les gérer.

Pour vous aider à faire émerger vos motivations, vous pouvez essayer de répondre aux questions suivantes au brouillon : quelles activités et loisirs vous intéressent dans la vie ? Pourquoi ? Quelles sont les connaissances que vous aimez utiliser ? Quelles sont les conditions de travail qui vous conviendraient ?

➥ Connaissances de l'environnement professionnel

Le jury va non seulement vérifier vos connaissances, mais également votre intérêt pour le milieu dans lequel vous allez travailler. Le jury vérifiera si vous connaissez les relations entre les collectivités territoriales, leur mode de fonctionnement, vos droits, vos obligations...

Trois thèmes sont essentiels et ne pas savoir répondre aux questions y attenant serait rédhibitoire :

1. Le fonctionnement d'une école maternelle.
2. Le concept de double autorité : de qui dépendez-vous ?
3. La hiérarchie : à qui vous adressez-vous dans le cadre de telle ou telle difficulté ? Quel est le mode de fonctionnement du service auquel vous appartenez ? Comment est organisée l'école ?

Connaissances professionnelles : Les questions veilleront non seulement à vérifier si vous connaissez certaines techniques, la place que vous devez tenir auprès des enfants, des parents, de l'enseignant, mais également à tester vos réactions en situation de crise.
Les qualités essentielles recherchées : savoir gérer son stress face aux enfants, la faculté à maîtriser les situations délicates, savoir doser son investissement affectif, la faculté à travailler en équipe, à respecter sa hiérarchie, être efficace et organisé, être manuel et créatif, patient et disponible.

4

Partie

ANNALES CORRIGÉES

SUJET 1

Sujet pour les Centres de gestion de la région Haut-Rhin et Haute-Saône

ÉPREUVE D'ADMISSIBILITÉ

- Durée : 45 minutes
- Coefficient : 1

La réponse à vingt questions à choix multiple portant sur des situations concrètes habituellement rencontrées par les membres du cadre d'emplois dans l'exercice de leurs fonctions.

➥ Consignes

- Chaque question comporte **une ou plusieurs réponses exactes**.
- Répondez sur **la grille de réponses** en mettant une croix dans la case correspondante à chaque bonne réponse :
  - toute surcharge ou **rature** rendant illisible la réponse sera considérée comme une **réponse fausse** ;
  - **si vous souhaitez modifier votre choix**, utilisez de préférence du blanc correcteur. Sinon, vous pouvez reconstituer une case à côté de celle comportant une erreur. Dans tous les cas, vos réponses doivent être **clairement identifiables** ;
  - les réponses au crayon à papier **ne seront pas prises en compte**.

➥ Barème

- Questions avec une seule réponse exacte :
  - la réponse cochée est la bonne : 2 points ;
  - la réponse cochée est mauvaise : –1 point ;
  - pas de réponse proposée : 0 point.
- Questions avec plusieurs réponses exactes :
  - le candidat coche l'ensemble des réponses exactes : 2 points ;
  - le candidat coche une partie des réponses exactes et aucune réponse incorrecte : 1 point ;
  - le candidat coche une partie des réponses exactes et une ou des réponses incorrectes : 0 point ;
  - pas de réponse proposée : 0 point.

Question 1 ▪ Quelles tâches doit absolument effectuer une ATSEM après le passage d'une classe ou d'un groupe d'enfants aux toilettes ?

○ **A.** vérifier que toutes les chasses d'eau ont bien été tirées

○ **B.** mettre de l'eau de Javel dans chaque cuvette

○ **C.** laver systématiquement le sol

○ **D.** réapprovisionner les dévideurs de papier toilette si nécessaire

○ **E.** passer un coup d'éponge sur toutes les cuvettes

Question 2 ▪ Lors d'un atelier découpage que vous encadrez, un enfant a coupé les cheveux de l'un de ses camarades.

- ◯ **A.** par mesure d'hygiène vous ramassez les cheveux et vous ne faites aucun commentaire
- ◯ **B.** vous prévenez immédiatement l'enseignante et vous sortez l'enfant de son groupe après lui avoir retiré les ciseaux
- ◯ **C.** vous réprimandez l'enfant qui a eu ce geste et vous consolez son camarade qui a eu une mèche de cheveux coupée
- ◯ **D.** après avoir retiré les ciseaux à l'enfant, vous informez l'enseignante de cet incident
- ◯ **E.** vous décidez de stopper l'activité de tout le groupe par mesure de sécurité

Question 3 ▪ Après un goûter d'anniversaire pris en classe, Amélie a une grosse moustache de chocolat. À l'aide de quel matériel l'ATSEM doit-elle nettoyer la bouche d'Amélie ?

- ◯ **A.** une lingette imprégnée d'une substance nettoyante hypoallergénique
- ◯ **B.** une serviette en papier jetable
- ◯ **C.** une feuille d'essuie-tout
- ◯ **D.** une éponge douce
- ◯ **E.** une serviette collective présente dans la classe

Question 4 ▪ Lors du temps d'accueil institutionnel des enfants le matin, l'ATSEM peut être chargée :

- ◯ **A.** de ranger dans la classe des travaux des élèves, de trier des jeux, de nettoyer des pinceaux utilisés la veille
- ◯ **B.** d'accompagner l'un ou l'autre enfant aux toilettes
- ◯ **C.** d'accueillir et de s'entretenir de façon prolongée avec les parents des enfants
- ◯ **D.** de préparer le café de l'équipe éducative de l'école en vue de la pause
- ◯ **E.** de l'aide au déshabillage des enfants
- ◯ **F.** de consoler des chagrins d'enfants

Question 5 ▪ Au moment de la sieste, chez les petits, quel(s) geste(s) contribue(nt) à favoriser l'endormissement ?

○ **A.** coucher chaque enfant en position latérale de sécurité

○ **B.** proposer aux enfants qui le souhaitent de prendre leur « doudou » avec eux

○ **C.** faire boire un verre d'eau à chaque enfant avant qu'il ne se couche

○ **D.** découvrir systématiquement les enfants pour qu'ils n'aient pas trop chaud pendant leur sommeil

○ **E.** mettre un fond musical apaisant

○ **F.** s'allonger à côté d'un enfant très turbulent

Question 6 ▪ La classe dans laquelle vous travaillez accueille depuis la veille un enfant porteur d'un handicap qui ne bénéficie pas d'une aide spécifique pour le moment :

○ **A.** vous acceptez de vous occuper de cet enfant à condition de suivre préalablement une formation adaptée

○ **B.** comme membre de la communauté éducative, vous demandez à participer à la réunion d'élaboration du PAI

○ **C.** lors d'un conseil d'ATSEM à l'école, vous exigez la mise en place d'un tour de rôle pour la prise en charge de cet élève

○ **D.** vous suggérez à la directrice de ne scolariser cet enfant que deux matinées par semaine

○ **E.** vous conseillez aux parents de garder leur enfant à la maison en attendant l'arrivée d'un accompagnant des élèves en situation de handicap

○ **F.** vous acceptez de vous occuper de cet enfant comme d'un autre élève de la classe

Question 7 ▪ Kérian, élève de grande section maternelle, est allergique au gluten. Pendant la semaine du goût, différentes dégustations sont proposées. Vous veillez à ce qu'il ne mange pas :

○ **A.** des fruits

○ **B.** des pains variés

○ **C.** du fromage

○ **D.** des céréales

○ **E.** des gâteaux secs

Question 8 ▪ Le rachitisme est une maladie qui touche :

- ◯ **A.** le cerveau
- ◯ **B.** le système nerveux
- ◯ **C.** la peau
- ◯ **D.** le squelette
- ◯ **E.** le système digestif
- ◯ **F.** l'adulte
- ◯ **G.** le nourrisson
- ◯ **H.** le jeune enfant

Question 9 ▪ L'oxyurose est :

- ◯ **A.** une bactérie
- ◯ **B.** une mycose
- ◯ **C.** une parasitose
- ◯ **D.** consécutive à une piqûre de tique
- ◯ **E.** provoquée par l'infestation du côlon par un ver

Question 10 ▪ Parmi ces vaccinations, lesquelles sont obligatoires pour l'accueil des enfants en maternelle ?

- ◯ **A.** antidiphtérique (diphtérie)
- ◯ **B.** antitétanique (tétanos)
- ◯ **C.** antipoliomyélitique (poliomyélitique)
- ◯ **D.** BCG (tuberculose)
- ◯ **E.** ROR (Rougeole, Oreillons, Rubéole)

Question 11 ▪ Vous réalisez le nettoyage des tables de la cantine à l'aide d'un détergent-désinfectant pour surface alimentaire, bactéricide. L'étiquette précise que ce produit doit être dosé à 2 %. Une utilisation correcte de ce produit suppose de mettre :

- ◯ **A.** 200 ml de produit pour 10 litres de solution finale (eau + produit)
- ◯ **B.** 2 mesures de produit pour 10 mesures d'eau
- ◯ **C.** 10 mesures de produit pour 2 mesures d'eau
- ◯ **D.** 2 dl de produit pour 10 litres de solution finale (eau + produit)
- ◯ **E.** 10 cl de produit pour 5 litres de solution finale (eau + produit)

Question 12 ▪ **Dans une classe de 24 élèves comprenant autant d'enfants de Petite Section (PS) que de Moyenne Section (MS), l'enseignante demande à l'ATSEM de préparer le goûter en quantité suffisante pour une rencontre organisée avec une classe de 16 élèves d'une école voisines (9 PS et 7 MS). Chaque enfant recevra 1/5 d'une tablette de chocolat et d'une baguette de pain et 33 cl de jus de fruits. Il a été défini que l'école dont la classe est la plus importante en nombre prendrait en charge le goûter pour l'ensemble des élèves. Le personnel encadrant n'est pas à comptabiliser.**

Quelles quantités de chocolat, baguette et boisson doit préparer impérativement l'ATSEM ?

○ **A.** 8 tablettes de chocolat, 12 baguettes et 13 bouteilles d'un litre de jus de fruits

○ **B.** 12 tablettes de chocolat, 15 baguettes et 21 bouteilles d'un litre de jus de fruit

○ **C.** 8 tablettes de chocolat, 10 baguettes et 14 bouteilles d'un litre de jus de fruits

○ **D.** 6 tablettes de chocolat, 8 baguettes et 12 bouteilles d'un litre de jus de fruits

Question 13 ▪ **PPMS signifie :**

○ **A.** Projet Pour la Moyenne Section

○ **B.** Protocole Pour la Mise en Sécurité

○ **C.** Plan Particulier de Mise en Sécurité

○ **D.** Projet Particulier de Moyenne Section

○ **E.** Prévention et Protocole des Moyens de Sécurité

Question 14 ▪ **Pour réaliser un balayage humide des sols, vous utilisez :**

○ **A.** un balai

○ **B.** une serpillière et un balai brosse

○ **C.** un balai trapèze et des gazes imprégnées

○ **D.** un balai coco et une serpillière microfibre

Question 15 ▪ Le conseil d'école est composé de membres de droit et de membres pouvant assister mais sans voix délibérative. Un règlement existe qui précise les modalités de fonctionnement et les sujets pouvant être à l'ordre du jour. Indiquez les affirmations exactes dans la liste suivant :

○ **A.** les enseignants de l'école, le directeur, le maire, l'inspecteur et les ATSEM sont membres de droit

○ **B.** les enseignants de l'école, le directeur, le maire sont membres de droit au conseil d'école

○ **C.** le président, après avis du conseil, peut inviter une ou plusieurs personnes dont la consultation est jugée utile en fonction de l'ordre du jour

○ **D.** la restauration scolaire, les sorties scolaires et traitement des dossiers des élèves en difficulté sont des sujets qui peuvent être évoqués au conseil d'école

○ **E.** les ATSEM peuvent participer au conseil d'école avec voix consultative

○ **F.** le conseil d'école doit être réuni au moins avant chaque période de vacances scolaires, c'est-à-dire cinq fois minimum dans l'année

Question 16 ▪ Un exercice de sécurité se déroule dans l'école où vous exercez. Dans la liste suivante, indiquez les affirmations exactes.

○ **A.** l'exercice de sécurité doit avoir lieu dans les premiers mois suivant la rentrée, chacun applique les consignes qui ont été rédigées par le directeur

○ **B.** l'ATSEM veille à habiller tous les enfants de sa classe avant de les emmener au point de ralliement

○ **C.** une des ATSEM doit vérifier qu'aucun enfant n'a été oublié et devra effectuer un tour de contrôle de toutes les pièces de l'école

○ **D.** si l'exercice a lieu pendant la sieste des petits, il faut éviter de réveiller les enfants car il s'agit d'une simulation

○ **E.** dès que l'alarme se déclenche, toutes les personnes présentes dans l'école se rendent le plus rapidement possible au point de ralliement en appliquant les consignes qui ont été énoncées

○ **F.** l'ATSEM ne peut participer à l'exercice que lorsqu'elle a effectué le PSC1 (Prévention Sécurité Civique 1er niveau)

Question 17 ▪ Qu'entend-on par pédiculose ?

- ◯ **A.** une affection située au niveau de la voûte plantaire, accompagnée de fortes démangeaisons, fréquentes chez les jeunes enfants
- ◯ **B.** une affection entraînant des lésons cutanées dues à la présence de poux
- ◯ **C.** le petit bassin que doivent traverser les baigneurs avant de gagner la piscine publique
- ◯ **D.** un traitement novateur pour les enfants atteints d'énurésie
- ◯ **E.** une technique permettant d'accroître les capacités motrices des jeunes enfants

Question 18 ▪ En hiver, dans la cour de récréation, un enfant est tombé du toboggan : il s'est cogné la tête et a très mal au bras. L'enseignante est partie prévenir les secours, elle vous a demandé de surveiller l'enfant blessé. Que faites-vous ?

- ◯ **A.** vous transportez l'enfant dans un endroit chauffé pour qu'il ne se refroidisse pas
- ◯ **B.** vous le rassurez, lui parlez
- ◯ **C.** vous lui donnez un peu d'eau à boire
- ◯ **D.** vous l'installez confortablement en attendant les secours : vous glissez un oreiller sous la tête et une couverture sous son corps pour l'isoler du froid
- ◯ **E.** vous l'incitez à ne pas bouger

Question 19 ▪ L'enseignante prévoit la fabrication de pantins articulés. Elle vous demande de vérifier le stock d'attaches parisiennes, sachant qu'il faut des grandes pour la tête, les épaules et les hanches, des moyennes pour les coudes et les genoux, des petites pour les pieds et les mains. Les boîtes contiennent 75 attaches pour les grandes et les moyennes, 100 pour les petites. Il y a 31 enfants dans la classe. Il vous faut :

- ◯ **A.** 3 boîtes de grandes, 2 boîtes de moyennes et 1 de petites
- ◯ **B.** 2 boîtes de grandes, 2 boîtes de moyennes et 2 de petites
- ◯ **C.** 3 boîtes de grandes, 2 boîtes de moyennes et 2 de petites
- ◯ **D.** 2 boîtes de grandes, 1 boîte de moyennes et 2 boîtes de petites

Question 20 ▪ **Dans la pharmacie de l'école destinée à apporter les premiers soins aux enfants, quels sont les éléments que l'on ne doit pas trouver ?**

◯ **A.** une écharpe triangulaire
◯ **B.** des pansements
◯ **C.** de l'arnica
◯ **D.** des compresses stériles individuelles
◯ **E.** des bandes extensibles
◯ **F.** un médicament antidouleur
◯ **G.** une paire de ciseaux
◯ **H.** une pince à échardes
◯ **I.** une paire de gants jetables
◯ **J.** de l'alcool à 90°

Sujet pour les centres de gestion de la région Eure-et-Loir

ÉPREUVE D'ADMISSIBILITÉ

- Durée : 45 minutes
- Coefficient : 1

➡ Barème

- Toutes les réponses exactes et aucune réponse inexacte = 2 points
- Une partie seulement des réponses exactes et aucune réponse inexacte = 1 point
- Une ou toutes les réponses exactes et une ou plusieurs réponses inexactes = 0 point
- Aucune réponse ou uniquement des réponses inexactes = 0 point

Question 1 ▪ Que signifie ce pictogramme ?

○ **A.** produit chimique corrosif
○ **B.** produit chimique mutagène
○ **C.** produit chimique irritant
○ **D.** produit chimique cancérigène

Question 2 ▪ Vous devez vous occuper de la commande de produit d'entretien pour le lavage du sol de votre classe et de la salle de motricité. Il est précisé qu'il faut 25 ml pour 20 m². Votre classe a une surface de 60 m² et la salle de motricité 105 m². Vous faites ce nettoyage 3 fois par semaine. Indiquez votre consommation hebdomadaire de ce produit :

○ **A.** 618,75 ml
○ **B.** 6,1875 l
○ **C.** 62,950 cl
○ **D.** 5,967 l
○ **E.** 596,70 ml

Question 3 ▪ Un enfant s'est blessé pendant la récréation, quels gestes n'avez-vous pas le droit de faire ?

○ **A.** effectuer quelques gestes basiques comme soigner une écorchure

○ **B.** effectuer les gestes de premiers secours si vous êtes titulaire du PSC1

○ **C.** donner un antidouleur

○ **D.** appeler le médecin de famille de l'enfant

Question 4 ▪ Lors du passage aux toilettes, en tête-à-tête avec un enfant, vous constatez qu'il présente des hématomes sur le bas du dos et le ventre. Que ne devez-vous pas faire ?

○ **A.** en parler à vos collègues ATSEM

○ **B.** écouter l'enfant

○ **C.** en parler à l'enseignant

○ **D.** appeler le 119 dès que possible sans en parler à quiconque auparavant

○ **E.** en parler à l'assistante maternelle qui vient chercher l'enfant

Question 5 ▪ Quelles précautions devez-vous prendre pour éviter une épidémie de gastro-entérite ?

○ **A.** donner préventivement des antidiarrhéiques à tous les enfants

○ **B.** renforcer la fréquence de lavage de vos mains

○ **C.** nettoyer plus fréquemment les toilettes

○ **D.** veiller au lavage des mains des enfants après chaque passage aux toilettes

Question 6 ▪ Dans la classe de petite section, l'enseignante vous demande de surveiller l'atelier peinture, après avoir donné la consigne :

○ **A.** vous laissez les enfants libres de ne pas suivre la consigne, ils sont petits après tout

○ **B.** vous veillez à l'application de la consigne

○ **C.** vous rappelez la consigne de temps en temps

○ **D.** vous leur tenez la main pour que le travail soit bien réalisé

○ **E.** vous changez les pinceaux ou le support prévus par l'enseignante pour obtenir un meilleur résultat

○ **F.** vous signalez à l'enseignante quand le travail est terminé

Question 7 ▪ Un enfant de grande section a accidentellement uriné dans son pantalon. Que ne devez-vous pas faire ?

○ **A.** le laisser attendre que vous soyez prête à le changer
○ **B.** l'emmener discrètement aux toilettes pour le laver et le changer
○ **C.** lui faire remarquer sèchement qu'à son âge on se retient
○ **D.** le rassurer en lui expliquant que ce n'est pas grave

Question 8 ▪ Un parent d'élève vous interroge sur la journée de son enfant à l'école, quelle(s) conduite(s) adoptez-vous ?

○ **A.** vous ne pouvez pas répondre sur les apprentissages scolaires
○ **B.** vous faites partie de l'équipe éducative et à ce titre vous expliquez aux parents ce que l'enfant réussit ou non
○ **C.** vous informez les parents si l'enfant se conduit mal en classe
○ **D.** vous dirigez le ou les parent(s) vers l'enseignante
○ **E.** vous pouvez parler aux parents du comportement de leur enfant au restaurant scolaire

Question 9 ▪ Que signifie ce pictogramme ?

○ **A.** produit chimique corrosif
○ **B.** produit chimique mutagène
○ **C.** produit chimique irritant
○ **D.** produit chimique cancérigène

Question 10 ▪ Un exercice de sécurité est organisé pendant le temps scolaire. Indiquez les informations exactes dans la liste ci-dessous :

○ **A.** l'ATSEM doit être titulaire du PSC1 pour participer à l'exercice
○ **B.** l'ATSEM doit vérifier qu'aucun des enfants de l'école n'a été oublié
○ **C.** l'exercice de sécurité doit avoir lieu au moins 3 fois par an. Chacun applique les consignes rédigées par le directeur
○ **D.** dès que l'alarme se déclenche, chacun se rend au plus vite au point de ralliement en appliquant les consignes établies
○ **E.** l'ATSEM veille à habiller tous les enfants de sa classe avant de les amener au point de ralliement
○ **F.** si l'exercice a lieu pendant la sieste des petits, il faut éviter de réveiller les enfants qui dorment, il ne s'agit que d'une simulation

Question 11 ▪ **Sur le temps scolaire, l'ATSEM peut :**

- ◯ **A.** surveiller seul la récréation
- ◯ **B.** surveiller la sieste sous la responsabilité de l'enseignant
- ◯ **C.** prendre la classe en charge en cas d'absence de l'enseignant
- ◯ **D.** assurer la propreté et l'hygiène des locaux
- ◯ **E.** gérer seul un atelier de motricité

Question 12 ▪ **Un enfant s'est fait gronder par son enseignant ; il n'a pas respecté la consigne de travail et est dissipé. Il vient vous voir pour être consolé, que faut-il ne pas faire ?**

- ◯ **A.** le consoler et lui proposer de rester avec vous un petit moment
- ◯ **B.** le gronder et lui dire d'arrêter ses caprices
- ◯ **C.** l'aider à faire son travail
- ◯ **D.** lui expliquer qu'il doit écouter l'enseignant
- ◯ **E.** lui dire de retourner travailler

Question 13 ▪ **Quelle est la quantité de produit à mettre dans un seau de 10 litres d'eau si le dosage prévu est de 2,5 % par litre ?**

- ◯ **A.** 2,5 cl
- ◯ **B.** 25 cl
- ◯ **C.** 250 cl
- ◯ **D.** 250 ml
- ◯ **E.** 25 dl

Question 14 ▪ **Parmi les aliments suivants, lesquels contiennent le plus de fibres ?**

- ◯ **A.** le pain complet
- ◯ **B.** les œufs
- ◯ **C.** la volaille
- ◯ **D.** les lentilles
- ◯ **E.** les petits pois
- ◯ **F.** les groseilles

Question 15 ▪ Que permet le PAI (projet d'accueil individualisé) ?

○ **A.** d'accueillir des enfants relevant du handicap
○ **B.** d'accueillir des enfants asthmatiques
○ **C.** d'accueillir des enfants souffrant d'allergies
○ **D.** d'accueillir des enfants souffrant d'intolérance alimentaire

Question 16 ▪ Dans le cadre du devoir de réserve, vous ne devez pas :

○ **A.** parler de ce qui se passe en classe, en dehors de la classe
○ **B.** parler aux parents du comportement de leur enfant au restaurant scolaire
○ **C.** signer une pétition proposée par les parents et critiquant le manque de moyens mis à la disposition de l'école par la municipalité
○ **D.** divulguer la maladie d'un enfant de la classe à des parents qui vous interrogent sur son comportement

Question 17 ▪ Dans les affirmations suivantes laquelle ou lesquelles est ou sont exactes ?

○ **A.** vous êtes responsable des enfants pendant la sieste
○ **B.** vous assurez seul l'endormissement des petits
○ **C.** il est souhaitable que les enfants se réveillent à leur rythme
○ **D.** l'enfant qui a un doudou peut le garder pendant la sieste

Question 18 ▪ Quels sont les produits d'usage courant dans la pharmacie de l'école ?

○ **A.** flacon de savon de Marseille
○ **B.** compresses stériles
○ **C.** un médicament antidouleur
○ **D.** de l'alcool à 90° modifié
○ **E.** sparadrap
○ **F.** filets à pansement
○ **G.** gants jetables

Question 19 ▪ Dans quelles circonstances doit-on se laver les mains ?

◯ **A.** avant de manger

◯ **B.** après manger

◯ **C.** après être passé aux toilettes

◯ **D.** après avoir touché un animal

◯ **E.** après avoir effectué un soin

Question 20 ▪ Dans une école pour le dépoussiérage du matériel, vous ne devez pas utiliser :

◯ **A.** une lavette humidifiée

◯ **B.** un plumeau

◯ **C.** un chiffon à poussière

◯ **D.** une balayette

SUJET 3

Sujet pour les Centres de gestion de la Fonction publique territoriale de l'Hérault

ÉPREUVE D'ADMISSIBILITÉ

- Durée : 45 minutes
- Coefficient : 1

Question 1 ▪ Un agent territorial spécialisé des écoles maternelles a parmi ses missions :

○ **A.** de remplacer l'enseignant quand celui-ci s'absente ou est absent

○ **B.** l'accueil des enfants le matin, le déshabillage, le passage aux toilettes, le lavage des mains

○ **C.** de participer à la communauté éducative

○ **D.** de mettre en état de propreté les locaux et le matériel servant directement aux enfants

○ **E.** de prendre les inscriptions des enfants qui figureront parmi ceux de sa classe à la rentrée prochaine

Question 2 ▪ C'est l'arrivée des enfants à l'école. L'un deux s'accroche chaque jour à sa maman et pleure beaucoup avant de participer aux activités de l'école. Quelle doit être votre attitude ?

○ **A.** vous intervenez pour lui dire de s'arrêter, que cela ne sert à rien de pleurer et s'il ne s'arrête pas le maître ou la maîtresse viendra le chercher pour l'isoler dans un coin

○ **B.** vous essayez d'établir un climat de confiance et vous le consolez

○ **C.** vous demandez à la maman de partir le plus vite possible et surtout qu'elle ne se retourne pas

○ **D.** vous accompagnez l'enfant en lui parlant doucement et calmement pour qu'il admette la séparation

○ **E.** vous demandez à la maman de lui apporter un objet transitionnel : un doudou, ou un jouet qui l'apaise et le rassure

○ **F.** vous lui dites que s'il ne pleure plus, il aura des bonbons, de toutes les couleurs et qu'il pourra en manger autant qu'il en veut

Question 3 ▪ Tous les enfants sont en classe et entament une activité, l'un d'eux vient d'uriner dans ses vêtements, vous vous en apercevez. Que ne devez-vous pas faire ?

◯ **A.** le gronder devant ses petits copains en lui disant que c'est un bébé et qu'il devrait avoir honte à son âge

◯ **B.** se moquer de lui devant ses petits copains

◯ **C.** après tout, tant pis pour lui (elle), il (elle) restera mouillé(e) jusqu'à ce soir, ainsi il ou elle comprendra et cela lui servira de leçon

◯ **D.** vous l'amenez aux toilettes, vous le déshabillez et vous le lavez

◯ **E.** vous le consolez en lui disant que ce n'est pas grave

◯ **F.** vous le changez avec des vêtements propres

◯ **G.** vous appelez ses parents en urgence afin qu'ils viennent chercher l'enfant

Question 4 ▪ L'encoprésie est :

◯ **A.** le fait de faire pipi la nuit

◯ **B.** une défécation répétée, involontaire ou délibérée, dans des endroits non appropriés

◯ **C.** le fait de demander à boire la nuit

◯ **D.** le fait de somnoler la journée

◯ **E.** le fait d'avoir le ventre ballonné

◯ **F.** le fait de faire des cauchemars pendant la sieste et de crier

◯ **G.** le fait de régurgiter

Question 5 ▪ Les fonctionnaires ont le devoir de satisfaire aux demandes d'information du public dans le respect des dispositions législatives et réglementaires sur le libre accès aux documents administratifs. Cependant, dans l'exercice de vos fonctions vous pouvez être amené(e) à avoir connaissance de certaines informations. Cochez celles que vous ne pouvez en aucun cas révéler au public :

◯ **A.** le petit Théo vous a dit qu'il allait changer de papa

◯ **B.** la mairie va augmenter le tarif de la cantine, vous avez entendu le directeur général des services en parler avec le maire

◯ **C.** la famille Ducoin va être expulsée de sa maison, leur fille n'arrête pas de pleurer

- ◯ **D.** le voyage scolaire aura lieu le 26 juin
- ◯ **E.** le petit Julien est porteur de poux, comme d'habitude
- ◯ **F.** les repas de la cantine ne sont pas excellents, c'est la faute au prestataire choisi par la mairie

Question 6 ▪ Exceptionnellement seule dans la classe avec les enfants, l'alarme incendie se déclenche soudainement à l'école.

- ◯ **A.** vous réagissez avec promptitude en criant à tue-tête aux enfants de sortir rapidement et de gagner la cour au plus vite
- ◯ **B.** vous vous précipitez à l'extérieur pour composer avec votre portable le numéro d'appel des pompiers
- ◯ **C.** tout en gardant votre calme, vous rassemblez les enfants et vous leur proposez une activité « pompiers en vrai » dans la salle de classe
- ◯ **D.** vous poursuivez votre activité tout en rassurant les enfants et en attendant les consignes de la maîtresse
- ◯ **E.** vous rassemblez dans le calme les enfants et vous vous rendez sur le lieu de rassemblement prévu en de telles circonstances
- ◯ **F.** vous essayez de rassurer les enfants dans la classe en leur disant d'attendre sagement car les secours vont intervenir

Question 7 ▪ Un enfant vient de se couper en faisant une activité manuelle sous la responsabilité de l'enseignant(e). Quelle est la démarche à suivre chronologiquement ?

1. Rassurer l'enfant et lui parler.
2. Nettoyer la plaie.
3. Poser un pansement.
4. Imbiber une compresse propre avec du désinfectant non alcoolisé.
5. Prévenir l'institutrice.
6. Enfiler les gants.
7. Nettoyer le contour de la plaie.

- ◯ **A.** 1 – 5 – 6 – 7 – 4 – 2 – 3
- ◯ **B.** 6 – 7 – 4 – 2 – 3 – 1 – 5
- ◯ **C.** 1 – 4 – 2 – 5 – 6 – 3 – 7
- ◯ **D.** 3 – 2 – 4 – 7 – 6 – 5 – 1
- ◯ **E.** 6 – 5 – 3 – 7 – 2 – 1 – 4

Question 8 ▪ Dans la classe des petits-moyens, quelles précautions devez-vous prendre ou quelles suggestions pouvez-vous proposer à l'enseignant, pour éviter la propagation de quelques cas de gastro-entérite ?

◯ **A.** donner en prévention des anti-diarrhéiques à tous les enfants

◯ **B.** inciter les enfants à se laver les mains plus fréquemment

◯ **C.** nettoyer avec un produit désinfectant les endroits où tous les enfants posent les mains : les portes, les tables

◯ **D.** isoler les enfants qui présentent des troubles

◯ **E.** multiplier la fréquence de nettoyage des toilettes

◯ **F.** demander aux parents de garder leurs enfants chez eux en leur recommandant de leur donner du riz

◯ **G.** appliquer le droit de retrait et ne pas venir à l'école

Question 9 ▪ Dans la distribution des produits d'entretien, vous avez de nombreux nettoyants, l'un d'eux, un nettoyant multi-usage porte l'indication de diluer à 2 %. Pour 2 litres de préparation vous utilisez :

◯ **A.** 4 cl (centilitre)

◯ **B.** 4 dl (décilitre)

◯ **C.** 4 dal (décalitre)

◯ **D.** 0,04 litre

◯ **E.** 40 ml (millilitre)

Question 10 ▪ Le projet d'école est un document écrit qui :

◯ **A.** présente les travaux qui ont été faits dans l'école

◯ **B.** établit la liste des moyens à mettre en place dans les zones d'éducation prioritaire

◯ **C.** retrace le budget alloué par la commune à l'école

◯ **D.** développe les objectifs et les moyens mis en place pour enseigner dans une école selon les consignes nationales

Question 11 ▪ Vous êtes en désaccord avec l'enseignant(e) car vous estimez qu'il (elle) propose trop de jeux salissants. Que ne devez-vous pas faire ?

◯ **A.** durcir le ton car ce n'est pas la première fois, vous le lui avez déjà dit et il (elle) s'en moque

◯ **B.** lui expliquer que cela va vous obliger à un nettoyage plus long, et que cela augmente votre charge de travail

- ◯ **C.** dire à l'enseignant(e) qu'il (elle) ne respecte pas votre travail et que vous en parlerez aux parents d'élèves
- ◯ **D.** dire aux enfants que vous n'êtes pas d'accord
- ◯ **E.** refuser cette fois-ci d'aider l'enseignant(e) à préparer l'activité
- ◯ **F.** sortir de la classe en claquant la porte et aller en informer le directeur(trice)
- ◯ **G.** intervenir dans le contenu pédagogique de l'activité
- ◯ **H.** lui demander une entrevue en dehors des heures de classe afin de lui exposer votre point de vue

Question 12 ▪ Au moment du déshabillage au dortoir, vous constatez que le corps d'un enfant présente des hématomes suspects.

- ◯ **A.** vous le couchez et en parlez à la maîtresse
- ◯ **B.** vous considérez qu'il est de votre devoir d'en parler aux parents le soir même
- ◯ **C.** après l'avoir couché, vous quittez le dortoir et appelez le médecin scolaire
- ◯ **D.** vous le prenez à part et lui posez des questions sur l'origine des hématomes
- ◯ **E.** vous menez l'enquête auprès de ses petits camarades
- ◯ **F.** vous connaissez intimement les parents de l'enfant et vous ne jugez pas bon d'en parler
- ◯ **G.** l'obligation de secret professionnel à laquelle vous êtes astreint(e) vous interdit d'en parler à quiconque

Question 13 ▪ Après avoir fait le transport des enfants d'une école maternelle à l'occasion d'une sortie de classe, le chauffeur une fois au dépôt, découvre un enfant endormi sur un siège. Qui doit hiérarchiquement assumer la faute commise ?

- ◯ **A.** l'ATSEM qui accompagnait la classe
- ◯ **B.** l'enseignant(e) de la classe en déplacement
- ◯ **C.** le maire de la commune où est située l'école
- ◯ **D.** le directeur général des services de la mairie
- ◯ **E.** le directeur de l'école
- ◯ **F.** le chauffeur de bus

Question 14 ▪ À la sortie des classes, deux parents séparés veulent tous deux récupérer l'enfant. Ils sont très énervés et en viennent à tirailler l'enfant :

◯ **A.** vous intervenez et protestez

◯ **B.** vous en parlez avec vos collègues et les autres parents

◯ **C.** vous en référez à l'enseignant(e)

◯ **D.** vous appelez l'enseignant(e) ou le directeur(trice)

◯ **E.** vous ne dites rien mais vous en parlez ultérieurement avec cette famille

◯ **F.** vous confiez le problème à une association chargée de la protection des familles ou aux services sociaux

◯ **G.** vous écrivez au maire

Question 15 ▪ Un enseignant doit quitter de manière urgente et imprévue l'école pendant le temps scolaire, pour des raisons personnelles :

◯ **A.** vous continuez les activités prévues avec les enfants et les orientez vers un(e) autre enseignant(e) qui assurera la sortie

◯ **B.** vous ne pouvez pas prendre en charge les enfants, vous en référez au directeur(trice) de l'école ou aux autres enseignant(e)s

◯ **C.** vous répartissez les enfants entre les autres enseignant(e)s

◯ **D.** vous faites sortir les enfants en récréation où vous assurez la surveillance

◯ **E.** vous leur lisez une histoire en attendant le retour de l'enseignant(e) ou l'heure de la sortie

◯ **F.** vous téléphonez à la mairie à partir de votre téléphone mobile afin de demander conseil

Question 16 ▪ Votre chef de service vous demande, pour la cantine, de proposer des couteaux (à bout ronds) aux enfants les plus grands. Que faites-vous ?

◯ **A.** c'est votre chef de service, vous exécutez l'ordre

◯ **B.** bien qu'il soit votre chef de service, vous lui faites remarquer qu'en raison des risques d'accident, cela n'est pas possible, et, donc, que vous n'en ferez rien

◯ **C.** vous réfléchissez un instant et lui rétorquez que vous allez en parler à la directrice qui prendra la décision *in fine*

◯ **D.** l'idée ne vous agrée pas : il vous faudra apprendre aux enfants à s'en servir et la présence de couteaux constituera un surcroît de travail à l'agent d'entretien. Vous attendez un peu avant de la mettre en œuvre afin de lui en reparler plus tard

Question 17 ▪ Qu'entend-on par « pédiculose » ?

- ○ **A.** une affection située au niveau de la voûte plantaire, accompagnée de fortes démangeaisons, fréquente chez les jeunes enfants
- ○ **B.** une affection entraînant des lésions cutanées dues à la présence de poux
- ○ **C.** le petit bassin que doivent traverser les baigneurs avant de gagner une piscine publique
- ○ **D.** une méthode de jeux en direction des très jeunes enfants, comprenant des exercices de motricité
- ○ **E.** un traitement novateur pour les enfants atteints d'énurésie

Question 18 ▪ On vous remet un produit agressif, classé dangereux, destiné, par exemple, au détachage d'une plaque de calcaire tenace au sol. Que ne devez-vous pas faire ?

- ○ **A.** le transvaser dans un flacon, depuis le bidon de 5L, pour une utilisation plus aisée
- ○ **B.** le placer dans le placard qui jouxte la salle de classe dans laquelle vous envisagez d'utiliser le produit
- ○ **C.** le placer en hauteur dans le local entretien fermé à clé
- ○ **D.** le poser dans votre vestiaire en attendant de le ranger dans un endroit plus approprié
- ○ **E.** le ranger dans un local où les adultes de l'école ont tous accès

Question 19 ▪ L'enseignant(e) organise une sortie scolaire. Le bus partira à 9 h 10. Le retour est prévu pour 19 h. Le directeur(trice) vous demande d'accompagner la classe :

- ○ **A.** vous êtes tenu(e) d'accepter puisqu'il s'agit de votre classe
- ○ **B.** vous devez accepter dans la mesure où le maire a été prévenu et a donné son accord
- ○ **C.** vous récupérerez vos heures supplémentaires
- ○ **D.** votre participation n'est légalement pas envisageable

Question 20 ▪ Des parents vous demandent de donner un médicament à leur enfant. Que pouvez-vous faire ?

◯ **A.** accepter cette requête car elle vous paraît relever de vos missions

◯ **B.** accepter cette requête mais, assortie d'une demande préalable auprès de l'enseignant(e)

◯ **C.** refuser car cela ne relève pas de vos attributions

◯ **D.** demander, avant toute acceptation, à consulter l'ordonnance du médecin prescripteur

◯ **E.** accepter car l'enfant est votre nièce

Question 21 ▪ Une visite a été organisée en dehors de l'école. Au moment du retour, l'autocar qui doit ramener les enfants n'est pas là.

◯ **A.** vous dites que cela est inadmissible.

◯ **B.** vous essayez de faire patienter les enfants en chantant des contines avec eux.

◯ **C.** vous leur donnez un petit biscuit.

◯ **D.** vous proposez à l'enseignant de prendre en charge un groupe d'enfants (les plus fatigués) et de rentrer en autobus avec eux.

Question 22 ▪ Le plan vigipirate a été mis en place au niveau national.

◯ **A.** vous prenez l'initiative de « fouiller » les adultes aux heures d'ouverture de l'école.

◯ **B.** vous affolez les parents en leur disant qu'on « n'est jamais sûr de rien ».

◯ **C.** vous aidez l'enseignant(e) et le directeur en répondant à leurs consignes de vigilance.

CORRIGÉS DES ANNALES

➡ ANNALE 1

Questions	Réponses	Questions	Réponses
1	A – D	11	A – D – E
2	D	12	C
3	B – C	13	C
4	B – E – F	14	C
5	B – E	15	B – C – E
6	B – F	16	A – E
7	B – D – E	17	B
8	D – G – H	18	B – F
9	C – E	19	C
10	A – B – C	20	C – F – J

➡ ANNALE 2

Questions	Réponses	Questions	Réponses
1	C	11	B – D
2	A	12	A – B – C
3	C – D	13	B – D
4	D – E	14	A – D – E – F
5	B – C – D	15	A – B – C – D
6	B – C – F	16	A – C – D
7	A – C	17	C – D
8	A – D – E	18	A – B – E – F – G
9	B – D	19	A – B – C – D – E
10	B – D	20	B – D

➡ ANNALE 3

Questions	Réponses	Questions	Réponses
1	B – C – D	12	A
2	B – D – E	13	B
3	A – B – C – G	14	C – D
4	B	15	B – C
5	A – B – C – E – F	16	A
6	E	17	B
7	A	18	A – B – D
8	B – C – E	19	B
9	A – D – E	20	C
10	D	21	B – C
11	A – C – D – E – F – G	22	C

Dans la même collection

Objectif Concours 2020 ATSEM • ASEM : Les 100 questions de l'oral

ATSEM en formation, candidats au concours, voici le premier guide de référence sur l'école maternelle. Comment aider un enfant qui apprend ? Les parents peuvent-ils choisir les jours de scolarisation pour leur enfant ?

Retrouvez **100 questions essentielles** concernant les ATSEM et l'école maternelle, **les derniers textes officiels** pour tout savoir des fonctions et rôles de l'ATSEM, et **un index** pour faciliter vos recherches.

Peut-on accepter qu'un enfant travaille avec une tétine ?

Lors des premiers mois de scolarisation en petite section, il est courant de voir certains jeunes enfants arriver à l'école avec un objet transitionnel de type « **doudou** ».

Il est communément **admis dans les classes de petite section** maternelle que la présence rassurante d'un objet personnel (peluche, tissu) venant de la maison fasse partie intégrante de ce rituel de passage entre le monde de la famille et le monde de l'école. Il est un objet qui sécurise l'enfant face à ses incertitudes ou angoisses lors de ses premiers moments vécus dans ce nouvel espace le plus souvent inconnu.

Il est aussi un objet de désir qui permet, à l'école, d'introduire très rapidement une règle, avec une souplesse adaptée aux rythmes de chacun. Cet objet convoité par l'enfant permet d'expliquer et d'imposer qu'à certains moments (plus ou moins longs selon les cas), il devra s'en séparer (atelier peinture, séance de motricité). C'est aussi une manière progressive de permettre à l'enfant de s'ouvrir aux autres, de s'ouvrir aux objets à manipuler, et de comprendre et d'accepter la règle. L'attitude bienveillante des adultes autorisera cependant les enfants à retourner vers leurs doudous lorsque cela sera nécessaire.

En revanche, la présence d'une tétine en situation de classe pose question. Même si elle revêt les mêmes caractéristiques que le doudou, elle est plus difficilement acceptable dans la mesure où elle entrave la bouche. **La bouche**, principal vecteur de la communication orale, qui est la priorité des apprentissages de l'école maternelle.

Il est inconcevable que l'on puisse apprendre à parler, à échanger, à chanter, en ayant une tétine dans la bouche.

Il est donc nécessaire de verbaliser cela avec l'enfant pour lui faire comprendre que l'on n'acceptera pas qu'il parle avec une tétine dans la bouche et qu'on ne fera pas l'effort d'essayer de comprendre ce qu'il a à dire. Sans faire violence à l'enfant, il conviendra alors de rechercher très rapidement des solutions alternatives avec les familles (apport de doudous) en négociant dans un premier temps que la tétine soit réservée au temps de sieste si nécessaire. L'argumentation pourra également prendre en compte les questions d'hygiène inhérentes aux échanges possibles de tétines entre enfants.

L'ATSEM comme l'enseignant pourront valoriser les situations d'expressions claires favorisées par l'absence de tétine, comme la participation active aux moments de comptines et chants.

C'est en ce sens aussi que l'école **aide à grandir**.

Doit-on emmener tous les enfants aux toilettes en même temps ?

À l'école maternelle, la question du passage aux toilettes collectifs **fait débat** depuis quelques années déjà. Il est normal d'interroger des pratiques installées depuis la création de l'école maternelle et qui n'apparaissent plus pertinentes aujourd'hui, pour plusieurs raisons.

Tout d'abord, sur le plan du **respect de l'intimité** de chacun, aucune raison ne peut justifier que l'on oblige des enfants à se dénuder devant les autres. Parfois, certains enfants préfèrent « se retenir » plutôt que de passer aux toilettes collectivement, ce qui peut entraîner des troubles psychologiques.

Ensuite, pour une raison fondamentale liée au respect des rythmes et besoins physiologiques de chacun, pourquoi l'adulte déciderait-il que c'est à telle heure que les enfants devraient passer aux toilettes ? Nombreux sont les enfants qui vivent cela comme une régression alors qu'ils ont la possibilité de gérer leur propreté sphinctérienne comme ils le souhaitent à la maison.

Lorsque l'on interroge certains projets d'écoles qui visent à favoriser l'autonomie de l'enfant, ces principes apparaissent en totale contradiction.

Il convient donc souvent de réinterroger des pratiques désuètes et d'en faire un véritable enjeu de réflexion collective entre adultes de l'école maternelle. Dans le même ordre d'idée, l'usage systématique de « petits trains » qui circulent dans les couloirs plusieurs fois par jour n'a pas vraiment de sens, même en petite section. Si la pratique du « petit train » s'appuie sur l'argument selon lequel l'élève ne connaît pas bien l'école et qu'on hésite à le laisser seul dans un couloir, on préférera mettre en place des temps de découvertes qui permettront une véritable autonomie.

Effectivement, **faire découvrir l'école**, ses classes, couloirs ou lieux d'hygiène fait partie intégrante du rôle des adultes soucieux de scolariser les enfants dans un lieu qu'ils auront exploré pour mieux s'y repérer.

Si, lors de la première année de scolarisation, il peut apparaître nécessaire de guider le groupe classe dans son entier vers les toilettes de manière momentanée, il convient de penser une progressivité permettant d'évoluer du passage collectif aux toilettes aux passages individuels autonomes, dès lors que les locaux le permettent.

C'est là que l'ATSEM doit jouer pleinement son rôle en accompagnant les enfants dans l'apprentissage de la gestion de la propreté sphinctérienne de manière autonome, comme on pourra le faire pour tous les autres apprentissages.

À qui parler si l'ATSEM vit mal son métier ?

Le premier interlocuteur de l'ATSEM est l'enseignant avec qui il collabore. Dans le cadre d'un partenariat serein et harmonieux, il est tout à fait envisageable d'évoquer avec lui des doutes professionnels ou difficultés le cas échéant. Ces questionnements pourront trouver réponses dans le cadre d'ajustements partagés au sein de la classe ou de l'école.

En revanche, si ces difficultés sont relatives à un problème relationnel ou professionnel avec l'enseignant, et que des adaptations ont déjà été tentées, en vain, il est nécessaire de s'adresser à un tiers. En effet, il serait inacceptable que, par un effet de « cascade », les enfants soient victimes de collaborations subies ou mal vécues.

Le directeur de l'école est directement concerné par des questions de ce type, dans la mesure où il est responsable de l'organisation du travail des personnels territoriaux pendant le temps scolaire et garant du bon climat qui doit régner dans son établissement. Il pourra aider à trouver des solutions après avoir entendu les différents acteurs et pourra prendre des décisions si besoin.

Si une médiation avec tous les personnels concernés doit se mettre en place après des difficultés persistantes, le directeur de l'école en avisera le service municipal employeur de l'ATSEM pour permettre la tenue de cette réunion.

S'il s'agit d'un problème :
- de poste de travail,
- d'orientation professionnelle,
- de besoin de formation,
- de déroulement de carrière, l'ATSEM doit directement s'adresser à son supérieur hiérarchique au sein de la municipalité afin de s'entretenir sur les difficultés rencontrées.

Achevé d'imprimer en Slovaquie par Polygraf
Dépôt légal : mars 2021 - Édition 01
18/6908/3